El poder de una madre positiva

Karol Ladd

CASA CREACIÓN

A STRANG COMPANY

El poder de una madre positiva por Karol Ladd
Publicado por Casa Creación
Una compañía de Strang Communications
600 Rinehart Road
Lake Mary, Florida 32746
www.casacreacion.com

No se autoriza la reproducción de este libro ni de partes del mismo
en forma alguna, ni tampoco que sea archivado en un sistema o
transmitido de manera alguna ni por ningún medio —electrónico,
mecánico, fotocopia, grabación u otro— sin permiso previo escrito
de la casa editora, con excepción de lo previsto por las leyes
de derechos de autor en los Estados Unidos de América.

A menos que se indique lo contrario, todos los textos bíblicos han
sido tomados de la versión Reina-Valera, de la *Santa Biblia*,
revisión 1960. Usado con permiso.

Copyright © 2003 por Karol Ladd
Todos los derechos reservados

Originally published in English under the title:
Power of a Positive Mom, The
Copyright © **2001** by **Karol Ladd**
Published by **Howard Publishing Co.**,
3117 North 7th **Street,**
West Monroe, LA 71291-2227

Traducido y editado por: Pica y 6 Puntos

Diseño interior por: *Grupo Nivel Uno Inc.*

ISBN: 0-88419-913-4

Impreso en los Estados Unidos de América

06 07 08 09 ❖ 9 8 7 6 5

Dedicatoria

A mi querida familia, Curt, Grace y Joy.
Gracias por su amor incondicional, por su estímulo y apoyo.
Son un verdadero regalo de Dios.

A mi padre, Garry Kinder, que con su actitud positiva,
con su ejemplo y dirección, me impulsaron a alcanzar
metas mayores.

A mis fieles guerreros de oración, Nancy, Lisa y Carol.
¡Sus fervientes oraciones fueron una bendición!
Verdaderamente aprecio su dedicación a este ministerio.

Y a mis amigos que me apoyaron, Beth, Leslie, Amy y Tracy.
Gracias por su estímulo positivo.

Gracias, Howard Publishing y Philis Boultinghouse,
por su excelencia al publicar libros cristianos.

Y lo más importante, a nuestro Padre Celestial quién nos da la fuerza y
el poder para ser madres positivas todos los días.

Sobre la autora

Karol Ladd ha estado impactando las vidas de los niños durante muchos años.

Anteriormente maestra, Karol ahora es escritora y conferencista. Pero, lo más importante, ella es esposa y madre. Karol ha escrito más de diez libros que comparten ideas frescas y creativas para las familias. Su personalidad vigorosa y sus ideas novedosas han hecho de ella una conferencista muy popular dentro de numerosos grupos de señoras y organizaciones de madres. Karol es la cofundadora del club de formación de carácter para niñas jóvenes llamado USA Sonshine Girls. Su abundante formación incluye trabajar en el ministerio de niños, en campamentos cristianos y en la junta directiva de varias organizaciones a favor de la familia.

Contenido

Principio 4: El poder de las relaciones firmes

Principio 5: El poder de su ejemplo

Principio 6: El poder de convicciones morales fuertes

Principio 7: El poder del amor y del perdón

Introducción

¡Puede lograrlo!
Haga que las cosas sean positivamente diferentes

La mujer sabia edifica su casa.
Proverbios 14:1

Cada niño necesita un empujón positivo en la vida. Una palabra entusiasta, una sonrisa amorosa o una oración de apoyo pueden ser justo lo que un joven necesita para enviarlo en la dirección correcta.

Aquí es en donde las madres entran. Como madres, tenemos todos los días la oportunidad de impulsar a nuestros hijos hacia arriba o hacia abajo. Nuestro trabajo es altamente influyente. A través de nuestro apoyo afirmativo y de nuestro cuidado amoroso, estamos en una posición única para ayudar a nuestros hijos a que realicen sus sueños y alcancen el potencial que Dios les ha dado.

Desafortunadamente, con los conflictos que se nos presentan día a día, nuestras buenas intenciones hacia nuestros hijos parece que se salen volando por la ventana. Podemos iniciar el día con una actitud fresca y con

7

grandes expectativas, pero a mitad del camino, después del segundo berrinche temperamental de la mañana (suyo, no nuestro), de alguna manera soltamos la manija del estímulo que queríamos compartir. ¿Cómo podemos ser positivas cuando sentimos que gran parte de nuestro día lo pasamos corrigiendo, regañando e intentando prevenir pequeños desastres? Las distracciones de nuestros quehaceres diarios, como ir al mercado, lavar y poner la mesa, no nos ayudan con nuestro esfuerzo para poder ser firmes.

Sinceramente creo que muchas de nosotras empezamos siendo madres positivas cuando nos ponen en los brazos a nuestro recién nacido. Es muy fácil ver a ese pequeño bultito lleno de un precioso potencial y llenar nuestras mentes de esperanza y de sueños de lo que él o ella serán algún día (por supuesto a través de nuestra orientación e influencia). Pero al final de esos momentos felices empezamos a enfrentarnos con los problemas de todos los días y con la crianza de los niños; y descubrimos que el reto de ser padres positivos es más difícil de lo que nos habíamos imaginado.

Este libro se escribió para ayudar a cada madre a volver a descubrir y tomar el espíritu de afirmación y de estímulo –ese sentido de gran expectación, propósito y potencial que todas sentimos al principio– aun en medio de las luchas de todos los días, en la crianza de nuestros hijos. ¡Puede lograrlo! Estas son dos palabras poderosas. Nuestros niños necesitan escucharlas a menudo, pero hoy se las quiero decir a usted.

Sí, ¡puede lograrlo! Con la ayuda de Dios y con el Espíritu Santo viviendo dentro de usted, puede ser como dice el escritor de Proverbios: "La mujer sabia edifica su casa" (Proverbios 14:1). Los siete principios que se ofrecen en este libro son para ayudarle a reconocer el poder increíble que Dios ha puesto en las manos de las madres positivas– y para inspirarla a ser la madre positiva que quiere y necesita ser. Cada capítulo va lleno con citas, versículos bíblicos, y ejemplos tomados de la vida real diseñados para motivarla y estimularla.

Al final de cada capítulo hay una sección llamada *Punto de poder* con una sugerencia para un estudio más profundo de la Biblia, con un ejemplo de oración y una actividad para reforzar los principios que usted aprenda. Después de todo, el poder de Dios no está en la lectura, ¡está en la acción! Estas secciones de Punto de poder se prestan para estudiarlas en grupo con otras mamás. Estudiar este libro y poner en práctica los pasos del Punto de poder con otras madres es una manera maravillosa de encontrar apoyo y estímulo mutuo mientras se aprende a ser una madre positiva.

Páselo a otros

Tuve la bendición de crecer en un hogar con padres positivos. Mi madre murió hace varios años, pero su disciplina y su carácter piadoso fueron ejemplos poderosos en mi vida. Ella era una mujer bondadosa con un corazón de siervo que oraba constantemente por su familia y por sus amigos. Mi padre siempre nos enseñó a ver el lado positivo de las cosas y a no vivir en lo negativo. Hasta el día de hoy sigue siendo un hombre que motiva; siempre con una sonrisa en su cara y siempre con una palabra de bondad en sus labios. Aprendí mucho de mis padres y de su influencia positiva, y parte de mi deseo al escribir este libro es pasarle a usted algo de la sabiduría que ellos me enseñaron.

Tal vez usted también tuvo padres positivos. Tal vez no. De cualquier forma, usted y yo tenemos a un Padre positivo: Dios, nuestro Padre Celestial. Los principios en este libro son poderosos y verdaderos, no solo porque tuve unos padres maravillosos o porque sea una extraordinaria madre (aunque hago mi mejor esfuerzo). Más bien, son principios sumamente poderosos y absolutamente verdaderos porque proceden de la Palabra de Dios.

He hablado sobre estos principios en reuniones de mujeres durante varios años, y siempre he disfrutado al escuchar a otras madres decir: *"El poder de una madre positiva* me ha hecho ser una mejor madre". Curiosamente, yo misma he dicho las mismas palabras mientras buscaba en las Escrituras mayor información para escribir este libro.

Mientras escribía el capítulo 6 y estudiaba las oraciones de fe de Jorge Müller, la profundidad de mi vida de oración creció. Me hice más positiva y agradecida mientras consideraba la importancia de una *actitud de gratitud* al tiempo que escribía el capítulo 10. Añadí varias tradiciones a nuestras celebraciones familiares después de escribir el capítulo 16. Durante el tiempo que escribí el libro aprendí a motivar a mis hijos de una manera más efectiva a través de palabras, acciones y ejemplos.

Yo solo soy una compañera de viaje (o debería decir una mamá compañera de viaje) en esta aventura de la maternidad. Los principios en este libro han mejorado mis habilidades como madre, y estoy segura que a usted también le ocurrirá lo mismo. Escribí en un estilo que las madres lo encontraran a su medida, breve y exacto, pues me he dado cuenta que muchas madres cuentan con poco tiempo para poder leer uno o dos capítulos. Mientras sus hijos toman una siesta o están jugando felices, tómese un momento y disfrute las palabras refrescantes que vienen en las siguientes páginas. Encontrará el estímulo que necesita para poder terminar su día.

Vivimos en un mundo que está cambiando rápidamente. Los valores con los cuales crecieron nuestros padres ya no existen. Nos encontramos con influencias negativas y valores morales en decadencia por donde quiera que volteemos, en la televisión, en el cine y en las revistas. Nuestros hijos necesitan desesperadamente la influencia positiva de las madres que los aman, que aman a Dios, y que saben conectarse al poder que solo Él nos puede dar.

Los siete principios que encontrará en este libro le ayudarán, no solo a tener una influencia positiva en su hogar, sino también en su comunidad. Y según vaya captando las ideas que se presentan en estas páginas, recuerde que usted puede hacer que el mundo sea positivamente diferente un niño a la vez. ¡Nunca hubo una época más crítica para que los niños experimenten el poder de una madre positiva que ahora!

Retrat🌸

de una m❤dre p😊sitiva

Y llamó Adán el nombre de su mujer Eva
por cuanto ella era madre de todos los vivientes.
—Génesis 3:20

*Cuando Eva fue llevada ante Adán, él fue lleno
del Espíritu Santo, y le dio el nombre más glorioso y santificado.
La llamó Eva, que quiere decir, madre de toda la humanidad.
No la llamó esposa, sino solo madre, madre de toda
criatura viviente. En esto consiste la gloria y el adorno
más precioso de una mujer.*
—Martín Lutero

Influencia fuera de toda proporción

Nunca subestime el poder de una madre

Fuerza y honor son su vestidura; y se ríe de lo por venir.
Abre su boca con sabiduría, y la ley de clemencia está
en su lengua (...) Se levantan sus hijos y la llaman
bienaventurada; y su marido también la alaba.
Proverbios 31:25-26, 28

Las madres poseemos una forma rara de sabiduría. Sabemos información importante que otros no conocen —como el lugar exacto de los baños en todos los supermercados y el color correcto de la medicina para la tos que debemos darle a un niño con tos seca. Posiblemente el resto de la humanidad no sepa cómo cortar los sándwiches en forma de animalitos o cuáles son los restaurantes de comida rápida que cuentan con los mejores jardines con juegos, pero las mamás sí lo saben. Y las mamás saben que un cono de helado de chocolate no se lo podrá comer un niño sin ensuciar su ropa o un sillón. Los demás parecen ignorar este hecho (¡especialmente los papás!).

Obviamente, nosotras las mamás formamos un segmento bien informado de la sociedad. Algunos días quisiéramos no poseer tal conocimiento, pero la verdad es que no cambiaríamos este trabajo por nada del mundo. ¡Es el trabajo más rudo que hemos amado!

La maternidad transforma a jóvenes ingenuas, sin experiencia, en mujeres sabias que exigen respeto. El amor maternal nos fortalece y nos

13

ayuda a crecer como adultos generosos y considerados. Me gusta cómo la autora Susan Lapinski lo describe: "Me imagino que lo que he descubierto es el efecto humanizador de los niños en mi vida, desarrollándome, doblegándome. Tal vez mis muslos no son tan delgados como lo eran antes; tal vez mis viajes ya no son tan glamorosos. Aun así, me gusta la mujer que la maternidad me ha ayudado a ser".[1]

¡Sí, ser madre hace que salga lo mejor de uno!

De acuerdo, el horario de trabajo de una madre es un verdadero reto: veinticuatro horas al día, siete días a la semana, cincuenta y dos semanas al año, sin fines de semana y sin días festivos.¡Para algunas personas esto sería un impedimento, pero no para las madres! Dios nos ha dado una fuerza inexplicable, una fuerza más allá de nuestra propia fuerza que nos permite atender las múltiples necesidades y cuidados de nuestros preciosos encargos. Como el conejito *Energizer*, seguimos y seguimos, a pesar de la comida de la media noche, de las fiestas que nos mantienen despiertas, los entrenamientos de fútbol dos veces por semana (más un juego los sábados), proyectos de ciencia atrasados. Generalmente se requiere la orden directa de un médico para que una mamá pueda "ausentarse por enfermedad".

Cathy es un buen ejemplo de esto. Es madre de dos niños en edad preescolar; ella nunca había faltado a su trabajo de mamá, pero un día se enfermó y tuvo que quedarse en cama. Les llamó a sus suegros para que la ayudaran. Antes de que su suegra llegara, su hijo de tres años, Ryan, se le acercó y le preguntó muy consternado: "Mami, ¿qué es lo que vamos a hacer? ¿Quién nos va a dar de comer, quién nos va a acostar y quién va a jugar con nosotros? Sus ojitos se llenaron de lágrimas. ¡Te necesito!", lloró.

Ryan se dio cuenta de que, cuando las mamás se enferman, las cosas no son iguales. Se tranquilizó un poco cuando su mamá le dijo que su abuelita ya venía en camino. ¡Por lo menos su abuelita era una madre con experiencia!

El valor de una madre

Un estudio se llevó a cabo recientemente por los Servicios Financieros Edelman. Intentaron identificar todas las actividades que una madre típica hace durante el curso de un año. Los investigadores también revisaron el sueldo. La información la proporcionó el Centro de Estadísticas de Labores de los Estados Unidos, grupos de comercio y varias empresas de personal y recursos humanos. Cuándo se reunió toda la información, Edelman estimó que una madre debería ganar aproximadamente ¡quinientos mil dólares anuales! Este es el resumen de las diferentes tareas típicas hechas por una madre y el sueldo promedio correspondiente (en moneda EUA):

Cuidadora de animales . . . .$ 17,500
Chef ejecutivo . . . .$ 40,000
Analista en computación . . . . $ 44,000
Gerente de finanzas . . . .$ 39,000
Preparadora de alimentos y bebidas . . . .$ 20,000
Oficinista . . . .$ 19,000
Enfermera . . . .$ 35,000
Consultora administrativa . . . .$ 41,000
Personal de guardería . . . .$ 13,000
Ama de llaves . . . .$ 9,000
Psicóloga . . . .$ 29,000
Chofer de autobús . . . .$ 32,400
Directora de escuela . . . .$ 58,600
Dietista o Nutrióloga . . . .$ 41,600
Gerente de mantenimiento . . . .$ 22,600
Trabajadora social . . . .$ 30,000
Administradora de tiempo libre . . . .$ 15,500

El estudio de Edelman sugirió que debido a que las madres *usan muchas gorras* y trabajan las veinticuatro horas al día, se merecen sueldo anual de tiempo completo para cada una de las diecisiete funciones. Y debido a que no se incluyeron el seguro para el retiro, el seguro de salud y otras prestaciones que generalmente un trabajador recibe haciendo estos trabajos, ¡las cifras deberían ser más altas![2]

Es una lista muy halagadora, ¿no lo creen? Pero observe que no incluyeron algunas otras cosas en este cálculo. Por ejemplo:

Besar a su peluche favorito .No tiene precio
Cocinar su comida preferida tal y como les gusta. . . .No tiene precio
Hacerlos sentir especiales el día de su cumpleaños . .No tiene precio
Levantarse a atenderlos por la noche porque tienen
hambre o están enfermos . . . . .No tiene precio

Ser juez en pleitos entre hermanos . . . . .No tiene precio

Buscar por toda la casa algo que se les perdió . . . . . .No tiene precio

Echar porras durante un partido . . . . .No tiene precio

Rascarles la espalda mientras están acostados
en la cama . . . . .No tiene precio

Hornear galletas calientitas para un refrigerio
después de la escuela. . . . . .No tiene precio

Contar cuentos a la hora de dormir . . . . .No tiene precio

Tomarlos de la mano cuando los vacunan . . . . .No tiene precio

Abrazarlos, sonreírles y animarlos . . . . .No tiene precio

¡Hay cosas que el dinero no puede comprar! El estudio de While Edelman podría estar en lo cierto, pero la verdad es que el valor de una madre es incalculable. Muy pocos pueden duplicar nuestro toque amoroso. ¿Qué precio se le puede poner al calor y al bienestar que llevamos a nuestros hogares? ¿A que nuestros hijos se sientan seguros y protegidos por el solo hecho de que estamos cerca? ¿A nuestra habilidad sin igual para saber lo que nuestros hijos quieren antes de que nos lo pidan?

Recientemente le pregunté a un grupo de madres: "¿Qué hace que una madre sea invaluable?" Una mujer respondió: "¡Solo una madre sabe cuando su hijo está a punto de vomitar!". ¿Quién puede calcular el valor de la intuición maternal?

Desintonícese de la opinión popular

El mundo no sabe reconocer el valor extraordinario de la maternidad. De hecho, tenemos que luchar para no desanimarnos ante las tendencias culturales actuales que degradan el trabajo materno y no toman en cuenta su influencia sobre la vida de los niños. La sociedad moderna nos dice tres mitos:

Mito 1: La genética y la presión de los amigos —no de las madres— es lo que más influye en los niños.

En su reciente libro *The Nature Assumption: Why Children turn Out the Way They Do?* (Free Press, 1998), Judith Rich Harris, argumenta que nada de lo que digan o hagan los padres influirá en la personalidad de sus hijos, en su comportamiento, en sus valores o en su inteligencia. Concluye que la genética y la presión de los amigos son los factores principales que contribuyen en la manera que los niños crecen. En su opinión, a los padres se les da demasiado crédito.

Sin embargo, muchos expertos en asuntos relacionados con niños y sus familias no están de acuerdo con la propuesta de Harris. *"The Nurture Assumption* es tan perturbador"*, responde el Dr. T. Berry Brazelton, reconocido profesor de pediatría en la Escuela de Medicina en Harvard. "Devalúa lo que los padres están tratando de hacer. Decir que los padres no importan, asusta. Porque entonces los padres podrían decir: —Si yo no importo, ¿entonces para qué me esfuerzo?'"[3].

Permítame afirmar sin temor a equivocarme: ¡Los padres sí importan!. Una cultura cambiante y el punto de vista humanista del mundo no cambian el hecho de que una madre siempre ha tenido (y siempre tendrá) un impacto poderoso sobre el desarrollo de sus hijos. Por supuesto que la presión de los amigos y la genética tienen su papel en cuanto a la clase de adultos que serán cuando crezcan; pero es la manera en que los padres se involucran lo que guía los intereses de los niños e influye en la dirección que toman desde su infancia.

No necesitamos ir más allá de la Biblia para ver que Dios le ha dado a los padres el trabajo de entrenar y enseñar a sus hijos. En Deuteronomio 6:4-7, Moisés les dice a los israelitas que fielmente graben los mandamientos de Dios en los corazones de sus hijos: "Oye, Israel: Jehová nuestro Dios, Jehová uno es. Y amarás a Jehová tu Dios de todo tu corazón, y de toda tu alma, y con todas tus fuerzas. Y estas palabras que yo te mando hoy, estarán sobre tu corazón; y las repetirás a tus hijos, y hablarás de ellas estando en tu casa, y andando por el camino, y al acostarte, y cuando te levantes".

Claramente, Dios pone en las manos de los padres –no de los amigos, ni de los maestros, ni de gente del gobierno, ni de nadie más– la responsabilidad de enseñar a sus hijos a amar a Dios y a obedecer su Palabra. Y, como padres, Dios nos ha dado el poder para pasar sus mandamientos de generación en generación.

Mito 2: La maternidad es la causa por la cual las mujeres se pierden de las cosas emocionantes de la vida.

La sociedad moderna se ha excedido con filosofías enfocadas en uno mismo como el *automejoramiento* y la *autoactualización*.

Nos bombardean diariamente con mensajes que nos dicen que debemos ser el número uno, así como preservar nuestros propios intereses y metas a cualquier costo. Esta manera de pensar, al implicar que la generosidad de la maternidad no es una buena inversión de nuestro tiempo y esfuerzo, en ocasiones crea sentimientos de insuficiencia en algunas madres.

El mito fundamental es que si nos empeñamos en ser buenas madres, no estamos disfrutando de la vida. ¡No es cierto! La vida empieza con la maternidad. ¿Qué podría ser más vigorizante, más lleno de vida, que una casa llena de adolescentes llenos de energía esperando a que les den de comer o un puño de niños pequeños jugando a las escondidas o un recién nacido que quiere que lo carguen?

Además, Jesús dijo en Mateo 10:39: "El que halla su vida, la perderá; y el que pierde su vida por causa de mí, la hallará". Comprometiéndonos a amar y cuidar a nuestros hijos como Dios manda –aun cuando signifique poner las necesidades de ellos antes que las nuestras una y otra vez– es el camino a una vida llena y abundante. La maternidad tiene este amor desinteresado que describe nuestro trabajo. ¡Les puedo asegurar: no nos estamos perdiendo de nada!

Mito 3: Ser madre desperdicia el talento y las habilidades de la mujer.

Ciertos movimientos de mujeres hoy en día, niegan el significado de la maternidad, asegurando que nuestros talentos y habilidades podrían aprovecharse mejor. Pero la verdad es que la maternidad no solo nos permite usar nuestros talentos y habilidades, sino que los aumenta y los expande.

Ser madre aumenta nuestra perspectiva del mundo y abre nuestros corazones a una compasión y un amor hacia otros más profundos. Constantemente nos expone a nuevos desafíos y nos hace estirarnos para aprender nuevas aptitudes. ¿En dónde más puede una mujer aprender a hacer cinco cosas a la vez? Una madre típica puede cocinar, contestar el teléfono y ayudar con la tarea mientras le da de comer al bebé y regaña al perro. Puede trabajar en un hospital, ir de compras, lavar la ropa, pagar los recibos, y seguir demostrando afecto a su familia. ¡Increíble!

La mano que mece la cuna es la mano que domina al mundo. — W.S. Ross

¿Recuerda la lista de Edelman de los trabajos que una madre hace durante un año? ¿En dónde más podría una mujer adquirir tanta experiencia en su trabajo?

Aun así, a menudo nos sentimos desafiadas cuando alguien nos pregunta: "¿Y, usted que hace?", nos hacen sentir que no hacemos nada. Desafortunadamente, por causa de la sociedad y su manera de pensar, se oye insignificante cuando decimos: "Soy mamá". A pesar de que sabemos que la maternidad es un llamado importante, nos sentimos como si tuviéramos que poder enlistar varios intereses sustanciales fuera de casa para satisfacer a nuestros inquisidores. Antiguamente, dedicarse al hogar era un honor; ¡ahora lo tratan tan solo como un accesorio en el conjunto de la vida!

Me encanta la historia de una madre a quien se le acercó una joven para hacerle una encuesta en un centro comercial. La persona que hacía la entrevista le preguntó: "¿A qué se dedica?". Ese día se sentía muy audaz y le contestó: "Soy gerente en relaciones humanas y desarrollo". La joven dudó un momento, y lentamente escribió el título que sonaba tan importante en su sujetapapeles.

Después le preguntó: "¿Y exactamente que es lo que hace?"

La respuesta de la mamá fue invaluable: "Mi trabajo requiere de investigación y administración continua, tanto en la oficina como en el campo (traducción: tanto en la casa como en el jardín). Actualmente, estoy muy ocupada en tres importantes estudios de caso (traducción: tengo dos hijos y una hija). Es un trabajo muy exigente, y generalmente trabajo todo el día para cumplir con todas mis responsabilidades. Aunque la compensación económica es casi inexistente, la recompensa y la satisfacción que obtengo va más allá de lo que puedo expresar con palabras".

La investigadora se le quedó mirando con mucho respeto y continuó con el resto de las preguntas. Cuando terminó la encuesta, la madre le sonrió a sus tres importantes estudios de caso. Salieron del centro comercial y felizmente como premio los llevó a comer a un restautante de comida rápida.

¡Eso es tener confianza en su trabajo!

Nosotras también podemos tener confianza en el trabajo que hacemos como madres, con la seguridad de que cada día contribuimos en la vida de nuestros hijos. A pesar de que pasemos la mayor parte de nuestro tiempo en la oficina, en la escuela, en el hospital, en una

Ningún idioma puede expresar el poder, la belleza y heroísmo del amor de una madre.— Edwin H. Chapin

tienda, en una fábrica o en casa, antes que nada, primero, somos madres; y continuamente construimos valores y visiones en la vida de nuestros hijos.

En efecto, es muy fácil agobiarse y dejarse influir indebidamente por las expectativas de nuestra cultura. ¡Pero no haga caso de esas mentiras! Manténgase firme en lo que usted sabe en lo profundo de su corazón: usted es absolutamente *esencial* en su hogar y en la vida de sus hijos. Su trabajo vale más que el dinero; ¡tiene valor eterno!

Recuerde a su jefe

Tómese un momento para reflexionar en aquel primer día cuando adoptó la palabra madre como el título de su perfil de trabajo. Fue en ese día cuando inició un viaje nuevo y único hacia lo desconocido. Asumió una obligación monumental aceptando el compromiso de toda una vida para amar y cuidar a esa persona nueva que Dios trajo a su vida. Tal vez en ese momento sintió que no estaba preparada, pero día a día su sabiduría, su fuerza y su habilidad crecieron para enfrentar el nuevo reto que se presentaba en su vida.

La verdad es que la palabra madre, describe no solo lo que hacemos, sino quiénes somos. Desde el momento en el que nos presentan a los niños en nuestra vida, nos transformamos en nuevas personas: en mujeres con mayores propósitos, responsabilidades y significado.

Pero si la maternidad es nuestro trabajo, ¿para quién trabajamos? ¿Trabajamos para complacer a la gente en este mundo; una sociedad que nos dice que no somos importantes y que no nos necesitan? ¿Atendemos únicamente a nuestros esposos y a nuestros hijos? ¿O trabajamos para llenar nuestras propias necesidades?

Colosenses 3:17 nos da la respuesta: "Y todo lo que hacéis, sea de palabra o de hecho, hacedlo todo en el nombre del Señor Jesús, dando gracias a Dios Padre por medio de él". Pablo nos dice en los versos 23 y 24: "Y todo lo que hagáis, hacedlo de corazón, como para el Señor y no para los hombres; sabiendo que del Señor recibiréis la recompensa de la herencia, porque a Cristo el Señor servís".

Nuestro trabajo es para el Señor. Es a Dios a quién estamos complaciendo al dedicarnos a nuestras familias. Es Dios quién un día nos recompensará nuestro esfuerzo. Si trabajáramos para la gente del mundo, seguramente querríamos que reconocieran nuestro trabajo y que nos pagaran por nuestros servicios. Pero nuestro llamado es más importante. Nosotros no trabajos por dinero o por elogios en esta tierra; trabajamos con todo nuestro corazón para el Señor. En realidad, todo nuestro trabajo lo hacemos con el corazón; con el amor que Dios nos ha dado para nuestros hijos.

Querida amiga, usted y yo podemos seguir adelante confiando en nuestro trabajo. Después de todo, ¡trabajamos para el mejor jefe del mundo! Nuestro trabajo como madres es muy importante, porque le importa a Dios. Podemos usar nuestro título con humildad y honor, reconociendo que tenemos el poder para influir y moldear a nuestros hijos como preciosas piezas humanas de barro.

Escuchen las palabras de este poema sutil:

Tomé un pedazo de barro suave
y un día ociosamente lo formé;
y, mientras mis dedos aun lo presionaban,
se movía y cedía a mi voluntad.

Regresé cuando pasaron unos días,
y la forma que le di aun duraba;
y aunque mis dedos lo presionaron,
ya no pude cambiar su forma.

Tomé un poco de barro vivo,
y suavemente día con día lo fui formando,
y con mi poder y arte lo hice moldeable
el corazón suave y dócil de una criatura.

Regresé cuando los días habían pasado;
y lo que contemplé ahora fue a un hombre,
al que ya no pude cambiar.[4]

Es verdad: Cada madre nueva sostiene en sus brazos a un precioso paquete de potencial moldeable esperando a ser transformado en un adulto floreciente a través de su cuidado tierno y amoroso. ¡Nuestro trabajo nunca se debe tomar a la ligera! Tenemos una gran responsabilidad, tanto para Dios como para nuestros hijos. Cuando comprendemos el impacto que nuestras palabras y acciones tienen en la vida de nuestros hijos, nos damos cuenta de la tarea monumental que tenemos. Dios nunca nos da un trabajo sin antes prepararnos. Como madres, fuimos creadas para influir en las vidas de las generaciones que siguen.

Tomen en cuenta a mi amigo, Víctor Caballero, Jr. Víctor tiene dos trabajos bastante exigentes. En las mañanas trabaja como agente de libertad condicional en los tribunales juveniles, y por las tardes y fines de semana trabaja como entrenador de gimnasia. Víctor fue uno de diez hijos, y se crió con su madre y con su abuela en un ambiente que se caracterizó por su disciplina estricta y un amor incondicional. La fuerza y determinación que aprendió durante su juventud, y que continúan ayudándole hasta el día de hoy, dice que se las debe a estas dos mujeres.

Víctor dice que lo que más le ha ayudado fue lo que su madre y su abuela le enseñaron: "La compasión de la sabiduría", y cómo interesarse por los demás. Con gran comprensión, Víctor añade: "Si alguien entiende el dolor y la fuerza, es mi madre. Mi madre y mi abuela soportaron mucho dolor durante sus vidas y, sin embargo, fueron pilares increíbles de fuerzas combinadas con amor".

Víctor no es el único en reconocer la invaluable contribución de éstas mujeres en su vida. Hombres y mujeres a través de la historia han aclamado a sus madres el sincero estímulo y dirección que les han dado.

Por ejemplo, Abraham Lincoln fue un gran presidente quién reconoció que le debía mucho a su madre. No solo le enseñó ella a leer, sino que con mucho esfuerzo le consiguió libros para que continuara leyendo; quiso ampliar su mundo y lo motivaba para que saliera de la pobreza en la que estaba su familia. Más adelante, Lincoln alabó la influencia de su madre cuando dijo: "Todo lo que soy, y espero ser, se lo debo a mi madre".

La Estatua de la Libertad ofrece otro magnífico ejemplo. Diariamente cientos de personas visitan esta gran estatua para admirar la hermosa figura femenina que representa la libertad que vivimos en este gran país. Sin embargo, ¡muy pocos se dan cuenta que están viendo la imagen de la madre del escultor! Efectivamente, Frederic Bartholdi escogió a su propia madre como modelo de la Estatua de la Libertad, debido a que ella representaba a una persona heroica e influyente en su propia vida. Ahora su imagen ilumina el camino a todos aquellos que entran a la bahía de Nueva York.

A nosotras no nos hicieron una estatua, pero, como madres, tenemos una oportunidad similar para iluminar el camino de nuestros hijos –ayudándolos en su formación y guiarlos para que se conviertan en aquello Dios creó. Cómo la Estatua de la Libertad, ¡también nosotras podemos pararnos en alto!

Una revelación que nos devuelve la humildad

Antes de engreírnos, debemos recordar que nuestro principal proveedor para las necesidades de nuestros hijos, no somos nosotros, sino Dios. Hay ocasiones en las cuales no podemos ayudar a nuestros hijos ante una crisis o un reto. Pero Dios ahí está, siempre presente y siempre listo para proporcionar lo que nuestros hijos necesitan.

Recientemente aprendí la lección cuando salí a un *Fin de semana de vacaciones para mamá* con un grupo de amigas. Justo cuando llegamos al hotel, recibí el mensaje de que mi hija Joy había sufrido un accidente dislocándose el codo. Un vecino la llevó al hospital y mi esposo, Curt, lo alcanzó ahí.

"Todo está bajo control", me dijo Curt por teléfono. "No necesitas regresar a casa". Por supuesto mi primer impulso fue querer regresarme a casa. Estaba a tan solo cuarenta minutos de distancia. ¡Seguramente, mi bebé me necesitaba y no podía estar sin mí!

Mis amigas no me permitieron persistir en mi arrogancia materna por mucho tiempo. Curt podría manejar la situación, me dijeron; y además, será bueno para los dos. Joy también me insistió que no necesitaba que yo fuera al rescate.

"Papá está aquí", me dijo sencillamente.

Les será franca. Se me hizo muy difícil no correr al lado de mi hija. Pero recibí una revelación que me hizo recuperar la humildad al entender que hay momentos cuando nuestros hijos pueden sobrevivir sin nosotras; e incluso que *deban* sobrevivir sin nosotras. Es muy tentador para nosotras como madres tratar de resolver todos los problemas de nuestros hijos, pensando que somos las únicas que lo podemos hacer. La verdad es que nuestros hijos necesitan tener la experiencia que les enseñe a enfrentar situaciones sin nosotras. ¿Si nos encargamos de cada necesidad y estamos presentes en cada situación, cómo van a aprender nuestros hijos a depender de Dios?

Desde el accidente he notado que Joy y su papá comparten un lazo nuevo y único. Sí, hubiera podido regresar y arreglar la situación, pero les hubiera negado la oportunidad a mi hija y a mi esposo de que juntos enfrentaran el conflicto. ¡En ocasiones las *madres maravilla* tenemos que hacernos a un lado!

Pueden estar seguras que nuestra influencia subsiste, estemos o no con nuestros hijos. Consideren lo que Thomas Edison, uno de los grandes inventores de Estados Unidos dijo sobre su madre; una mujer sabia quien murió cuando Edison era muy pequeño:

> No tuve a mi madre mucho tiempo, pero la influencia que me dejó me ha durado toda mi vida. Nunca podré perder la buena impresión de su temprana formación. Si no hubiera sido por su amor y su fe en mí en un momento crítico de mi experiencia, tal vez nunca hubiera llegado a ser inventor. Siempre fui un niño descuidado, y de haber tenido una madre diferente, el resultado no hubiera sido bueno. Pero su firmeza, junto con su dulzura y su bondad fueron poderes fuertes que me mantuvieron por el camino correcto.[5]

Las madres tienen el trabajo más poderoso en la tierra. Con la ayuda de Dios, podemos influir para que nuestros hijos se conviertan en líderes mundiales, inventores talentosos, músicos creativos, grandes atletas, predicadores apasionados, maestros dedicados, doctor comprometidos, y la lista continúa. ¡Pero tampoco debemos pensar que somos la única influencia en la vida de nuestros hijos! La verdad es que mientras Thomas Edison fue generosamente influenciado por su madre, de alguna manera salió adelante sin ella casi toda su vida. Dios puede usar a los papás, a los abuelos, a los líderes juveniles, a los maestros y a los amigos para que ayuden a nuestros hijos a lo largo de su camino. ¡Y debemos estar felices por su ayuda!

Alguien ha dicho: "Dios no puede estar por todos lados al mismo tiempo, por eso creó a las madres".

¡Eso no es verdad! Dios sí puede estar por todos lados al mismo tiempo. Él es omnipresente. Al contrario, son las madres quienes no pueden estar en el momento en que se les necesita para resolver algunas crisis que se presentan todos los días en las vidas de nuestros hijos. Sí influimos en sus vidas; pero reconozcamos humildemente nuestras capacidades y nuestras limitaciones.

Dios nos ha dado a cada una la responsabilidad para entrenar, alimentar, desarrollar, preparar y enseñar a los preciosos hijos que Él ha puesto en nuestras manos. A través de nosotras –y con Su constante presencia guiándonos– Él está preparando a la siguiente generación. ¡Seamos fieles a Su llamado! El mundo no nos recompensará nuestro amor incondicional y nuestra diligencia. Nunca nos darán el crédito que merecemos; pero podemos continuar, seguras de que un día, en el Reino que es eterno, escucharemos a nuestro Padre celestial decirnos: "Bien, buen siervo y fiel".

Punto de poder

Lea: Romanos 12. ¿Cómo pueden estos versículos motivarla en su papel de madre? Subraye, o copie los versículos más significativos. Escoja uno para memorizarlo esta semana.

Ore: Maravilloso Padre, gracias por permitirnos participar en la gloriosa ocupación de la maternidad. ¡Gracias por ser el perfecto Padre –y el perfecto modelo a seguir! Por favor ayúdame a recordar que mi trabajo es significativo y eternamente importante.

Ayúdame a glorificarte mientras trabajo, enseño, juego, cambio pañales y hago los sándwiches todos los días. Bendice a mi familia con paz y seguridad mientras te honramos cada vez más. Te lo pido en el nombre de Jesús. Amén.

Haga: En una tarjeta bibliográfica, redacte su perfil de puesto. Sea creativa e incluya todas sus responsabilidades. Siga este ejemplo:

Inversionista en Recursos Humanos

Anima e instruye a todos sus clientes acerca de cómo aprovechar su tiempo, dones y talentos. Invierte amor, cuidados, fuerza y lágrimas en las cuentas de todos sus clientes. Transporta a sus clientes a sus compromisos. Asiste a las actividades y eventos en los que sus clientes participan. Proporciona las necesidades básicas de alimento, ropa y una casa limpia. Ocasionalmente, plancha si se lo solicitan.

Escriba Colosenses 3:17 en la parte inferior de su tarjeta, y colóquela en el espejo de su baño o en un marco junto al fregadero. Úselo como un constante recordatorio del significado de su trabajo –y añádale el nombre de su jefe.

2

El secreto de su éxito
Conéctese a su fuente de energía

Por supuesto que me gustaría ser la madre ideal.
Pero estoy muy ocupada criando niños.
"The Family Circus" por Bil Keane

Seamos honestas. Durante un día típico de una madre, hay momentos en los cuales es fácil que sea positiva y hay momentos cuando no es tan fácil. Para mí y para muchas de las madres con las que he hablado, el momento más difícil para ser positiva es la hora antes de la cena. La *hora de matar*, como muchas madres la llaman, es la hora en la cual todos en la casa (incluyendo a mamá) están cansados, hambrientos y necesitados. Los niños necesitan ayuda con su tarea, el bebé necesita que alguien lo cargue, el esposo necesita la comida en la mesa, y mamá necesita ingeniárselas para preparar la cena con lo poco que tiene en la alacena y en el refrigerador. ¡Esta es la hora conocida por rendir de cansancio aun a las madres más positivas!

Recientemente una amiga me dio una lista con sugerencias de cómo ser una esposa y una madre tranquila durante la *hora de matar*. Aparentemente esta lista venía en un libro que se usaba los años cincuenta. Me imagino que ustedes también descubrirán que esta lista es muy interesante.

Instrucciones para una esposa
1. Tenga la cena lista. Programe con anticipación la cena que va a preparar para que esté en la mesa a tiempo. Esta es una manera de

demostrarle a su esposo que ha estado pensando en él y que se preocupa de sus necesidades.

2. Prepárese usted. Descanse unos quince minutos, para que cuando su esposo llegue la encuentre fresca. Retóquese su maquillaje, póngase un listón en su cabello y véase relajada. El viene de estar con muchas personas cansadas por el trabajo. Muéstrese un poco alegre y un poco más interesante. Su aburrido día, posiblemente necesite un rescate.

3. Limpie el desorden. Haga un recorrido final en la parte principal de la casa antes de que llegue su esposo y recoja a su paso libros escolares, papeles, juguetes, etc. Luego, pase un trapo sobre las mesas para quitarles el polvo. Cuando su esposo llegue, sentirá que llegó a un refugio de descanso y de orden, y esto a usted la animará también.

4. Prepare a los niños. Tómese unos minutos para lavarles a los niños sus manos y sus caras. Si son pequeños, péinelos, y si es necesario cámbieles la ropa. Ellos son pequeños tesoros y a él le gustará verlos así.

5. Minimice el ruido. Cuando él llegue, elimine el ruido de la lavadora, secadora, lavavajillas o de la aspiradora. Trate que los niños no hagan mucho ruido y que a todos les dé gusto cuando él llegue.

6. Lo que no se debe hacer: Cuando su esposo llegue no lo abrume con problemas y quejas. No se queje si llega tarde a cenar. Considere esto como un minucia comparada con lo que él seguramente habrá tenido que lidiar durante el día.

7. Hágalo sentirse cómodo. Sugiérale que se recueste en un sillón o en su cama. Téngale lista una bebida fresca o caliente. Acomode las almohadas y ofrezca quitarle los zapatos. Háblele suavemente y con una voz agradable. Permítale que se relaje.

8. Escúchelo. Usted tendrá una docena de cosas que contarle, pero la hora de su llegada no es el momento oportuno. Espere a que él hable primero.

9. Haga que la tarde sea suya. No se queje si no la lleva a cenar o a pasear; trate de comprender su mundo tenso y de presión y su necesidad de estar en casa relajado.

10. La meta: Trate de que su hogar sea un lugar de paz y orden en donde su esposo se sienta a gusto.

Algunas cosas han cambiando en nuestra sociedad desde 1950, ¿no lo cree? ¡Estoy segura que hoy en día no encontraremos estas sugerencias en ningún libro! Por supuesto que estas instrucciones *pasadas de moda* no están del todo mal. Cuándo se las leí a mi esposo, Curt, se me quedó viendo con una cara muy seria y me dijo: "¡Creo que estas sugerencias son maravillosas!".

¿A qué esposo no le gustaría que lo trataran así? (¡Oiga, a mí también me gustaría que hicieran lo mismo por mí!) Pero la realidad de la vida al principio del siglo veintiuno es que la mujer tiene nuevas y diferentes responsabilidades que hace medio siglo. En lugar de preparar una deliciosa cena de tres diferentes platillos y tenerlos listos exactamente a las seis de la tarde sobre la mesa, la mamá moderna se pasa toda la *hora de matar* apresurándose a llegar a su casa a la hora del tráfico pesado, después de haber salido de su propio trabajo o de haber recogido a los niños del entrenamiento de fútbol o clases de ballet. Saludar a su esposo con una sonrisa en la entrada de su casa se ha cambiado por un sencillo: "Hola", desde el celular mientras ella se dirige a la junta de Padres de Familia y él pasa a comprar unas hamburguesas y papas fritas para los niños.

Pero mientras nuestro mundo cambia en muchas formas, creo que todavía es posible ser una esposa y una madre positiva. Tal vez no seguimos las diez sugerencias del libro del año 1950, pero podemos aprender a ser madres y esposas firmes sin importar en cuál década vivimos.

No hay madres perfectas

¿Cuáles son sus expectativas como madre? ¿Quiere una casa impecable? ¿Hijos bien portados? ¿Ser la imagen de Martha Stewart? Estoy segura que como yo, usted también tendrá la imagen de lo que es una *súper mamá*. Pero, ¿será realista su visión o solo es la imagen de lo que usted piensa que debería ser?

Ser una mamá positiva no quiere decir que tiene que ser una mamá perfecta.

Al contrario; el significado de una madre positiva no incluye la palabra perfecta. Una madre positiva se da cuenta que ni las circunstancias ni las personas son perfectas. Es realista en sus expectativas, reconoce las debilidades y fuerzas de su esposo y de sus hijos. Y lo más importante, humildemente reconoce que ella misma tiene una buena cantidad de defectos.

La verdad es que aportamos a nuestras familias una variedad tanto de habilidades como de debilidades; talentos y fallas. Salmos 139:14 nos recuerda que somos: "Formidables y maravillosas". ¡Dios sabía lo que estaba haciendo cuando nos hizo a cada uno de nosotros con todo y con imperfecciones! Él combina nuestras capacidades con incapacidades y nos ayuda a construir un hogar amoroso y balanceado. Nuestro éxito como madres positivas empieza cuando nos damos cuenta que somos una gloriosa creación –una combinación especial de logros y de faltas– que Dios ha unido para crear un hermoso trabajo de arte humano, conocido por nuestras familias como *madre*.

Sin embargo, con frecuencia nos ponemos a prueba y nos comparamos con otras mujeres –aun con madres *perfectas* de la televisión– y se nos olvida que Dios nos creó como autenticas madres, diseñadas con cuidado, exactas para beneficiar nuestros hogares y a nuestras familias. Personalmente, a mí me reanima un sabio proverbio chino: "Ninguna familia puede colgar el letrero, 'Aquí No Sucede Nada' ". Otras familias y otras madres dan la impresión de que nada les sucede, pero en realidad, al igual que nosotros, también tienen puntos buenos, sus errores, sus retos, y sus arrepentimientos.

Por ejemplo, unos de mis defectos es que siempre se me hace tarde. Mi tardanza no se debe a que sea egoísta o descortés, sino a una falta de organización en mis prioridades. Me dejo absorber por mi trabajo, en una conversación con una amiga, o en alguna actividad de mis hijos, o simplemente se me olvida ver la hora. Dios ha usado a mi familia para ayudarme a ser más consciente del tiempo; tienen que estar a tiempo en el colegio, en los entrenamientos, etc., ¡y yo soy la que los tiene que llevar! Pero Dios también ha usado mi defecto para que mi familia comprenda que hay momentos en los cuales una conversación es más importante que un itinerario. En algunas ocasiones debemos ser flexibles y saber perdonar.

No se desanime por sus flaquezas; en lugar de eso decídase a reforzar sus habilidades. Regocíjese de que Dios está obrando en su vida. Él la está desarrollando. ¡Y aun no ha terminado! Siga las palabras que dijo el apóstol Pablo: "Estando persuadido de esto, que el que comenzó en vosotros la buena obra, la perfeccionará hasta el día de Jesucristo", (Filipenses 1:6).

Un día a la vez

Los itinerarios son una de esas áreas en las que ocasionalmente nos comparamos con otras madres. Escuchamos a la gente hablar con admiración sobre una madre que tiene muchas responsabilidades: "¡Ella es tan eficiente!". Pero, de acuerdo a la realidad, ¿lo podemos hacer todo?

Es muy tentador pensar que podemos llenar nuestros itinerarios con una variedad de actividades e intereses. Hay tantas cosas que una mujer moderna puede hacer: encontrar un trabajo, tomar una clase, ir al gimnasio, ser voluntaria en un hospital, recibir en casa a las amigas para jugar –y la lista podría seguir.

Por más irónico que parezca, una madre positiva debe aprender a dar una negativa en algunas ocasiones. En una sociedad que ofrece innumerables oportunidades, es esencial que aprendamos a decir algunas veces: "No".

Por lo general nuestra decisión no depende de escoger entre una buena o una mala actividad. Para la madre moderna, hay muchas actividades maravillosas, interesantes, que desarrollan los talentos, entre las cuales se puede escoger; y todas ellas pueden ser igualmente buenas.

Pero como Salomón nos recuerda en Eclesiastés 3:1: "Todo tiene su tiempo, y todo lo que se quiere debajo del cielo tiene su hora". ¡No tenemos que hacerlo todo ahora! En realidad, debemos tener cuidado de no añadir demasiadas distracciones que nos alejarán de nuestra misión principal: nuestra relación con Dios y con nuestras familias.

¿Cuántas responsabilidades se ha echado encima? Haga una lista de todas las actividades en las que está involucrada actualmente. Ahora añada las actividades de sus hijos. (Después de todo, las actividades de sus hijos se vuelven suyas cuando los llevamos al partido, a las clases, a los juegos, a los recitales y además nos ofrecemos como voluntarias para ayudar en los eventos y en los puestos de venta para reunir fondos).

Bastante ocupadas, ¿verdad? ¿Hay algo en su lista que no debe hacer? ¿Hay algo en su lista que siente que Dios le esta diciendo que deje de hacer? Usted y yo debemos volver a revisar nuestra carga de actividades, y hacernos estas importantes preguntas; y hacer los ajustes en nuestros itinerarios según sea el caso. Aunque pensemos que *un plato rebosante de actividades e intereses* nos hace unas expertas, la verdad es que terminaremos estresadas y seremos ineficaces en aquellas áreas de mayor responsabilidad.

La vida siempre se nos presenta con elecciones, y algunas son difíciles de hacer. Para muchas madres es más fácil decir: "Sí" que decir: "No". Si alguien le pide que sea la presidenta de una organización de mujeres (o coordinadora para reunir fondos para una escuela,

El día de hoy, vivo en la quietud, en la expectación del regocijo del bien... —Ernest Holmes

o que sea la maestra del grupo de niños de 5 años en la Escuela Bíblica) no quiere decir que tiene que aceptar. ¿Es bueno para su familia? ¿Le ayudará a afinar sus talentos? ¿Cuánto tiempo le tiene que dedicar? ¿La apoya su esposo? ¿Ha orado sobre esto? Estas preguntas se las debe hacer antes de comprometerse en una nueva actividad.

En conclusión, cuando se trata de nuestros itinerarios, debemos seguir los caminos que Dios nos indique: "Fíate de Jehová de todo tu corazón, y no te apoyes en tu propia prudencia", (Proverbios 3:5). Después de todo, solo Dios sabe qué nos depara el futuro.

Cuando mi hija Joy estaba en el segundo año de primaria, me pidieron que fuera Mamá Vocal. Por supuesto yo quería participar en el salón de Joy e inmediatamente dije que sí. En esa época, ya estaba comprometida en la Junta Directiva del colegio y dirigía un grupo grande de *Sonshine Girls* (un club de formación de carácter después de clases). Además, mis hijas participaban en otros deportes y en otras actividades que me mantenían ocupada.

Al poco tiempo de haberse iniciado el año escolar, recibí una llamada de un editor pidiéndome que escribiera un libro basado en una propuesta que yo había sugerido. ¡Esa era la oportunidad que yo había estado esperando! De repente mi plato estaba tan lleno que se derramaba –y me encontré luchando para evitar cometer errores. ¿Cómo sobreviví ese año? Por la gracia de Dios. Pero estoy convencida de que si hubiera buscado su dirección al inicio del año escolar, Dios –que sabía que el proyecto del libro estaba a la vuelta de la esquina– me hubiera guiado hacia un itinerario más balanceado.

Enunciado de misión personal

Uno de los maravillosos regalos que le podemos dar a nuestra familia es detenerse y empezar a hacer lo que es más importante. ¿Qué es lo más importante? En ocasiones nos es difícil responder a esta pregunta pues nuestras mentes se nublan por el *tirano de la urgencia*. Creemos que lo más importante es lo que nos está gritando que le prestemos atención. Como resultado, corremos por la vida aceleradamente como si estuviéramos compitiendo en una carrera, en lugar de detenernos y saborear el viaje significativamente.

Podemos aprender una increíble lección a través de las Olimpíadas Especiales que se llevaron a cabo en Seattle, Washington. En la carrera de los 100 metros todos los competidores se alinearon listos para correr. En cuanto la carrera se inició, todos empezaron a correr, lentos pero a un paso continuo –es decir, todos, excepto uno de ellos. En el punto de salida, un chico joven con síndrome de Down se tropezó, cayéndose en el asfalto. Los otros corredores lo escucharon gritar, y uno por uno voltearon a ver qué le había sucedido a su amigo. Olvidándose de la carrera, cada uno de ellos fue a auxiliar al chico. Uno se arrodilló, y le besó la rodilla y le dijo: "Todo estará bien". Otro lo ayudó a ponerse en pie. Posteriormente, todos los participantes se tomaron de las manos y ¡caminaron hasta cruzar la meta juntos! La gente les aplaudió durante varios minutos dándose cuenta que acababan de ser testigos de una increíble demostración de amor.

¿Queremos ser la mamá que lleva a cabo todo cuando llegamos al final de la carrera de la vida? Al correr demasiado para poder terminar con lo que tenemos que hacer, ¿estamos tomando tiempo para amar y disfrutar a la gente que Dios puso a nuestro cuidado? ¿Cuál es nuestra meta en la vida?

Considero que cada mujer debe responder a estas preguntas personal e individualmente. Debemos tomar en cuenta el propósito que Dios nos ha dado como madres. He descubierto que escribir mis propósitos en la vida me ha ayudado. Esta es una declaración de lo que yo creo que mi vida debe ser, y es una guía útil cuando pierdo la paciencia en medio del torbellino que se mueve a mi alrededor. Tal vez usted también quiera escribir sus metas. El siguiente es un ejemplo que usted puede adaptar a sus propios propósitos:

Declaración personal de fe y propósito

Yo creo que Jesucristo murió en la cruz por mis pecados y que su Espíritu Santo habita en mí, ayudándome a vivir de acuerdo a la voluntad de Dios cada día. Mi meta principal en la vida es honrarlo en todo lo que hago.

Yo creo que fui creada por Dios con dones extraordinarios, talentos, y habilidades únicas que Él puede usar para bendecir y enriquecer a mi familia y a la gente que me rodea.

Mis áreas fuertes incluyen _____.

Reconozco que también tengo debilidades, que trataré de aminorar o de superar con la ayuda de Dios.

Creo que el propósito de mi vida es _____.

El deseo para mi familia es _____.

Su declaración de fe y propósito, lo cual es una afirmación personal, puede ser diferente a esta, pero debe reflejar lo que es verdaderamente importante para usted. Cuando termine, compártalo con su esposo y con sus hijos y pídales su apoyo y que estén al tanto de que lo cumpla.

Hay varias razones por las cuales escribimos nuestros propósitos en la vida. Primero, cuando sabemos hacia donde vamos, podemos tomar el camino correcto para llegar allí. Sin dirección tendemos a desviarnos, haciendo todo lo que venga, mientras la sociedad nos jala hacia diferentes direcciones.

Segundo, declarar nuestros propósitos hace que reflejemos lo que realmente nos importa más en la carrera de la vida, lo cual nos ayuda a marcar el paso a lo largo del camino.

"Criar a los hijos no es distinto a una carrera de distancia en la que los competidores deben aprender a marcar el paso por sí mismos." Dice, el psicólogo cristiano Dr. James Dobson, "Ese es el secreto para ganar"[1].

Nuestras afirmaciones personales nos mantienen enfocadas hacia una dirección positiva, ayudándonos a vivir nuestra vida con un propósito claro. "El secreto para tener éxito es ser constantes en un propósito", lo dijo en alguna ocasión Benjamín Disraelí.[2] Con este recordatorio escrito de nuestras creencias, esperanzas y sueños, podemos enfocar mejor nuestras áreas fuertes hacia las metas de nuestra vida y dejar de prestarle atención a las debilidades.

Conéctese a su fuente de energía

Anteriormente los teléfonos celulares eran un lujo; hoy en día son una necesidad. ¡Es difícil recordar como sobreviví sin el mío! Solo hay una cosa que no me gusta de ellos: Se tienen que conectar regularmente a una fuente de poder para recargarlos. En muchas ocasiones he tenido que hacer alguna llamada importante dándome cuenta de que la batería está baja. ¡Los celulares son una maravilla cuando están cargados, pero no sirven cuando se descargan!

Lo mismo sucede con las madres. Nuestras baterías también se bajan. Nos cansamos físicamente y emocionalmente por el constante esfuerzo que hacemos para disciplinar, entretener y cuidar a nuestros hijos. Hay días en que nos sentimos abrumadas. Muchas de nosotras nos podemos identificar con Erma Bombeck, quién dijo: "Cuando mis hijos están alborotados y desobedientes, utilizo un corral para jugar con ellos. Cuando se tranquilizan, me salgo"[3]. Todas necesitamos un descanso, un respiro, un lugar tranquilo en donde podamos recargar nuestras baterías por las responsabilidades de la maternidad.

¿No sería fabuloso que nos pudiéramos conectar y recargar nuestras baterías como un celular? Pero aunque no podamos recargarnos eléctricamente, sí lo podemos hacer espiritualmente. El Espíritu Santo de Dios es nuestra fuente de energía, y siempre está listo para llenar nuestras necesidades. La Biblia nos dice que el Espíritu Santo nos ayuda con nuestras debilidades (Romanos 8:26); que nos fortalece y nos consuela (Hechos 9:31); nos dirige y nos guía (Juan 16:13); nos renueva y nos provee (Isaías 32:15). Mientras el Espíritu de Dios trabaja en nuestra vida, él nos da un fruto maravilloso: amor, gozo, paz, paciencia, benignidad, bondad y fe, mansedumbre y templanza (Gálatas 5:22-23).

¿Se ha conectado con su fuente de energía? ¿Vive el Espíritu Santo en su vida? La Biblia es muy clara y nos dice que cuando creemos en Jesucristo y confiamos en Él para recibir salvación, Él pone Su Espíritu Santo en nosotros (Efesios 1:13-14).

El plan de Dios es muy sencillo: Se lleva a cabo cuando comenzamos a tener fe en Jesús. Juan 1:12 dice: "Mas a todos los que le recibieron, a los que creen en su nombre, les dio potestad de ser hechos hijos de Dios". ¿Ustedes tienen una relación con nuestro Padre Celestial, el Dios viviente? Si la respuesta es negativa, entonces tal vez les gustaría tomarse un momento y revisar las Escrituras (le sugiero que lea el libro de Juan en la traducción moderna de la Biblia) y descubran el hermoso mensaje de salvación –las Buenas Nuevas.

¿Qué quiero decir cuando digo buenas nuevas o buenas noticias? Las buenas noticias son que Dios nos ama. A pesar de que ninguno de nosotros somos completamente buenos o puros, Dios –quien es perfectamente bueno– quiere tener una relación con nosotros. Jesús vino a ofrecer su vida como precio por nuestros pecados para dejarnos limpios y perdonados ante Dios. Ahora podemos tener una relación con nuestro Padre Celestial simplemente creyendo que Jesús dio su vida por nosotros. No podemos llegar al cielo por nuestras obras; no podemos hacer suficientes buenas obras para cubrir las malas. Solo tenemos que poner nuestra fe en Cristo.

Resumiendo: Por amor, Jesús vino al mundo para morir en la cruz por nuestros pecados. Resucitó de entre los muertos para darnos vida eterna. ¡Esas son buenas noticias!

Cuando estamos conectados con Cristo a través de nuestra fe en Él, automáticamente nos conectamos a nuestra fuente de energía, que es el Espíritu Santo. La Biblia dice que ese mismo gran poder que

Encomienda a Jehová tus obras, Y tus pensamientos serán afirmados. — Proverbios 16:3

35

trajo a Jesús de vuelta de la tumba está obrando en la vida de cadaa creyente (Romanos 8:11). Ese poder está fluyendo desde Su lado; lo único que tenemos que hacer es encender el interruptor del nuestro lado. Esto lo podemos lograr permaneciendo en Cristo todos los días –al reconocer Su supremacía en nuestras vidas, siguiendo su dirección y obedeciendo su Palabra.

Cuando aprendemos a *conectarnos* todos los días, empezamos a experimentar regularmente la frescura espiritual que solo Dios nos puede dar. Podemos empezar a producir el fruto de: "Amor, gozo, paz, paciencia, benignidad, bondad y fe, mansedumbre y templanza" (Gálatas 5:22-23). Y esto, querida amiga, es el verdadero secreto de nuestro éxito para ser una madre positiva.

Punto de poder

Lea: Romanos 8 en una versión de la Biblia fácil de comprender. Identifique los versículos que se refieren al Espíritu Santo en su vida. Escoja varios versículos y memorícelos (le sugiero los versículos 28, 38-39).

Ore: Gracias Señor, por no dejar que viva mi vida sola. Gracias por el Espíritu Santo que vive en mí y me ayuda a ser una persona positiva, amorosa, paciente y feliz todos los días. Tu poder –y no el mío– está en mi vida, haciendo que sea la mujer que tú quieres que sea. Gracias por perdonar todos mis pecados y por amarme a pesar de mis debilidades. Ayúdame a ser una madre positiva hoy. En el nombre de Cristo, amén.

Haga: En oración prepare su propia declaración de fe y de propósitos. Puede tomar como ejemplo el que se dio en este capítulo, para a empezar.

Principio 1

El poder del estímulo

*Por lo cual, animaos unos a otros, y edificaos unos a otros,
así como lo hacéis.*
1 Tesalonicenses 5:11

Muy pocas cosas en el mundo son más poderosas que un empujón positivo en la vida. Una sonrisa. Una palabra de optimismo y esperanza. Un: "Tú lo puedes hacer", cuando las cosas son difíciles.
Richard M. De Vos

Manzanas de oro
El impacto positivo de una palabra buena

Manzana de oro con figura de plata es la palabra dicha como conviene.
Proverbios 25:11

Hace muchos años, una profesora de secundaria en Minesota escribió una carta a *Dear Abby* contándole la historia de una lección increíble que aprendió de sus alumnos. Empezó describiendo un día difícil en su clase de matemáticas pues sus alumnos estaban malhumorados y desanimados con la lección. Frustrada, la profesora les dijo a sus alumnos que guardaran sus libros y pusieran una hoja de papel en blanco sobre sus escritorios. Les dijo que anotaran los nombres de sus compañeros, del lado izquierdo de la página, y escribieran a un lado del nombre algo amable sobre esta persona. El ejercicio improvisado ayudó, pues la profesora se dio cuenta de que los alumnos se veían un poco más relajados y tranquilos mientras entregaban sus trabajos.

Durante el fin de semana, la profesora también se tomó el tiempo para escribir el nombre de cada alumno en una hoja en blanco y cuidadosamente copió los pensamientos amables que cada alumno escribió sobre ese compañero. El lunes por la mañana, les entregó la lista a sus alumnos. El salón se llenó de susurros y comentarios como: "¡Esto es increíble!", "¡No sabía que le simpatizara a alguien!", "Nunca creí que yo significara algo para alguien". Posteriormente guardaron sus trabajos, y la clase siguió adelante; los alumnos se sentían mejor con ellos mismos y con los demás.

Años después, la profesora de matemáticas asistió al funeral de uno de sus estudiantes, quien murió en Vietnam. Después del servicio, los padres de este valiente joven se acercaron a la profesora y le dijeron:

—Le queremos mostrar algo que Mark llevaba cuando lo mataron.

El padre sacó un pedazo de papel doblado de su billetera, y mientras lo extendía, la profesora reconoció su propia letra. ¡Era el papel que ella les había escrito a cada alumno con todas las cosas buenas que sus compañeros habían dicho de ellos! Los padres agradecieron a la profesora diciendo que su hijo siempre había conservado como un tesoro aquellas palabras de motivación.

Otros estudiantes que estaban parados junto a ellos hablaron. Uno sonrió tímidamente diciendo que él tenía su lista de elogios en el primer cajón del escritorio en su casa. Otro dijo que colocó la hoja en su álbum de bodas. Un tercero la sacó de su billetera y orgullosamente exhibió su hoja como si se tratara de un valioso premio.

Abrumada, la profesora se sentó y comenzó a llorar, dándose cuenta del valor que tuvo aquel ejercicio improvisado, y del poder que tienen las palabras de estímulo.

Abby contestó la carta de la profesora en su columna del periódico con una cita de George Herbert: "Las buenas palabras valen más y cuestan menos"[1].

No podemos hacer mejor inversión en la vida de nuestros hijos que darles dosis generosas de palabras de aliento. Nos cuesta tan poco tiempo y esfuerzo, pero la recompensa es inapreciable. Cuando les recordamos a los jóvenes el valor que Dios les dio, reciben confianza, seguridad y bienestar en sus cuentas de banco emocionales. Empiezan a edificar sobre sus áreas fuertes, conscientes de que tienen algo para contribuir al mundo. Por otro lado, cuando nuestros hijos no cuentan con comentarios positivos sobre ellos mismos, sus cuentas bancarias emocionales pueden irse a la quiebra; sobregiradas por las críticas y por los contratiempos que ocurren todos los días en el mundo que los rodea.

El viejo dicho: "Los palos y las piedras podrán romper mis huesos, pero las palabras nunca me lastimarán", en realidad *no* es cierto. Piense cuando usted era pequeño. ¿Recuerda alguna burla o insulto que haya provenido de otros niños en algún punto de su vida mientras iba creciendo?

¡Muchos de nosotros sí! Sin importar lo pequeño o lo insignificante del comentario, aun nos lastima recordarlo. ¿No es increíble que todavía recordemos estos incidentes a pesar del tiempo que ha pasado?

Muchos psicólogos dicen que por cada comentario negativo que una persona recibe, necesita escuchar diez comentarios positivos para poder olvidar el efecto del negativo. Diez a uno –esas son muchas palabras positivas cuando consideramos toda la información negativa a la que nuestros hijos se enfrentarán durante un día cualquiera.

Es muy fácil que uno de nuestros hijos sea el cruel blanco de palabras negativas en nuestro círculo social. Los niños se ridiculizan entre ellos por cualquier cosa, ya sea por un defecto físico o por la ropa que usan o por ser buenos. Los años de adolescencia pueden ser más difíciles por la presión de encajar y de pertenecer a un grupo. Las balaceras que han ocurrido en los últimos años en las escuelas han sido ocasionadas por alumnos que han sido ridiculizados por sus compañeros o tratados como insignificantes. Las heridas por las burlas dejan huellas difíciles de borrar de las mentes de los niños.

Aun un familiar amoroso, un líder juvenil o un profesor pueden hacer, descuidadamente, un comentario, y sin saberlo pueden lastimar a un niño. Lo que para un adulto puede parecer un comentario ligero o sencillo, para un joven puede ser muy significativo. Recuerdo un incidente que sucedió cuando mi hija Grace tenía cinco años. Grace es una jovencita muy agradable, con muchas pecas en la cara. Un día en la iglesia, una persona mayor con buenas intenciones comentó sobre su apariencia, diciendo:

—¡Tu nombre debería ser Pecas!

Lo que parecía una observación llana para la señora, para Grace fue devastador, quien no se había dado cuenta de que sus pecas se notaran tanto. Tuve que decirle más de diez comentarios positivos para anular el comentario negativo que sin querer lastimó sus sentimientos.

Las palabras indiferentes y las críticas hirientes son un golpe duro en los corazones de los niños. Causan mucho daño y llevan a los pequeños por caminos que estarán llenos de tropiezos. Pero como madres, tenemos la responsabilidad y el privilegio de llenar los hoyos: Haga sumas. Si nuestros hijos se enfrentan a solo dos comentarios negativos durante el día, necesitarán aproximadamente veinte rellenos de amor y aprecio.

Cuando alguien hace algo bueno, ¡aplaude! Harás feliz a dos personas. Samuel Goldwyn

¿Cuántas veces al día tiene que elogiar a su hijo con palabras amables? ¿Dos, tal vez tres veces? ¡En algunos días, eso no es suficiente! Necesitamos fortalecer los puntos fuertes de nuestros hijos y hacer depósitos en sus cuentas bancarias emocionales deliberadamente. Tenemos que estar seguros de que ellos saben quiénes son.

¡No es que el sentido de dignidad de nuestros hijos deba depender del ánimo que les demos! Este concepto es muy importante que lo entendamos, y debemos transmitirlo a otros. La autoestima de nuestros hijos, así como la nuestra, debe unirse con el hecho de que Dios nos creó como somos y así nos ama. Todas las personas tienen valores hermosos y son una creación milagrosa de nuestro Padre celestial. Animamos a nuestros hijos –y a otros– no porque dependan de los elogios, sino porque nuestras palabras de ánimo pueden darles la fuerza que necesitan para esforzarse y alcanzar todo su potencial. En realidad, la palabra animar significa: "Alentar, fortalecer, estimular". Tenemos la responsabilidad de fortalecer y estimular a nuestros hijos todos los días, para ayudarlos con las oportunidades y retos a los que se enfrentarán toda la vida.

Como parte de este proceso, necesitamos enseñarles a nuestros hijos que ellos son valiosos, sin importar los comentarios buenos o malos que la gente haga de ellos. Pablo escribe en Romanos 8:31: "Si Dios es por nosotros, ¿quién contra nosotros?". Desde temprana edad los niños necesitan establecer en su corazón y en su mente que su valor no depende de lo que hacen o de lo que los demás piensen acerca de ellos; más bien está basado en lo que son en Cristo.

Considere la analogía de un auto de lujo y el tipo de gasolina que le ponemos para que camine. Las afirmaciones positivas que les damos a nuestros hijos son la gasolina que le ponemos al tanque. El auto tiene un valor, le pongamos la gasolina que le pongamos; pero si queremos que el auto se mantenga en buenas condiciones, lo tenemos que llenar con gasolina de buena calidad. De igual manera, nuestros hijos tienen un gran valor, pero mientras más los llenemos con la gasolina del ánimo, tendrán más energía para alcanzar sus metas y sus sueños.

¿Está cargando a sus hijos con buena gasolina? En Proverbios 12:25 dice: " La congoja en el corazón del hombre lo abate; más la buena palabra lo alegra". Nuestras palabras amables y de ánimo tienen un efecto poderoso en la vida de nuestros hijos. Son la herramienta más poderosa disponible para madres positivas.

¡Esté alerta!

En algunas ocasiones mis hijos han pensado que tengo una lupa invisible que se enfoca en todo lo malo que hacen. No los puedo culpar. Hay días en los que definitivamente parece que constantemente encuentro algo que tengo que corregir en sus acciones o en su conversación. Por supuesto, no estoy fuera de lugar, es mi trabajo como madre disciplinarlos, entrenarlos y ayudarlos para que crezcan bien educados.

Muchas madres son como yo –bastante hábiles para descubrir los errores de los niños. De alguna manera es más fácil buscar y señalar los errores de nuestros hijos que estar atentas a lo que hacen bien. Pero nuestro reto como madres positivas es identificar sus atributos y acciones positivas, y apoyarlos para que desarrollen esas cosas. Desafortunadamente, nadie ha inventado una lupa lo suficientemente poderosa para descubrir lo bueno que tienen los niños. Tenemos que hacer nuestras propias observaciones –¡y algunos días esto es muy difícil!

En el verano de 1998, nuestra familia tuvo la oportunidad de ir a Londres por una conferencia de negocios que dio mi esposo. ¡Imaginen nuestra sorpresa cuando nos dijo que nos podíamos quedar una semana más para ir a París! Preparándome para nuestro viaje, inmediatamente empecé a enseñarles a Grace y Joy el idioma y la cultura francesa. Aprendimos sobre los puntos de interés para visitar, como la Torre Eiffel, el Arco del Triunfo, el museo Louvre, el Palacio en Varsalles y más.

La Torre Eiffel fue lo que más llamó la atención de las niñas; y mientras el avión aterrizaba en la capital francesa, las niñas tenían pegada la nariz en la ventana buscando la famosa torre. ¡Por supuesto que la encontraron! Durante el viaje hacia el hotel en taxi, la volvieron a ver. La podían ver desde la ventana de nuestro hotel. A donde quiera que íbamos en París y sus alrededores, siempre buscaban la Torre Eiffel y, claro, ¡la encontraban!

¿Por qué la pudieron encontrar? ¡Porque la estaban buscando! Nosotros también podemos buscar las cualidades de nuestros hijos. Tenemos que estar atentas ante cualidades como la bondad, benignidad, mansedumbre, paciencia, dominio propio, gozo –atributos que la Biblia llama: "El fruto del Espíritu" (Gálatas 5:22-23). Debemos fijarnos y motivar estas cualidades cuando empiecen a brotar de las palabras y acciones de nuestros hijos. Los talentos y las habilidades (una bonita voz para cantar, un buen jugador de fútbol, bueno para las matemáticas, buen orador, habilidades artísticas, etc.) ofrecen

Todavía tengo que encontrar al hombre, quien sin tomar en cuenta lo elevado de su posición, no haya hecho un mejor trabajo y había empleado mayor esfuerzo bajo un espíritu de aprobación que bajo un espíritu de crítica. —Charles Schwab

☺

oportunidades adicionales para estimular a nuestros hijos para que alcancen sus potencial más alto. ¡Tenemos que estar determinadas a encontrar estos puntos que podamos alabar! Al igual que mis hijas y su determinación por encontrar la Torre Eiffel desde cualquier punto de Paris, nosotros podemos estar al pendiente de los dones y atributos de nuestros hijos en todo lo que hagan cada día.

¿Cómo identificamos estos pilares de potencial efectivo? Podemos empezar a detectarlos si observamos con atención los intereses de nuestros hijos. ¿Disfrutan al dibujar? Sin duda tendremos la oportunidad de dar un sincero cumplido cuando veamos el trabajo final de su clase de pintura o al verlos crear un dibujo artístico. ¿Les gusta nadar? Necesitamos dedicarles el tiempo para ir a la alberca con ellos y decirles lo bien que nadan. La clave está en estar disponibles para nuestros hijos. ¿Cómo podemos hacer algún comentario sobre el partido si no fuimos a verlo, o elogiar un poema, cuando no lo hemos leído? Para ser una madre positiva, necesitamos emplear no solo calidad sino también cantidad de tiempo con nuestros hijos.

En segundo lugar, hasta que el apoyarlos se nos haga un hábito, necesitamos recordar que debemos llenar los tanques emocionales de nuestros hijos con halagos. Desafortunadamente, nuestros hijos no vienen con un *medidor de aprecio* semejante al indicador de gasolina en nuestro auto. No nos advierten cuando sus tanques están casi están *vacíos*. Tenemos que estar muy pendientes de las cualidades buenas y admirables, y aprovechar el momento para ofrecer motivación cuando se presente la oportunidad.

Recientemente fui de compras y encontré un pastillero con la forma de la Torre Eiffel. El precio era justo, por lo tanto, la compré y la puse sobre un librero en mi estudio. Ahora me sirve como un recordatorio diario para que, deliberada y diligentemente busque las buenas cualidades en mis hijas y la oportunidad para fortalecerlas a través de mis palabras. ¿Qué le ayudará a usted para que recuerde animar a sus hijos? Tal vez pueda adquirir varias lupas económicas y anexarles una nota que diga: "¿Has buscado lo bueno en tu hijo el día de hoy?". Puede colocar la lupa en lugares estratégicos para que las vea, como por ejemplo, a un lado de su bolsa, junto a la alacena o en su auto. También puede comprarse una tarjeta y escribir: "¿Le has puesto gasolina al tanque emocional de tu hijo el día de hoy?".

Los expertos dicen que la mejor manera de crear un hábito es que la persona, deliberadamente realice la acción durante veintiún días consecutivos. ¿Por qué no empezar ahora a formar el hábito de hablarles a sus hijos con palabras positivas? Establezca la meta de decirle, a cada uno de sus hijos, todos los días, por lo menos tres comentarios que les afirmen el aprecio que usted les tiene o que los motiven a seguir actuando de manera positiva. Al acostarlos, compruebe que sus comentarios verbales fueron suficientes, y si cree que le faltó, antes de que se duerman llene su tanque con más palabras motivantes.

Sea persistente durante tres semanas. Busque esas oportunidades cuando tenga un momento de quietud con su hijo. Además de la hora de dormir, me he dado cuenta de que un buen momento para motivar a mis hijas, es cuando las llevo a la escuela en las mañanas; y también por las tardes, cuando las recojo. Es fácil para mí pensar en cosas buenas qué decir cuando me despido de ellas en la mañana y suelo encontrar como animarlas durante el relato de todo lo que pasó en el día de regreso a casa.

Necesitamos practicar esta *actitud de ánimo* para hacer de los elogios y el apoyo verbal parte natural en nuestra conversación diaria. Podemos practicar con nuestro esposo, nuestros hijos o con cualquier otra persona. La mejor práctica es iniciar el día alabando a nuestro Padre Celestial. Debemos, ante todo adorarle primero y principalmente a Él en nuestra vida. En Salmos 146:2 dice: "Alabaré a Jehová en mi vida; cantaré salmos a mi Dios mientras viva". Si nos enfocamos en las cualidades de alabanza a Dios Todopoderoso y nos formamos el hábito de alabarlo, nos daremos cuenta de que somos más positivas y que motivamos más –tendremos comentarios positivos en la punta de la lengua para nuestros hijos y para los demás.

Proporcione fortaleza a través de sus palabras

Para fortalecer y motivar a nuestros hijos, hay cuatro guías que pueden ayudar para que nuestras palabras tengan más poder y efectividad.

1. Sea Específica

¡Eres increíble! ¡Lo hiciste bien! ¡Excelente trabajo! Estos son comentarios alentadores que animan e inspiran a nuestros hijos; y ellos se benefician cuando los escuchan. Breves frases generales como éstas tienen su momento y su propósito. Si verdaderamente queremos darles a nuestros hijos un regalo especial, necesitamos ofrecerles cumplidos específicos. En lugar de afirmaciones amplias que pueden adaptarse a casi cualquier persona haciendo cualquier cosa, *personalice el cumplido*; déjeles saber que verdaderamente les está prestando atención.

"Creo que eres un gran portero. Muy pocos porteros pueden detener esos balones como tú lo haces". "Me encanta cómo te quedó esa pintura. ¡Tienes buen ojo para el color!" Al ser específicas, no solo le damos a nuestros hijos un maravilloso regalo, también añadimos un hermoso listón y una tarjeta que dice: "Este cumplido es para ti y solo para ti". Los niños reconocen nuestra sinceridad cuando usamos detalles concretos para describir las cualidades que nos gustan de ellos.

2. Esté Preparada

Puede parecer poco sincero preparar un comentario positivo con anticipación, pero la preparación no disminuye la sinceridad que queremos comunicar a nuestros hijos. A un conferencista no se le puede juzgar de que no es sincero solo porque planeó con anticipación su discurso. Al contrario; de esta manera él podrá comunicar mucho mejor los pensamientos que definió con anticipación.

Lo mismo sucede con las madres positivas y los comentarios positivos. ¡Siempre hay que estar preparadas! Si sabemos que vamos a asistir al recital de piano de nuestra hija, por ejemplo, podemos pensar en un cumplido específico de acuerdo a la situación. Podríamos decir: "Estoy muy orgullosa de ti", "Se necesita mucho valor para tocar el piano enfrente de tanta gente, y lo hiciste muy bien". "En especial me gustó..."

Estos son otros comentarios que podemos tener listos para usarlos a la hora y en el lugar correcto:

– Me encanta pasar tiempo contigo. Eres un punto brillante en mi día.
– Nunca olvidaré el día en que naciste. Eras tan hermosa y aun lo eres.
– Dios te hizo especial, y estoy feliz porque eres parte de esta familia.
– Hiciste tu mejor esfuerzo. Estoy muy orgullosa de ti. Eres muy trabajadora.

– Tus abrazos son muy especiales para mí. ¿Me puedes dar uno ahorita?

– ¡Hiciste un gran trabajo! Tu esfuerzo y preparación hicieron que lo lograras.

– Me encanta cómo _____. Dios te dio un talento especial.

– Gracias por _____. Traes alegría a nuestra familia.

– Aprecio la forma en que _____. Eres una persona muy considerada.

3. Sea creativa

Ayuda mucho usar diferentes maneras para expresar afirmación y motivación a los miembros de su familia. La variedad es la pimienta de la vida; se necesita cuando se dicen palabras positivas.

Hace unos años, el Campamento de Niños y Niñas declaró un: "Absolutamente increíble día del niño", nacional. Reconociendo el valor afirmativo de las palabras positivas que se dicen a los niños, la organización animó a los padres, maestros y trabajadores juveniles a que fueran creativos y escribieran notas de aprecio y de elogio a los niños que estuvieron bajo su cuidado. La meta del campamento era hacer que los adultos empezaran a exaltar las habilidades de sus hijos, y reconocer las mejores cualidades de la siguiente generación

No necesitamos una fiesta nacional para escribir notas especiales a nuestros hijos. Podemos escribir uno o dos pensamientos en un cuaderno o en una tarjeta, y dejarlo:

– Sobre su almohada
– En su lonchera
– En sus zapatos
– En la puerta de su recámara
– En sus mochilas
– Entre las hojas de un libro o de la Biblia
– En el espejo del baño.

Para tener más variedad, envíele un correo electrónico a su hijo o una carta por correo (siempre es divertido recibir una carta). O escriba algunos pensamientos de motivación, doble el papel y póngalo en una cajita, envuelva la cajita en un bonito papel y póngale un moño. Después entregue el regalo en un momento especial.

Si quiere ser más creativa, haga un audio o grabe una videocinta expresando su aprecio a su hijo. (¡Pueden estar seguras de que esa cinta la tocarán muchas veces!) Si tiene una inclinación poética, escriba un poema o una canción. O use las letras del nombre de su hijo y haga un acróstico, en el que cada letra represente algún rasgo positivo que usted vea. Después (si puede) añada algo de arte, y enmárquelo.

4. Hágase de recursos

Hay muchos recursos que nos pueden servir como catalizadores para nuestras palabras positivas. Los versículos de la Biblia son particularmente efectivos para ofrecer elogios piadosos y edificar cualidades eternas como amor, gozo y paz. Nunca olvidaré cuando recibí una carta de mi novio Curt (ahora mi esposo) en el verano en que fui consejera de un campamento en el este de Texas. Me puso el versículo de Proverbios 31:29: "Muchas mujeres hicieron el bien; mas tú sobrepasas a todas". ¡Todo ese día caminé muy erguida, al saber lo valiosa que era para Curt quien tuvo el deseo de escribirme un versículo tan significativo!

Podemos usar las Escrituras para motivar a nuestros hijos. Podemos hacer cumplidos utilizando las palabras de lealtad que Ruth le dijo a Noemí, o las de buen amigo que Jonathan usó con David. Citando Salmos 139:13-16, podemos asegurarles que Dios los diseñó de una manera especial y única. Cuando leemos Proverbios 1:7, les hacemos saber que son muy sabios al honrar a Dios. Cuando leemos las Bienaventuranzas del Sermón del Monte, Mateo 5:3-10, les podemos decir a nuestros hijos que podemos ver un corazón puro, hambriento y sediento de rectitud en ellos. En 1 de Corintios 13 podemos señalarles las cualidades de amor que vemos en sus palabras y acciones.

Leer libros, ver la televisión o ir al cine con nuestros hijos también pueden ser recursos que sirven como buenos ejemplos para comparar malos ejemplos. Uno de esos ejemplos sería, que si leemos La *casita de la pradera* de Laura Ingals Wilder o vemos las repeticiones de programas viejos en la televisión de la serie, podemos hacer hincapié acerca del respeto de Laura hacia sus padres, y decir: "Estoy muy agradecida al ver que ustedes tienen el mismo respeto hacia tu padre y hacia mí que el que Laura demuestra a sus padres". Si leemos la historia de Tom Sawyer, de Mark Twain o vemos una película adaptada del libro, podemos señalar el dolor que las travesuras de Tom le causaron a la tía Poly, diciendo: "Estoy muy feliz por su comportamiento. Su obediencia es una bendición para mí". Después de que una mamá hace un comentario como ese, ¡el niño evitará comportarse mal por un tiempo!

La atención correcta

Hace algunos años un señor muy peculiar decidió disfrazarse como el Hombre Araña. Se puso en los pies y en las manos cierto tipo de hules que se adherían a las paredes de uno de los edificios más altos del mundo. Subió 125 pisos. La gente lo vio, le aplaudió tanto que la policía y la prensa subieron al techo para saludar al superhéroe.

"¿Por qué lo hizo?" –le preguntaron.

Su respuesta fue muy sencilla: "Me encanta escuchar los aplausos"[2].

¡Un hombre arriesgó su vida vestido en un pijamas rojo tan solo para escuchar los aplausos de la gente! Es increíble ver las cosas que la gente hace para recibir estímulo y elogios. Pero, como dijo en una ocasión William James: "Lo que más anhela la naturaleza humana es la necesidad de sentirse apreciada".[3]

Los niños no son la excepción. En realidad, estoy convencida que los niños nacen con un letrero invisible alrededor de sus cuellos que dice: "Quiero sentirme importante". Sin embargo, en muchas ocasiones, tienen que batallar para ganarse la atención y los elogios que necesitan escuchar de la gente importante en sus vidas. Los profesores saben que los niños que no reciben el suficiente reconocimiento por hacer las cosas correctas, son los niños problemáticos. En la mente de los niños, la atención negativa es mejor que ninguna atención.

Como madres, nosotras tenemos la llave. No hay estímulo que motive más a los jóvenes hacia el bien que el saber que sus mejores cualidades son tomadas en cuenta y apreciadas por su mamá.

Hace unos años una amiga y yo fuimos a comer a un pequeño café. Era un restaurante muy popular y siempre se llenaba a la hora de la comida. Mientras esperábamos que nos dieran una mesa, observamos que la gente que estaba antes que nosotras eran muy mal educados e impacientes con la *anfitriona*. Cuando por fin nos dio nuestra mesa, fuimos muy amables con ella, pues sabíamos que había tenido un día difícil. Una vez que nos sentamos, la *anfitriona* regresó con una charola con vasos con agua fría. Entre los vasos que traía, había dos copas muy bonitas. Tomó los vasos sencillos y los puso en la mesa que estaba junto a la nuestra y después se volteó hacia nosotras y nos puso las dos copas bonitas en nuestra mesa. "Ustedes fueron muy amables conmigo el día de hoy", nos dijo, "por eso les traje de los mejores vasos que tenemos en el restaurante. ¡Gracias por su amabilidad!".

¡Se imaginan como nos sentimos! Para esta mujer nuestras palabras amables tan sencillas y tan insignificantes, la hicieron feliz; por lo tanto, ella decidió hacernos sentir especiales. Después de recibir ese trato, ¿ustedes creen que nos quejamos por la comida o apuramos a nuestra mesera ese día? ¡Por supuesto que no! Nuestra amabilidad había sido recompensada, y con alegría seguimos adelante siendo amables.

Nuestros hijos responderán de la misma manera en la que nosotras los motivemos. ¡Siempre querrán comportarse bien!

Lavina Christensen Fugal, la Madre del Año en 1995, nos dio el siguiente consejo: "Amen a sus hijos con todo su corazón (...) Elógienlos por las cosas importantes (...) Elógienlos mucho. Para ellos es como pan con mantequilla".[4] Una cuantas palabras de afirmación y de admiración pueden ser la chispa que nuestros hijos necesitan para esforzarse y perseverar en sus sueños. ¡Continuemos motivando a nuestros hijos con palabras de aliento para que refuercen sus cualidades y para que crezcan!

Punto de poder

Lea: Efesios 4:29-32; Colosenses 3:12-15; y Filipenses 4:8. ¿Cómo le ayudarán estos versículos para que motive de mejor manera a sus hijos? Subraye o escriba el versículo que sea más significativo para usted.

Ore: Maravilloso Padre Celestial, te alabo por tu sabiduría omnisciente para la creación. Te doy gracias porque cada persona fue diseñada por ti, con sus faltas y con sus debilidades así como con sus aptitudes y sus talentos. Ayúdame a acentuar lo positivo en mis hijos. Ayúdame a observar su potencial y motivar sus mejores cualidades. Ayúdame a edificar a mi familia con las palabras de mi boca, elogiando lo bueno que vea en mi cónyuge y en mis hijos.

Haga: Escriba cuatro elogios para cada miembro de su familia y entrégueles una cada semana durante las cuatro próximas semanas. Cuando vea la respuesta positiva que recibe, tal vez quiera escribirle a su familia y a sus amigos todos los días y decirles lo especial que son cada uno de ellos.

4

Grandes expectativas
Ayudando a sus hijos a descubrir
su potencial

*Porque yo sé los pensamientos que tengo acerca de vosotros, dice Jehová,
pensamientos de paz, y no de mal, para daros el fin que esperáis.
Entonces me invocaréis, y vendréis y oraréis a mí, y yo os oiré; y me
buscaréis y me hallaréis, porque me buscaréis de todo vuestro corazón*
Jeremías 29:11-13

Imaginen un hermoso velero con enormes velas on-
deando sobre la superficie de un océano amplio de color
azul–verdoso. Fuertes ráfagas de viento soplan contra las velas, llenando las amplias lonas que impulsen el velero hacia nuevos y diferentes lugares más allá de cualquier puerto que nunca se
haya visto.

Como madres, nuestra influencia afirmativa es como la brisa que firmemente envía el velero de la vida de nuestros hijos a través de las aguas de
la vida. Ayudar a nuestros hijos a alcanzar sus destinos –para alcanzar todo
el potencial que Dios les ha dado– es uno de los aspectos con mayor recompensa en nuestro trabajo como madres. Pero tenemos que tener cuidado. Es
muy tentador imponer nuestras expectativas a nuestros hijos, tratando de
empujarlos hacia la dirección que nosotros queremos, en lugar de guiarlos
hacia la dirección que Dios tiene planeada para ellos desde el comienzo de
los tiempos. Nuestro reto es aprender a ser el viento para sus velas sin so-
plarlas fuera del curso que Dios ha fijado en sus vidas.

Si uno avanza confiadamente en la dirección de sus sueños y se esfuerza en amar la vida que se ha imaginado, se encontrará con un éxito inesperado en las horas comunes. —Henry David Thoreau

Summer Sanders, nadadora olímpica, piensa que: "Los campeones se hacen, no nacen". En su libro, ella explica que ser buenos padres es la clave que hace que las experiencias en la vida de los niños sean positivas y poderosas. Sanders ganó dos medallas de oro, una de plata y una de bronce en las Olimpiadas de 1992. Ella considera que sus padres fueron una gran influencia para ella, y que la ayudaron a alcanzar ese nivel de competencia mundial. Su madre y su padre no la forzaron a triunfar, simplemente la apoyaron gozosamente con motivación positiva y constante confianza asegurándole que ellos siempre la respaldarían ganara o perdiera. Ella considera que sus padres le dieron lo que muy pocos hombres y mujeres jamás reciben: "La infinita satisfacción y la confianza en sí mismo que se logra cuando se hace lo que a uno le gusta y se sabe que se está alcanzando su potencial total".[1]

¿Cómo podemos abrir la puerta del potencial de su hijo de una manera sana y firme? La Biblia nos da la clave cuando nos dice: "Instruye al niño en su camino, y aun cuando fuere viejo no se apartará de él"; (Proverbios 22:6). En otras palabras, Dios destinó a nuestros hijos de una manera extraordinaria encausada hacia una dirección incomparable. Nuestro trabajo es reconocer esa dirección, para después motivar e instruir a nuestros hijos para que crezcan y se desarrollen como Dios quiere.

En el campo de la educación, podemos aplicar esta idea para identificar los estilos de aprendizaje de nuestros hijos (auditivo, visual o quinestésico). En el área de personalidad, podemos aprender a tratar a cada niño según su temperamento (ya sea colérico, sanguíneo, melancólico o flemático). Cuando se trata de habilidades y talentos, podemos dirigir a nuestros hijos hacia actividades en las cuales demuestren sus aptitudes, (como deportes, música, arte, drama, académicos, etc.).

Estudie bien a sus hijos

Nuestros hijos no son como los demás –no son como nosotros, ni como nuestro esposo, ni como sus hermanos. No son *clones* de otros niños en la escuela o en la vecindad. Podremos ver similitudes entre ellos y otros, en apariencia, en temperamento o en aptitudes;

pero nuestros hijos son individuos únicos con sus propias cargas de potencial y posibilidades. Bajo mi propio techo viven cuatro individuos completamente incomparables (y dos perros únicos). Cada persona en nuestro hogar representa una obra diferente de nuestro Creador. Mi esposo, Curt, es seguro de sí mismo, trabajador, y excelente hombre de negocios. Tiene muchos pasatiempos y sus intereses van desde jugar golf hasta coleccionar antigüedades. Muy rara vez está sin hacer nada.

Grace, nuestra hija de catorce años, es una sanguínea encantadora y confiada que le encanta cantar, actuar, ir de compras y decorar. Participa en un grupo de jóvenes en una iglesia grande cerca de donde vivimos y disfruta cada oportunidad que tiene para reunirse con sus dulces e igualmente vigorosas amigas.

Joy, que tiene doce años, se relaciona mejor en el pequeño grupo de jóvenes de nuestra iglesia. Tiene maravillosos amigos, y disfruta tanto de estar en casa como de estar con ellos. Es una excelente estudiante y una talentosa gimnasta. Es amable, considerada y gentil.

Y por último, estoy yo, mamá. Me podrían catalogar como a una persona creativa. Se me facilita, y disfruto mucho de estar horas en la computadora escribiendo discursos, artículos o algún libro. Me encanta estar con mis amigas, pero también me gusta estar sola. Enseñar y ser hospitalaria son mis dones, por lo cual en mi casa siempre hay amigos y fiestas.

Claramente se ve que Dios hizo a cada miembro de mi familia de una manera especial, creando un hermoso *collage* de personalidades. Dios les ha dado a mis hijas diferentes intereses, habilidades y temperamentos. Ya lo veo llevando a mis hijas por diferentes caminos, con un plan y un propósito individual en sus vidas.

Tomen un momento y piensen en las cualidades de su propia familia. ¿Cómo describiría a cada uno de sus hijos? Para poder ser madres positivas, necesitamos *ser estudiantes* de nuestros hijos. Esto parecerá gracioso ya que tendemos a vernos como maestras de nuestros hijos y no al revés. Pero, para que los podamos ayudar a crecer y a madurar en todo lo que da su potencial, tenemos que conocer a nuestros hijos, comprenderlos y reconocer tanto sus áreas fuertes como sus debilidades. Debemos ayudarlos a descubrir sus tendencias. Una vez que se les señale la dirección que Dios ha establecido para ellos, entonces podremos ser el viento en sus velas, ayudarles a alcanzar su destino con sus propias metas y sueños.

Paso 1: Vea el potencial

En 1882 una preciosa niña de diecinueve meses perdió la vista y se quedó sorda debido una desafortunada enfermedad. Mientras crecía, se hizo salvaje e intratable, con muy poca oportunidad para hacer algo por ella misma. Mucha gente al considerar su situación la habría abandonado; pero una maestra se atrevió a ver más allá de la superficie de su incapacidad y vio el potencial que esa niña tenía dentro de ella.

Anne Sullivan, quien también estaba casi ciega, empezó a enseñarle a la pequeña Helen Keller a leer, escribir y a comunicarse de una forma que a Helen le parecía un idioma extranjero. Finalmente, Helen asistió al Colegio Radcliffe, en donde estudio francés y griego y aprendió a mecanografiar sus tareas usando una máquina de escribir Braille. Cuando tenía veintiún años, Helen publicó su historia, convirtiéndose en una figura pública reconocida. Era misericordiosa hacia las necesidades de otros, y mantenía una emoción por la vida que muchas personas que pueden ver y escuchar nunca tienen.

Vivir en la oscuridad y en el mundo del silencio no evitó que Helen Keller alcanzara el potencial que Dios le había dado; gracias, principalmente, a que una mujer, Anne Sullivan, se esforzó por ver más allá de sus limitaciones y se imaginó lo que Dios podía hacer con las habilidades que le había dado a su joven estudiante. ¿Y usted? ¿Puede ver el abundante potencial que Dios le dio a su hijo? En muchas ocasiones lo que vemos son los peores atributos que tienen nuestros hijos. Nos enfocamos tanto en lo que nuestros hijos no pueden hacer, que fallamos en fijarnos en lo que sí pueden hacer. Cada niño nace con ciertas habilidades y talentos que puede ofrecer al mundo. Necesitamos identificar estas cosas y desarrollarlas. Como Helen Keller dijo: "Le doy gracias a Dios por mis incapacidades porque, por ellas, me he encontrado a mí misma, mi trabajo y mi Dios".[2]

Explorar las posibilidades, los dones, y los tesoros que llevan dentro nuestros hijos, puede ser un maravilloso viaje de descubrimientos. ¿Cómo empezar? Comience por escribir el potencial que vea en sus hijos en las cuatro áreas principales de crecimiento: mental, físico, espiritual y social. La Biblia nos dice que Jesús se desarrolló en cada una de estas áreas durante su adolescencia: "Y Jesús crecía en sabiduría y en estatura, y en gracia para con Dios y los hombres", (Lucas 2:52). ¿Tienen sus hijos inclinación por los estudios? ¿Sobresalen en alguna materia en particular? ¿Cuáles son las habilidades físicas y atributos que poseen? ¿Cómo se están desarrollando en su relación con Dios? ¿Se sienten a gusto entre los adultos? ¿Tienen facilidad para hacer amistades?

Examine y observe a cada uno de sus hijos, fijándose en las cualidades, intereses o aptitudes que usted vea que Dios esté desarrollando en la vida de sus hijos. Ore por esas cosas mientras las escribe, pidiéndole a Dios que le ayude a comprender cómo se pueden desarrollar y usar. Comparta con sus hijos las posibilidades que usted ve en sus vidas. Ofrézcales una visión del potencial que Dios les ha dado.

Sin embargo, tenga cuidado y no haga que su hijo se sienta atrapado por los deseos personales y las expectaciones que usted tiene de ellos. Si tiene interés en las ciencias, tal vez llegue a ser un extraordinario profesor de química y no un cirujano. La facilidad para tocar el piano puede ofrecerle a su hija un canal de por vida de placer y relajamiento, y no una carrera como concertista. Nuestra tarea es motivarlos en sus tendencias –no planear los detalles de su vida.

Paso 2: Ofrezca oportunidades para crecer

Mientras sus hijos crecen, es buena idea que prueben una variedad de cosas –deportes, danza, arte, música, y demás. Sin embargo, no estoy sugiriendo que los sobrecargue de actividades. Un itinerario pesado de clases, entrenamientos y juntas pueden agotarlos –tanto a los niños como a su pobre madre exausta convertida en chofer. En lugar de eso, permita que sus hijos prueben diferentes áreas de interés practicando en la casa con la familia y con los amigos primero. La tendencia que tenga hacia el arte se notará cuando su hijo empiece a dibujar cachorritos o pinte flores en cualquier pedazo de papel en la mesa de la cocina. La habilidad para jugar fútbol se hará evidente cuando su hija esté pateando el balón en su jardín con otros niños. Según se vayan desarrollando un interés o aptitud, usted puede buscar una clase o un equipo en donde ellos puedan desarrollar sus habilidades o sus talentos un poco más.

¡Pero no se apresure! La cultura de hoy en día presiona a los padres para comprometer a sus hijos en actividades organizadas desde muy temprana edad. Nuestro temor es que nuestros hijos se queden atrás si los frenamos mientras que todos los demás niños del universo inician sus actividades desde que están en preescolar. Sin embargo, esa preocupación no tiene fundamento. En muchos casos nuestros hijos se superarán en cierta área cuando crezcan pues habrán desarrollado amor por esa actividad y su habilidad será innata, mientras que los niños a quienes los obligaron desde temprana edad perderán el interés y no progresarán.

De hecho, muchos grandes atletas se iniciaron en el deporte durante su adolescencia. Solamente para empezar, tome en cuenta estos ejemplos olímpicos:

– Crissy Ahmann, quién ganó una medalla de oro y una de plata en natación en las Olimpiadas en 1992, empezó a nadar cuando estaba en la universidad.

– Matt Biondi, uno de los mejores nadadores olímpicos, le gustaba más jugar basketball que nadar hasta los quince años

– Justin Huish, ganador de la medalla de oro en tiro con arco en 1996, nunca antes había tirado con un arco de estilo olímpico hasta los catorce años.

– Bonnie Blair, patinadora más veloz del mundo, creció compitiendo en diferentes deportes incluyendo bicicleta, gimnasia y atletismo. Cumplió doce años antes de darse cuenta que lo que más quería hacer en la vida era patinar.[3]

Sí. Es bueno que motivemos a nuestros hijos a que hagan lo mejor que puedan. Pero también debemos permitirles que crezcan y se desarrollen al paso que Dios les dio.

Paso 3: Establezca metas realistas

¿Se pueden imaginar estar sentadas en un avión cuando el piloto hace este anuncio por el micrófono?: "Tengo una noticia buena y una mala", dice el piloto. "La mala noticia es que acabamos de perder un motor junto con el radiogoniómetro. ¡La buena noticia es que tenemos viento de cola, y hacia donde sea que estemos yendo, llegaremos allí a mil kilómetros por hora!"

Personalmente, creo que prefiero no estar en un vuelo que vaya tan rápido a quién sabe dónde. Y no queremos enviar a nuestros hijos brincando por la vida sin dirección, preparación o sin algún propósito. Necesitan metas –blancos a los cuales tirar– así como estrategias para alcanzarlas.

Cuando fui entrenadora de atletismo, les enseñaba a los jóvenes atletas dos principios importantes: hagan su mejor esfuerzo al correr y fijen su mirada en la meta. La Biblia nos dice que hagamos lo mismo en la carrera de la vida: "Corramos con paciencia la carrera que tenemos por delante", Hebreos 12:1-2 dice: "Puestos los ojos en Jesús, el autor y consumador de la fe". Mientras mantengamos nuestros ojos enfocados en nuestra meta de servir a

Cristo y parecernos más a Él, sufriremos menos distracciones en nuestra carrera por los cuidados, frustraciones y tentaciones del mundo. ¡Tener a Jesús como nuestra principal meta nos mantiene en el camino correcto!

"Las metas nos dan la dirección específica para hacer que nuestros sueños se hagan realidad", dice Bob Conklin.[4] Esto es tan importante para los niños como para los adultos. Una vez que fije a Jesús como la meta principal de sus hijos, puede fijar otras metas con sus hijos, anualmente, una vez que hayan madurado lo suficiente como para que entiendan el concepto (generalmente es alrededor de los ocho años).

Una vez al año aparte el tiempo para trabajar con cada uno de sus hijos para desarrollar las metas específicas de los siguientes doce meses. Mi padre nos enseñó a mi hermana y a mí a escribir nuestras metas anuales cada Año Nuevo. Yo he continuado con esta costumbre durante toda mi vida y he motivado a mis hijas para que ellas también lo hagan. Es una buena idea escribir una meta para cada una de las cuatro áreas de crecimiento que mencionamos anteriormente –mental, física, espiritual y social. Tenga en mente que estas metas deben ser realistas, que se puedan lograr, pero los desafíen. Las metas no deben ser de usted para sus hijos; más bien, deberán ser una expresión de las metas de ellos mismos.

Las metas también deben ser medibles. "Ser el mejor jugador de básquetbol", es una buena idea, pero no es algo que se pueda medir objetivamente. Una mejor meta es algo como: "Levantaré el balón y trataré de encestar por lo menos cinco veces durante el partido". O: "Trataré de anotar por lo menos treinta puntos para mi equipo esta temporada". A veces es bueno establecer una meta mínima y una meta máxima, la primera siendo ligeramente fácil de lograr y la segunda un poco más difícil.

Al trabajar junto con sus hijos en planear sus metas para el próximo año, hábleles sobre estrategias que pueden usar para alcanzarlas. Por ejemplo, si su hijo se ha fijado la meta *mental* de leer dos libros nuevos al mes (además de lo que exige el colegio), quizá usted quiera escribir una estrategia para alcanzar esa hazaña. Tal vez él o ella puedan leer por las tardes treinta minutos después de salir del colegio y una hora los domingos.

Instruye al niño en su camino, y aun cuando fuere viejo no se apartará de él. Proverbios 22:6

Mientras sus hijos crecen, considere la posibilidad de enseñarlos a desarrollar un *plan de cinco años* en el cual establezcan un objetivo mayor y más general de adónde quieren llegar en ese tiempo, y hable con ellos acerca de cómo piensan lograrlo. Si su hijo quiere ir a la universidad, ¿qué cursos deberá tomar en la escuela media-superior y qué tan buenas deberán ser sus calificaciones? Si su hija quiere acercarse más al Señor, ¿cuáles serán las disciplinas de oración, estudio de Biblia y servicio que necesita desarrollar?

Pero, aun cuando establezca sus metas con sus hijos, recuerde: ocurren cambios. Esté abierto a nuevas posibilidades, y trate de que sus hijos entiendan que las circunstancias de la vida pueden darle un giro a sus planes. Lo importante es que se puedan ajustar a lo que Dios permita en sus vidas y que busquen formas para establecer nuevas metas en diferentes direcciones. Este es un ejemplo: Joni Eareckson Tada era una adolescente muy activa, quién tenía maravillosas posibilidades en la vida y altas expectativas del futuro. Pero Dios tenía otros planes para ella, y cuando un accidente la dejó paralizada del cuello para abajo, ella ajustó sus metas. Hoy en día es toda una artista y autora, y una inspiración para todos los que la conocen.

Como no sabemos qué nos depara el futuro, debemos considerar nuestras metas fijando nuestra mirada en Jesús. Cualquier cosa que la vida traiga, sin importar cómo cambien nuestras metas, podemos estar seguras que Dios está obrando en nuestra vida: "El querer como el hacer, por su buena voluntad", (Filipenses 2:13).

Paso 4: Apoye sus esfuerzos

Hace tiempo el Dr. Donald Clifton de SRI/Gallup Poll llevó a cabo un estudio para ver si existía una correlación entre el desempeño de un atleta y la presencia de su familia en el auditorio. La evidencia muestra que los atletas que tenían a sus madres, o a algún otro familiar mirando desde las gradas, tuvieron mejor rendimiento que aquellos que no tenían a nadie apoyándolos.[5]

Durante mi primer año en la universidad, decidí correr un maratón. Después de entrenar arduamente durante muchos meses para correr esta prueba de resistencia de cuarenta y dos kilómetros, por fin llegó el día de la carrera. Toda mi familia y varios amigos llegaron para animarme. De hecho, mi madre hizo unos letreros con mensajes de aliento, por ejemplo: "Todo lo puedo en Cristo que me fortalece", (Filipenses 4:13); ella y los demás los sostenían para que yo los pudiera ver en ciertos puntos estratégicos del circuito. Mi padre y mi novio (ahora mi esposo, Curt) incluso participaron en la carrera y corrieron unas cuantas millas a mi lado para apoyarme.

Cómo se podrán imaginar, ¡fue un momento grande y glorioso cuando cruce la meta! No sé cuál hubiera sido mi resultado sin el apoyo de mis seres queridos. Estoy segura de que hice mi mejor esfuerzo debido a que mi familia y amigos estaban ahí.

Como madres positivas, podemos apoyar a nuestros hijos estando ahí –llevándolos a sus lecciones y a sus entrenamientos, y asistiendo a sus recitales y juegos. Podemos motivarlos buscando la oportunidad para construir su autoestima y habilidades. Para encontrar esas oportunidades nos puede servir investigar un poco: ¿Cuáles son las habilidades de sus hijos en el campo que les interesa? ¿Existe en su ciudad o país una asociación o liga que fomente el área que le interesa a su hijo? ¿Dan clases para mejorar esa habilidad que tiene su hijo? ¿Quiénes son los mejores maestros o los mejores entrenadores? ¿El maestro tiene las cualidades para motivar y trabajar con sus hijos adecuadamente?

Por supuesto, no siempre tendrán éxito nuestros hijos en lo que hagan. Pero tenemos que estar ahí cuando ganen y cuando pierdan; cuando haya lágrimas, frustraciones y desengaños necesitamos prestarles nuestro hombro para que lloren y nuestro oído para escucharlos. Nuestros hijos deben saber que somos un refugio paras ellos y que los amaremos a pesar de todo. ¡Nuestro apoyo debe ser incondicional!

No estamos disminuyendo nuestras expectativas al consolar a nuestros hijos en lugar de regañarlos cuando su rendimiento no es bueno. Todos tenemos días malos. Por nuestra manera de responder a su fracaso, podremos extinguir su confianza o podremos ser el catalizador que los ayude a esforzarse más la próxima vez. Se pueden caer, pero tendrán el coraje para levantarse si saben que mamá está ahí para decirles: "¡Creo en ti!".

Pablo lo dijo mejor: "Hermanos, yo mismo no pretendo haberlo ya alcanzado; pero una cosa hago: olvidando ciertamente lo que queda atrás, y extendiéndome a lo que está delante, prosigo a la meta, al premio del supremo llamamiento de Dios en Cristo Jesús", (Filipenses 3:13-14). ¡Hermosas palabras para decírselas a nuestros hijos! Les podemos decir: "Aun no has llegado, pero llegarás. ¡Olvidemos lo que quedó atrás y sigamos hacia delante para alcanzar la meta que Dios quiere para ti!".

La bendición de la motivación

Hay una historia sobre un hombre mayor, que un día se le acercó al famoso poeta y artista del siglo diecinueve Dante Gabriel Rossetti. Bajo su brazo, el hombre mayor llevaba varios dibujos y bosquejos que acababa de hacer. Le pidió al gran artista que viera su trabajo y que le dijera si tenían algún valor artístico o destreza.

Rossetti revisó cuidadosamente los dibujos durante algunos minutos antes de concluir que no mostraban ningún indicio de valor artístico. Gentilmente se lo comentó al viejo, quién se veía muy desilusionado pero no sorprendido.

El hombre le pidió a Rossetti que viera otros dibujos hechos por un joven estudiante de arte. Rossetti así lo hizo, y en esta ocasión le gustó mucho el trabajo. Con entusiasmo, le dijo al hombre que el joven estudiante demostraba tener un gran potencial y que se le debería motivar para que se dedicara a esta carrera como artista.

Las palabras de Rossetti conmovieron al hombre, así que Rossetti le preguntó si los dibujos los había hecho su hijo. "No", le respondió el hombre con tristeza, "estas también son mías, las hice hace cuarenta años. ¡Si tan solo hubiera escuchado su elogio entonces!, pero verá, estaba tan desmotivado que me di por vencido".

Tal vez este artista desconocido hoy en día sería muy famoso si alguien lo hubiera tomado bajo su protección y lo hubiera motivado para que afinara sus habilidades y persiguiera su sueño. Cuando era joven, no recibió la afirmación ni la bendición que necesitaba en una época crítica en su vida. Como madres positivas, podemos ayudar a nuestros hijos para que no tengan el mismo destino.

Se han escrito muchos libros sobre la importancia de la bendición de los padres en la vida de un joven. Las bendiciones no son una idea nueva; los grandes patriarcas de la Biblia con frecuencia bendecían a sus hijos, con lo cual les ayudaron a moldear y formar sus futuros. ¿Cómo puede bendecir a sus hijos? Empiece a decirles que Dios los creó únicos y especiales, y que tiene un gran plan para su vida. Léales Jeremías 29:11-13 y Salmos 139:14-16. Ore con ellos, pidiéndole a Dios que bendiga las buenas cualidades que usted ve en ellos, y que los guarde y los guíe mientras avanzan en sus vidas.

Nuestros hijos se están embarcando hacia una emocionante aventura. ¿Quién sabe qué les depara el futuro? Solo Dios; Aquel que construyó sus barcos, traza sus cursos y quien ahora nos da el privilegio de ser el viento en sus velas. ¡Cómo madres positivas, que nuestra afirmación, motivación y amor incondicional les ayuden a llegar a su destino!

Punto de poder

Lea: La emocionante historia de Esther en libro de la Biblia que lleva su nombre. Reflexione en el potencial que Mardoqueo vio en Esther y lo que hizo para motivarla y apoyarla. Observe cómo Dios usó la vida de Esther con un propósito importante, como resultado de un sueño que ella tenía.

Ore: Te alabo, Señor, por tener un plan y un propósito para cada uno de nosotros. Nos amas y sabes más de nosotros que lo que nosotros sabemos de nosotros mismos. Ayúdame como madre a ver el potencial y las posibilidades de cada uno de mis hijos. Ayúdame a ser fiel en apoyarlos en la dirección de sus inclinaciones. Ayúdame a evitar poner cualquier expectativa irreal o egoísta sobre ellos. Ayúdanos a establecer metas realistas y sabias, y a mantenernos concentradas en esas metas. Sobre todo, ayúdanos a mantener nuestra vista enfocada en Ti, el autor y consumador de nuestra fe.

Haga: Escriba las cualidades y atributos positivos que usted ve en sus hijos en las cuatro áreas clave de crecimiento: mental, física, espiritual y social. Planee el tiempo para sentarse con cada uno de sus hijos (mayores de ocho años) individualmente y establezcan metas realistas para crecer en estas áreas. Ore con sus hijos cuando se vayan a dormir, pidiéndole a Dios que bendiga lo que Él, específicamente, tiene para cada uno de ellos.

5

La belleza de una sonrisa
Lleve el resplandor de Jesús a otros

Lo que el sol es para las flores, las sonrisas son para la humanidad. No son sino pequeñeces, en verdad, regadas por el camino de la vida. El bien que hacen es inconcebible.
Joseph Addison

Cuándo sus hijos escuchan la palabra *madre*, ¿qué es lo que se imaginan? ¿Se imaginan a una mujer agradable, que los motiva con una expresión cariñosa y con una disposición alegre? ¿A una mujer malhumorada moviendo su cabeza de un lado a otro con una expresión de contrariedad en su cara? ¿O tal vez a una mujer furiosa con la *mirada* –ya saben, esa mirada imponente que podría detener un toro furioso?

Da un poco de temor especular lo que los niños se imaginan cuando se imaginan a una *madre*. Nosotras conocemos el retrato que nos gustaría que tuvieran, ¡el que creemos que les damos con mayor frecuencia! Pero, ¿cómo podemos ser la *madre cariñosa y alegre* cuando nos sentimos como la *madre malhumorada* después de haber hecho malabares con la lista interminable de cosas y responsabilidades por hacer, o peor aun, como la *madre furiosa* después de haber pasado todo el día limpiando leche o agua derramada, corrigiendo malas actitudes y disciplinando niños voluntariosos?

Hay días cuando apenas podemos sonreírles a nuestros hijos cuando llegan del colegio o de jugar. Pero una sonrisa, físicamente hablando, no es una gran carga. Después de todo, se necesitan menos músculos faciales para sonreír que para fruncir el ceño. ¡Y una simple sonrisa, ofrecida constantemente, puede significar un mundo de diferencia en la forma que nuestros hijos vean el día, su vida y a su madre!

Yo lo sé, es difícil sonreír cuando no tenemos ganas de hacerlo; pero, como madres positivas, tenemos que reconocer que una sonrisa no es tanto un producto de un sentimiento agradable, sino un regalo que le damos a los demás. Cuando damos el simple regalo de una sonrisa, levantamos el ánimo de las personas a nuestro alrededor. Los ayudamos a que logren terminar bien su día. ¿No le sucede lo mismo a usted cuando alguien le sonríe estando en un centro comercial o en la iglesia o en su propio hogar? ¿No se siente animada y motivada, como si la gente la quisiera y creyera en usted? ¿No quiere hacer lo mismo para otros –especialmente para sus hijos?

Una sonrisa le dice miles de cosas a sus hijos. Cuando una madre le sonríe a su hijo durante alguna representación en el colegio, le está diciendo: "Estoy orgullosa de ti. Lo estás haciendo muy bien". Cuando le sonríe a su hija mientras entra a la casa después de un día difícil en la escuela, al sonreírle la tranquiliza diciéndole: "No te preocupes, todo va a estar bien". Cuando recoge a su hija de diez años del campamento, al sonreírle de oreja a oreja le está diciendo: "Te extrañé mucho. ¡Estoy feliz de verte! ¡Eres muy especial para mí!".

Recuerdo el impacto que tuvo en mí la sonrisa de mi madre cuando competí con el equipo de gimnasia de mi escuela. A pesar de haber entrenado todos los días, aun tenía problemas con uno de mis movimientos en la barra de equilibrio: el salto mortal hacia adelante. ¡Perdía el control en la barra de equilibrio y siempre me caía!

Todavía no dominaba bien el salto cuando llegó la primera competencia, así que mi dulce madre oró conmigo antes de la competencia, pidiéndole a Dios que no me cayera. Después se fue a sentar a su lugar en las gradas para ver. Milagrosamente, cuando llegó mi turno para competir, en el momento de hacer el salto mortal hacia delante, ¡no me caí! Pero tanto como ese logro está grabado en mi memoria, nunca olvidaré el momento cuando levante la vista hacia las gradas y vi que mi madre me estaba sonriendo. Su cara iluminada me lo dijo fuerte y claro: "¡Sabía que lo lograrías! ¡Alabado sea el Señor!"

No espere el sentimiento

Cada momento de cada día podemos escoger qué es lo que pondremos en nuestras caras: una sonrisa o un ceño fruncido. No tenemos que esperar a tener *sentimientos felices* antes de sonreír. Piénselo. Muchas de las acciones que tomamos en la vida no se basan en el sentimiento sino en una decisión deliberada. Uno no espera a que le llegue el sentimiento antes de ponerse a lavar la ropa, ¿o sí? Espero que no, de otra manera usted tendría pilas de ropa sucia esperando a que tenga sentimientos cálidos e irresistibles para ponerse a lavar. ¡Creo que para muchas de nosotras, esas pilas seguirían creciendo! Pero no es así, se lava la ropa porque se tiene que hacer. No se trata de tener ganas de hacerlo; se trata de escoger llevar a cabo una acción. Lo mismo sucede cuando sonreímos; es algo que podemos decidir hacer, sea que tengamos ganas o no. Es un acto de bondad –en ocasiones de sacrificio– que se extiende hacia los que nos rodean.

En el libro de Dale Carnegie, *Cómo ganar amigos e influenciar a las personas*, se cuenta la historia de un hombre en uno de sus cursos que experimentó un cambio en su vida debido al poder de la sonrisa. Se le pidió a los alumnos que le sonrieran a todas las personas que se encontraran durante una semana y que posteriormente reportaran los resultados. Esta es la historia de Bill:

> Cuando se me pidió que preparara un reporte sobre mi experiencia con las sonrisas, pensé que lo intentaría durante una semana. Así que a la mañana siguiente, mientras me peinaba, le eché una mirada a mi sombría imagen en el espejo y me dije: "Bill, te vas a quitar esa cara agria el día de hoy. Vas a sonreír, y lo vas a hacer ahora mismo". Mientras me sentaba para desayunar, saludé a mi esposa: "¡Buenos días, querida!", sonriendo mientras lo decía.
>
> Se me había advertido que tal vez ella se sorprendería. Pues bien, creo que subestimaron su reacción. Estaba perpleja. Estaba conmocionada. Le dije que en el futuro esto iba a suceder todas las mañanas, y lo cumplí. Este cambio de actitud trajo más felicidad a mi hogar en los dos primero meses de haber iniciado este cambio que en todo el año pasado.
>
> Cuando me voy a la oficina, le doy los *buenos días* al operador del elevador de mi departamento y le sonrío. Saludo al portero con una sonrisa. Le sonrío a la cajera cuando le pido cambio. Mientras estoy en la Bolsa de Valores, le sonrío a personas quienes hasta muy recientemente jamás me habían visto sonreír antes. Pronto me di cuenta que todos me sonreían de vuelta (…)
>
> Soy un hombre totalmente diferente; soy un hombre más feliz, un hombre más rico, más rico en amistad y felicidad.[1]

¡El poder de una sonrisa! Noten que Bill no esperó que le llegara un sentimiento antes de empezar a compartir sonrisas con los demás. Lo único que hizo fue empezar a sonreír y los sentimientos lo siguieron. Tome la decisión hoy de ser una madre que sonríe y verá lo que sucede. Quizá quiera prevenir a su esposo de su nuevo objetivo; ¡no queremos que le dé un ataque al corazón!

La base para sonreír

Tal vez todavía no esté convencida de que puede sonreír cuando no tiene ganas. Tome en cuenta lo que la Biblia dice acerca de la característica del gozo. Pablo (yo lo llamo el _apóstol positivo_) les escribió frecuentemente a los primeros cristianos sobre el gozo. En 1 Tesalonicenses 5:16 les dijo: "Estad siempre gozosos". Y en Filipenses 4:4: "Regocijaos en el Señor siempre. Otra vez digo: ¡Regocijaos!". ¡Este es un mandato increíble si tomamos en cuenta que los primeros cristianos se enfrentaron a la persecución y hasta a la muerte por su fe en Cristo! Muchos tenían amigos y familias que ya habían hecho este sacrificio máximo –y por todo lo que sabían, ellos podrían ser los siguientes.

¿Cómo podría esperar Pablo que ellos se regocijaran en tales circunstancias? Por esta razón: El verdadero gozo bíblico no se basa en circunstancias o en sentimientos, sino en algo mucho más substancial que está profundamente dentro de nuestro corazón.

Existe una clara diferencia entre felicidad, y gozo. La felicidad tiende a basarse en lo que sucede en nuestra vida. Supongamos que alguien toca a su puerta y un florista le entrega una caja con una docena de rosas. Llevan una nota de su esposo que dice: "Estoy orgulloso de todo lo que haces. ¡Sigue adelante con la buena obra!". Seguramente aparecerá una sonrisa en su cara debido a la felicidad que siente bajo esas circunstancias. El gozo es diferente; existe a pesar de no recibir una docena de rosas. Es una actitud constante de paz, confianza y satisfacción, que vive dentro de usted porque sabe que un Dios amoroso está obrando en su vida.

Los primeros cristianos no vivían en circunstancias felices, pero a pesar de esto, Pablo les dijo: "Estad siempre gozosos". Lo podían hacer porque sabían que Jesucristo pagó el precio por sus pecados.

Sabían que estaban perdonados; los amaban profundamente; y tenían la seguridad de la vida eterna. Ese profundo sentido de gozo les dio a esos primeros cristianos una gran y perdurable fortaleza que les permitía enfrentar sus difíciles circunstancias. El héroe del Antiguo Testamento, Nehemías, explicó esto cuando dijo: "El gozo de Jehová es vuestra fuerza", (Nehemías 8:10).

Tal vez este tipo de gozo le parecerá imposible a usted. En cierto modo, lo es. En la lista de cualidades que Dios produce en nuestras vidas a través del Espíritu Santo (conocidas como: "El fruto del Espíritu", en Gálatas 5:22-23), el gozo es la segunda cualidad que se menciona. Nosotros no somos los productores del gozo; ¡Dios lo es! Él desarrolla gozo en nosotros según lo vamos conociendo, y amando y confiando y obedeciendo su Palabra.

Cuando tenemos verdadero gozo divino, experimentamos una alegría plena, satisfacción profunda, y gran placer. Tenemos confianza, día a día, en que: "A los que aman a Dios, todas las cosas les ayudan a bien, esto es, a los que conforme a su propósito son llamados", (Romanos 8:28). Podemos regocijarnos porque sabemos que Dios es fiel y que podemos confiar en que es fiel para está obrar a través de las situaciones buenas y malas en nuestra vida.

La palabra *gozo o regocijo* se menciona más de 180 veces en el Nuevo y Antiguo Testamentos. Si aun necesita ayuda para regocijarse, tómese tiempo para buscarlas en una concordancia de la Biblia. Considere estas dos citas, para empezar:

En gran manera me gozaré en Jehová,
    mi alma se alegrará en mi Dios;
porque me vistió con vestiduras de salvación,
    me rodeó de manto de justicia,
como a novio me atavió,
    y como a novia adornada con sus joyas.

—Isaías 61:10

Entraré al altar de Dios, al Dios de mi alegría y de mi gozo;
y te alabaré con arpa, oh Dios, Dios mío.
¿Por qué te abates, oh alma mía, y por qué te turbas dentro de mí?
Espera en Dios; porque aún he de alabarle,
    Salvación mía y Dios mío.

—Salmos 43:4-5

Como los primeros cristianos, nuestra razón para regocijarnos es nuestra esperanza en la salvación de Dios. Nuestro maravilloso y amado Padre Celestial nos ha concedido el perdón de nuestros pecados a través de su hijo, Jesús. Él nos ha dado la esperanza de la vida eterna si tenemos fe en Él. Como Isaías, nos podemos regocijar, porque nos ha abrigado con: "Vestiduras de salvación". Con David, podemos dispersar nuestras preocupaciones, desilusiones y desánimo, al poner nuestra esperanza en Dios y decidir decir: "Aún he de alabarle, Salvación mía y Dios mío". Con Nehemías, podemos afirmar que el gozo del Señor es toda la fuerza que necesitamos para terminar el día con una sonrisa en nuestro rostro.

Deje su luz brillar

¿Conoce personas que parece que brillan? Invariablemente, estas son personas que han experimentado un gozo profundo dentro de sus corazones. De hecho, varias referencias en el Antiguo Testamento de la palabra alegría se pueden *traducir* como brillar (Salmos 21:1; Isaías 9:3; Proverbios 23:24).

Una sonrisa de alegría nos ayuda a brillar. ¡Nos ilumina el día a nosotros y a todos los que están a nuestro alrededor! Y un poco de brillo puede lograr mucho. Imaginen como una pequeña vela puede iluminar un cuarto oscuro –así es como nuestra sonrisa puede esparcir el "resplandor de Jesús" en la día oscuro de alguien más. ¿Qué mejor regalo le podemos dar a nuestros hijos que el ejemplo de una madre que brilla en Cristo?

La madre Teresa, una monja ganadora del Premio Nobel, pasó su vida ayudando a personas enfermas y necesitadas en Calcuta, India, siempre dando el regalo de la sonrisa a todas las personas sufrientes que conocía. Escuchen algunos de sus pensamientos sobre las sonrisas:

La paz empieza con una sonrisa –sonríale cinco veces al día a alguien a quien en realidad no le quiere sonreír– hágalo para tener paz.
Sonríanse unos a otros. No siempre es fácil. En ocasiones, me es difícil sonreírle a mi hermana, pero entonces debemos orar.[2]

Si la madre Teresa podía sonreír en medio de todo ese sufrimiento y pobreza a su alrededor, estoy segura de que nosotras podemos ofrecer una sonrisa, desde el calor de nuestras cocinas, a nuestros seres queridos.

Recientemente, le pregunté a mi esposo qué le gustaría que yo hiciera cuando regresa a casa de su trabajo. ¿Le gustaría que la cena ya estuviera servida en la mesa? ¿Le gustaría encontrar una casa limpia cuando él llegara (sí es así, ¿cuál habitación?)? ¿Le gustaría escuchar su música favorita tocando en el fondo?

Curt admitió que todas las ofertas eran atractivas; pero despúes las rechazó diciéndome: "Karol, lo que realmente necesito ver cuando regreso a casa del trabajo, es una sonrisa en tu cara. Me haces feliz cuando me recibes con una sonrisa".

Al principio me tranquilizó que Curt no hubiera escogido uno de los ofrecimientos difíciles, pero después me puse a pensar en lo negativo del asunto. ¡Después de todo, yo había hecho un gran esfuerzo por desarrollar el *aspecto de malhumorada* preciso que lograría que Curt se diera cuenta de que yo había tenido un día difícil, y sintiera pena por mí tan pronto como entrara por la puerta! Cuando reflexioné sobre esto, tuve que admitir que el *aspecto* no había funcionado tan bien como yo lo esperaba. Y una sonrisa, pensé, es un regalo fácil de dar; mucho más fácil que tener la cena lista sobre la mesa. Sorpresivamente, mientras hacía el esfuerzo por sonreír en los días que siguieron, descubrí que podía sonreírle a Curt aun en los días en los que no me sentía feliz. Podía sonreír incluso en los peores días de mi menstruación. Durante casi un año he logrado sonreír a pesar de todo, y, ¿saben algo? Mis esfuerzos se han contagiado. Durante estos días parece ser que tenemos un concurso para ver quién saluda primero a Curt en cuanto entra por la puerta todas las tardes –yo, mis hijas y hasta los perros (tengo que admitir que mis fieles perros por lo general me ganan). Ahora Curt disfruta llegar a casa todas las tardes –al igual que el resto de la familia.

He descubierto que mis hijas también se han beneficiado con mi sonrisa cuando regresan a casa luego de un día largo en la escuela o con sus amigos. Me hice el propósito de saludarlas con alegría cuando salen del colegio o cuando se suben al auto o cuando entran por la puerta. ¡La bendición que recibo a cambio es verlas sonreírme!

Una mirada alegre envía un mensaje positivo que dice: "Aunque no tenga ganas, hay algo por lo cual sonreír. ¡Hay algo en nuestras vidas por lo que podemos estar felices!". Nuestros hijos y nuestras familias necesitan escuchar este mensaje –y nosotras también.

Regocijaos en el Señor siempre. Otra vez digo: ¡Regocijaos! —Filipenses 4:4

Todo tiene su tiempo y su lugar

Por supuesto, hay un lugar y tiempo para todo. Una sonrisa es apropiada la mayor parte del tiempo –pero *hay* momentos cuando está fuera de lugar. No estoy sugiriendo que estemos sonriendo cien por ciento de cada día del resto de nuestra vida. Salomón lo dijo mejor que yo cuando escribió: "Todo tiene su tiempo, y todo lo que se hace debajo del cielo tiene su hora (...) tiempo de llorar, y tiempo de reír; tiempo de endechar, y tiempo de bailar", (Eclesiastés 3:1-4).

Una madre positiva, generalmente hablando, es una madre que sonríe. Nuestros hijos se convertirán en hijos sonrientes pues aprenderán con nuestro ejemplo. Pero necesitamos ser madres reales también. Cuando las circunstancias de la vida sean las adecuadas para llorar, debemos llorar desde lo más profundo de nuestro ser. Cuando haya una razón para lamentarse, debemos lamentarnos completamente. Expresar tristeza o pérdida no significa que el gozo de Dios nos haya dejado; solo quiere decir que no tenemos miedo a demostrar nuestras emociones y ser transparentes acerca de nuestros sentimientos. EL gozo es más profundo, ¿lo recuerdan? Un gozo apacible puede vivir dentro de nosotros a pesar de la tristeza, aflicción y dolor.

Cuando yo tenía treinta años, un automóvil trágicamente mató a mi madre cuando cruzaba la calle en su caminata matutina diaria. Esto fue devastador para mí y para mi familia. Todos amaban a la abuela. Lloramos y nos lamentamos juntos; pero nunca sin la paz de saber que Dios estaba obrando en nuestras vidas. Teníamos la seguridad de que mi madre, una mujer piadosa, estaba en el cielo con el Señor. ¿Sonreímos? No, este no era el momento para sonreír; era el tiempo de lamentarse. Pero cuando nuestro luto llegó al fin de su curso, las sonrisas regresaron.

El verdadero valor de una sonrisa

Hace unos años nuestra familia viajó a Florida. En la pequeña y singular ciudad de Appalachicola, encontré un objeto muy peculiar en una pequeña tienda de regalos. Se llamaba "Sonrisa en un palito"; y era en realidad la foto de una sonrisa montada sobre un palito. ¡Por el precio de oferta de $1.75, podía poner el objeto frente a su boca y sonreír cuando usted quisiera!

Si está de viaje y por pura casualidad se encuentra con este objeto, permítame exhortarla: ¡No lo compre! Usted ya tiene una sonrisa. No le cuesta nada, pero vale un millón de dólares. Empiece a regalar su sonrisa a toda la gente de su alrededor, tenga ganas de hacerlo o no; se dará cuenta que los sentimientos seguirán después, y usted se enriquecerá por hacerlo.

Las sonrisas son contagiosas. Contagiemos a nuestra familia –y a todas las personas con las que nos encontremos– con nuestra sonrisa-. ¡Piensen cómo nuestras vidas se iluminarán con todos esos rostros brillando a nuestro alrededor!

Después de todo, con el gozo que encontramos solo en Cristo, tenemos motivo suficiente para sonreír.

Punto de poder

Lea: Juan 3:29; 15:11; 16:20; y 17:13. Subraye las palabras *alegría y gozo* cada vez que las vea.

Ore: Querido, maravilloso y amoroso Padre Celestial, te alabo por la salvación que tengo en ti. Gracias, porque a través de Jesús, mis pecados fueron perdonados y tengo la esperanza de la vida eterna. Gracias de que tu gozo puede ser mi fortaleza a través de los altibajos en la vida. Gracias por la habilidad de sonreír. Ayúdame a dar el regalo de una sonrisa a mi familia y a mis amigos. Ayuda a mis hijos a que aprendan a experimentar el gozo por vivir con mi ejemplo. En el nombre de Jesús, amén.

Haga: Escoja un día de esta semana para darle el regalo de una sonrisa sincera a todos los que se crucen en su camino. Hable con su esposo, sus hijos o una amiga acerca de cómo su experiencia con las sonrisas la ha tocado a usted y a tocado a otros.

Principio 2

El poder de la oración

La oración eficaz del justo puede mucho.
Santiago 5:16

*La oración es un sincero, sensible, y afectuoso fluir
del alma hacia Dios, a través de Cristo, con la fortaleza
y ayuda del Espíritu, por las cosas
que Dios ha prometido.*
John Bunyan

6

Una madre positiva es una madre que ora
Cómo orar eficazmente por sus hijos

No conozco a través de qué métodos extraños,
Pero esto sé: Dios contesta la oración.
Desconozco si la bendición que busco
Llegará de la forma que pensé;
Le entrego solo a Él mi oración;
Cuya voluntad es más sabia que la mía.
Eliza M. Hickok

El famoso predicador Billy Sunday me contó la historia de un joven ministro a quién le gustaba visitar a las familias de su congregación durante la semana. En una casa, una niña le abrió la puerta y con educación le pidió que entrara. Cuando el ministro preguntó por su madre, la niña le respondió: "No puede ver a mi madre, pues ella ora de nueve a diez". El ministro decidió esperar.

Después de cuarenta minutos, por fin, la mujer salió de su *closet de oración*. Su cara lucía un brillo tan resplandeciente que el ministro enseguida se dio cuenta de la razón por la que la casa de esta mujer tenía tanta paz y orden, y por qué su hija mayor era misionera y sus dos hijos eran ministros. Billy Sunday terminó su historia diciendo: "Todo el infierno no puede alejar a un niño o a una niña de una madre que ora".[1]

¿Quiere tener un impacto positivo en la próxima generación? ¡Conviértase en una madre de oración! Muchos hombres, mujeres, niños y niñas, han sido guardados de caer en pecado, tonterías y destrucción gracias a que la rodillas de su madre se doblaron en oración. Jesús dijo: "Pedid, y se os d rá; buscad, y hallaréis; llamad, y se os abrirá. Porque todo aquel que pid recibe; y el que busca, halla; y al que llama, se le abrirá". (Mateo 7:7-8 ¿Está dispuesta a tomarle la Palabra a Dios y pedirle que le ayude y bend ga a su familia?

¿Por qué oramos?

Jesús también dijo: "Vuestro Padre sabe de qué cosas tenéis necesida antes que vosotros le pidáis", (Mateo 6:8). Si Dios ya conoce nuestras n cesidades, ¿es realmente necesario decírselo en oración? Quizá sus hijos han hecho esta pregunta –y si todavía no lo han hecho, lo harán. Usted n cesita la respuesta, por el bien de ellos y por el suyo. ¿Para qué oramos Dios lo sabe todo?

1. Oramos porque Dios nos dice que le llevemos todas nuestras pe ciones.

La declaración de Jesús acerca de que Dios conoce nuestras necesid des antes de pedírselas, no tenía el propósito de desmotivar la oración, si solo desalentar oraciones largas y exhibicionistas. ¡No necesitamos impr sionar a Dios (o a la gente que está a nuestro alrededor) con nuestra habi dad de espetar larguísimas oraciones que suenen piadosas! Jesús dijo, q la oración es mejor cuando la mantenemos sencilla y personal. Luego de e declaración, les enseñó a sus discípulos un modelo sencillo de oración q hoy conocemos como El Padre Nuestro (Mateo 6:9-13).

Después, en el huerto de Getsemaní, les indicó a sus seguidores: "V lad y orad", (Mateo 26:41). Él mismo oró –en el jardín y a través de su v da y ministerio. Sus seguidores también llamaban a la gente a orar. Santi go nos recuerda: "No tenéis lo que deseáis, porque no pedís", (Santiag 4:2). Pablo nos dice: "Por nada estéis afanosos, sino sean conocidas vue tras peticiones delante de Dios en toda oración y ruego, con acción de gr cias", (Filipenses 4:6).

2. Oramos porque necesitamos sabiduría de lo alto para ser buen madres

Sinceramente, necesitamos sabiduría para sobrevivir al trabajo de maternidad –y la fuente de toda sabiduría verdadera es Dios. "Porque Jehová da la sabiduría, y de su boca viene el conocimiento y la inteligencia", (Proverbios 2:6). No existe ningún libro para aconsejar a los padres que podamos leer, ni un seminario familiar al que podamos asistir, que nos dé las respuestas para que podamos resolver cada problema que se presente en la vida de nuestros hijos. ¡Necesitamos la ayuda de Dios! Afortunadamente, Él nos prometió darnos sabiduría si se la pedimos. "Y si alguno de vosotros tiene falta de sabiduría, pídala a Dios, el cual da a todos abundantemente y sin reproche, y le será dada", (Santiago 1:5)

¿Verdad que nos inspira pensar que el Creador del universo está dispuesto a darnos sabiduría si tan solo se lo pedimos? Pero la sabiduría no es lo único que necesitamos como madres. También debemos orar por paciencia, fortaleza, paz, perseverancia –y la lista puede continuar. Cuando oramos, podemos estar confiados en que Dios nos dará todo lo que necesitamos. Jesús dijo en Marcos 11:24: "Por tanto, os digo que todo lo que pidiereis orando, creed que lo recibiréis, y os vendrá".

Recuerdo una época de mi vida particularmente difícil siendo una madre joven cuando la oración se convirtió en un consuelo y una necesidad para mí. Grace tenía dos años de edad y Joy tenía seis meses, y yo sentía que era demasiado para mí. No tenía ni la paciencia para atender a una criatura de dos años en la edad de probar sus límites, ni la fuerza para atender las necesidades de un bebé exigente. Día con día me sentía frustrada y agotada, generalmente demostraba mis emociones con lágrimas, enfrente de Curt y de las niñas. Y si eso no era lo suficientemente abrumador, estábamos en el proceso de mudarnos a una nueva casa; lo cual no es una proeza pequeña aun bajo las mejores circunstancias.

Debo confesar que mi vida de oración, disminuyó a poco más que murmurar algunas palabras mientras lavaba los platos. Después de todo, ¿quién tiene tiempo para orar cuando se tiene que calentar un biberón, cambiar pañales, corretear a una niña de dos años, doblar toneladas de ropa recién lavada, y empacar y desempacar cajas?

¿Alguna vez se ha sentido agobiada por las circunstancias de la vida? Tal vez mi situación le parezca cualquier cosa, comparada con lo que usted ha pasado. O quizá usted también ha experimentado cierto número de pequeñas frustraciones que al acumularse la han despojado de su alegría y de su fortaleza. Cualquiera que sea nuestra situación particular, todas tenemos ocasiones en las que nos sentimos que no podemos manejar o controlar nuestras circunstancias. Esos son los momentos cuando más necesitamos la oración.

Durante esos difíciles meses empecé a darme cuenta de mi verdadera necesidad de ayuda de lo alto. Obviamente, no tenía el poder dentro de mí para renovar mi fuerza física o emocional. Solo Dios lo podía hacer. Así que empecé a orar y le pedí a Dios que me ayudara a ordenar mis tareas y que me diera la fuerza y la dirección que necesitaba. Incluso le pedí que me ayudara a apartar más tiempo para orar. Y mientras le entregaba a Dios mis necesidades y mis ansiedades, empecé a experimentar una maravillosa paz y calma en mi corazón y en mi hogar. La Escritura en Isaías 40:28-31 se convirtió en algo vivo para mí:

> "¿No has sabido, no has oído que el Dios eterno es Jehová, el cual creó los confines de la tierra? No desfallece, ni se fatiga con cansancio, y su entendimiento no hay quien lo alcance. El da esfuerzo al cansado, y multiplica las fuerzas al que no tiene ningunas. Los muchachos se fatigan y se cansan, los jóvenes flaquean y caen; pero los que esperan a Jehová tendrán nuevas fuerzas; levantarán alas como las águilas; correrán, y no se cansarán; caminarán, y no se fatigarán".

3. Oramos porque nuestras familias necesitan nuestras oraciones fervientes

No importa qué tan buenas madres seamos, no siempre podremos ser las únicas protectoras y proveedoras de nuestros hijos. No podemos ser su guardaespaldas las veinticuatro horas al día. No, únicamente Dios puede estar en todos los lugares a todas horas; solo Él tiene el poder de vigilar a los miembros de nuestras familias en todo momento al separarnos cada mañana para ir al trabajo, la escuela o jugar. Debemos poner en las manos de Dios a nuestros tesoros diariamente en oración, reconociendo que de Él depende su bienestar físico, su salud espiritual y seguridad.

En el Antiguo Testamento, Ana es un maravilloso ejemplo de una madre que ora —una madre quién diligente, fiel y persistentemente buscó al Señor por sus necesidades y las necesidades de su familia. A pesar de no poder tener hijos propios, ella oraba sinceramente a Dios para que le diera un hijo. Deseaba un hijo profunda y desesperadamente. Si Dios le daba un hijo, ella prometió: "Yo lo dedicaré a Jehová todos los días de su vida." (1 Samuel 1:11). Dios escuchó la oración de esta devota mujer, y finalmente nació un niño: Samuel.

Fiel a su promesa, Ana llevó al pequeño Samuel a vivir con el sacerdote Elí. Uno pensaría que la casa de un sacerdote sería un lugar de crianza seguro donde crecer, mas, a pesar de que Elí era un buen hombre, sus dos hijos eran perversos. ¡Se imaginan a Ana dejando a su hijo precioso, su respuesta a la oración, en un hogar con dos hermanos malvados! Sin duda, Ana continuó orando a Dios, pidiéndole por la protección de su hijo. Como resultado: "El joven Samuel iba creciendo, y era acepto delante de Dios y delante de los hombres", (1 Samuel 2:26). Tiempo después, se convirtió en el profeta de Dios, un verdadero hombre de Dios que guió a la nación de Israel durante muchos años.

Podemos resumir la historia de Ana –y nuestra propia responsabilidad para orar por nuestras familias– con un versículo que esta en Santiago 5:16: "La oración eficaz de una madre justa puede mucho". Nuestras familias necesitan oraciones fervientes si para convertirse en todo lo que Dios quiere para ellos. Su salud física y su crecimiento espiritual no pasarán inadvertidos o exentos de dificultades. La Biblia nos dice: "Vuestro adversario el diablo, como león rugiente, anda alrededor buscando a quién devorar", (1 Pedro 5:8). A él le encantaría clavar sus dientes en nuestros hijos y cortarlos del futuro que Dios ha planeado para ellos. Por el bien de ellos debemos resistirlo (v. 9) –y eso lo podemos hacer mejor si estamos de rodillas.

Ana no pudo estar con Samuel mientras crecía. Pero, afortunadamente, ella era una mujer de oración, y podemos recibir inspiración y motivación por su ejemplo. Como Ana, no podremos tomar de la mano a nuestros hijos cada vez que se enfrenten a un reto o se les atraviese un obstáculo en el camino. Pero podemos orar por ellos y descansar seguras de que Dios está con ellos, cuidándolos y moldeándolos en las personas que Él quiere que sean.

Ore sin cesar

Uno de mis versículos favoritos cuando era niña es 1 Tesalonicenses 5:17: "Orad sin Cesar". Me encanta este versículo porque es pequeño y fácil para que una niña de diez años lo memorice (¡lo cual significaba obtener fácilmente una etiqueta de premio en la escuelita dominical!). Como adulto, y especialmente como madre, aun me encanta este versículo. Ahora más que nunca, reconozco que la oración continua es más que una buena idea; es una necesidad absoluta: Es un reconocimiento, momento a momento, de mi dependencia de Dios para hacer frente a las numerosas responsabilidades, decisiones y preocupaciones que se presentan cada día.

¿Pero, puede una persona orar continuamente, sin parar? Los que estudian la Biblia dicen que este mandamiento se puede interpretar de dos maneras. Una interpretación es que debemos estar en actitud de oración continuamente, a toda hora y todos los días; hablar con el Padre constantemente mientras hacemos nuestro trabajo y nuestra rutina diaria. La madre Teresa fue un modelo maravilloso de esta actitud de oración. En una ocasión dijo que solo existía una razón por la cuál podía ministrar fielmente todos los días a los más pobres en Calcuta: "¡Estoy en oración!". Continuó explicando: "Uno debe orar por lo menos media hora por la mañana y una hora por la noche. También puede orar mientras trabaja. El trabajo no detiene la oración y la oración no detiene al trabajo. Solo requiere esa pequeña elevación de la mente a Él. 'Señor te amo, confío en Ti, creo en Ti, te necesito ahora'. Pequeñas cosas como éstas. Son maravillosas oraciones".[2]

Tal vez haya encontrado, como yo lo he hecho, que tenemos muchas oportunidades para elevar nuestros pensamientos al cielo durante un día típico. Podemos orar mientras doblamos la ropa, por cada uno de los que se la van a poner. Mientras ponemos la mesa podemos orar por cada uno de los que se van a sentar en cada lugar. Podemos orar mientras cocinamos la cena o lavamos los platos. Podemos orar mientras llevamos a los niños a los entrenamientos y eventos, y por supuesto podemos orar llevan a cabo o participan en esas actividades. Debemos orar mientras los dejamos en la escuela o en la guardería o en la casa de un amigo. ¡Nunca deje de orar! Una madre positiva es una madre de oración.

La segunda interpretación del mandamiento: "Orad sin cesar", es que nunca dejemos que nuestra vida de oración caiga por la borda. Es importante que dispongamos de un tiempo para orar y nos mantengamos devotas a él, sin permitir que se asfixie por las ocupaciones de la maternidad y las distracciones de nuestras rutinas diarias. Necesitamos un tiempo, todos los días, para orar deliberadamente con amor y decisión. Un tiempo en el cual alabemos a Dios y le demos las gracias por lo que ha hecho y lo que está haciendo en nuestra vida, y le expongamos nuestras inquietudes, preocupaciones y peticiones (veremos más de esto en el siguiente capítulo). En una ocasión C.H. Spurgeon dijo: "A veces creemos que estamos muy ocupados para orar; esto es un gran error, pues orar nos ahorra tiempo".

Por supuesto, Jesús es el mejor ejemplo de alguien que nunca permitió que nada evitara que fuera una persona de oración. Las Escrituras están llenas de escenas de Jesús orando al Padre. ¿Y si el Hijo de Dios se sentía impulsado a orar, no deberíamos orar nosotros también?

En Marcos 1:35 leemos: "Levantándose muy de mañana, siendo aún muy oscuro, salió y se fue a un lugar desierto, y allí oraba". Note que las Escrituras dicen que Jesús se levantó: "Cuando estaba aun oscuro". ¡Lo siento por las personas que no son madrugadoras, pero temprano por la mañana parece ser un momento particularmente bueno para levantar nuestras preocupaciones hacia el cielo! Escuche las palabras del salmista: "Oh, Jehová, de mañana oirás mi voz; de mañana me presentaré delante de ti, y esperaré", (Salmos 5:3).

Personalmente, a mí me gusta levantarme temprano por las mañanas, antes de que nadie más esté por ahí, y sentarme en la mesa de la cocina y tener un momento de oración y estudio. Ahí, con mi taza de café y una Biblia abierta, me encuentro con Dios. Saboreo la quietud de mi hogar a esa hora y el maravilloso abrazo de mi Padre Celestial en ese tiempo a solas. Mientras leo la Biblia cada mañana, me doy cuenta que son cartas de amor de Dios para mí, y todos los días lo amo más y más. Cuando estoy en oración pongo todas mis peticiones y mis ansiedades a sus pies. Lo alabo por quien es Él y por lo que significa en mi vida. De vez en cuando una de mis hijas baja a la cocina y me encuentra con la cabeza inclinada sobre la Palabra de Dios, pero eso está bien. Creo que mis hijas necesitan darse cuenta de que la oración es muy importante para mí y que dependo de Dios para que me dé fortaleza cada día.

No estoy sugiriendo que usted debe levantarse temprano para tener una vida de oración plena, pero las oraciones tipo *primero-que-ninguna-otra-cosa-por-la-mañana* definitivamente tienen sus ventajas. Sobre todo para las madres, la hora más tranquila del día tiende a ser en la madrugada, antes de que los otros miembros

Y esta es la confianza que tenemos en él, que si pedimos alguna cosa conforme a su voluntad, él nos oye. Y si sabemos que él nos oye en cualquiera cosa que pidamos, sabemos que tenemos las peticiones que le hayamos hecho. —1 Juan 5:14-15

de la familia se despierten y comiencen a funcionar. ¿Por qué no comenzar a levantarse unos minutos antes cada día para orar? Pronto se dará cuenta que le gusta levantarse temprano y comenzar sus mañanas sola con Dios.

Observe que Marcos 1:35 también dice que Jesús se fue a: "Un lugar desierto", para orar. ¡Como si eso fuera tan sencillo! Encontrar un lugar solitario generalmente es todo un reto para las madres. Por lo general –a donde quiera que vayamos en la casa– siempre nos encuentran. Es gracioso, como incluso al recogernos en la privacidad (eso es lo que creemos) del baño, apenas han pasado dos minutos cuando escuchamos que tocan a la puerta y unos pequeños deditos se asoman por debajo. ¡Sí, es difícil para las madres escaparse un momento!

La oportunidad para encontrar un poco de soledad es otra buena razón para orar temprano en la mañana. En ocasiones, sin importar lo temprano que nos levantemos alguno de los pequeñuelos nos gana a llegar a la mesa del desayuno. Si eso es lo que regularmente le sucede, escoja un cuarto pequeño o un clóset grande en su casa y desígnelo como su *lugar especial para orar*. Después pídale a su familia que respete su tiempo de oración cuando esté en ese lugar. Incluso, tal vez quiera colgar un letrero en la puerta que diga:

MO

Mamá orando

Favor de no molestar

Si tiene un bebé y siente que no puede alejarse físicamente por unos minutos, intente tomar al pequeñín en sus brazos mientras usted esté en oración. Después de todo, nuestros hijos están así de chiquitos y tiernos por poco tiempo; ¡así que aproveche la oportunidad de abrazar y acurrucar a su bebé mientras ora! El propósito de encontrar un lugar solitario es minimizar las distracciones del hogar y ayudarnos a estar concentradas en nuestra conversación con Dios. Si puede orar con su bebé en brazos, ¡hágalo!

Piense de su tiempo de oración de esta manera: Si usted estuviera planeando reunirse con su mejor amiga para conversar temas importantes de sus vidas, ¿escogería un lugar con mucho ruido, actividad y constantes interrupciones? ¿verdad que no? Necesitamos planear nuestra conversación con Dios con el mismo cuidado y consideración.

Ore con confianza

Howard Chandler Robbins dijo una vez: "Las oraciones del cristiano son secretas, pero el resultado no se puede esconder".[3] Sin duda esto fue cierto en la vida del inglés Jorge Muller, considerado uno de los hombres de oración más poderosos del siglo diecinueve. Mientras fundaba exitosos orfanatos, en Inglaterra, Muller decidió que nunca pediría dinero a nadie para sus necesidades o las necesidades de los niños. En lugar de eso, ponía todas sus necesidades en oración. Sorprendentemente, recaudó más de ocho millones de dólares (imagínese cuánto dinero sería eso ahora) dirigiendo sus peticiones no al hombre, sino a Dios. De alguna manera Dios se aseguró de que Muller recibiera los recursos que necesitaba.

Muller jamás oró por cosas solo porque las quería, o incluso porque creyera que se necesitaban para la obra de Dios. No, antes de orar, leía la Biblia para encontrar si había una promesa en la Palabra de Dios que se refiriera a las circunstancias o las necesidades que hubiera. En ocasiones buscaba en la Biblia durante días, antes de presentarle a Dios su petición. ¡Cuánta devoción!

Cuando encontraba la promesa adecuada, Muller ponía su dedo en ese punto de su Biblia abierta, y le pedía a Dios basándose en la seguridad de Su propia Palabra. Como madres, también podemos dedicarnos a orar de la misma manera. Tal vez pueda apartar una Biblia en su hogar para que su familia la use como la *Biblia de Oración* de la familia. Resalte los pasajes y las promesas por las cuales quiere orar para usted y su familia (podría incluso utilizar un color diferente por cada miembro de la familia).

Estos son algunos pasajes que contienen promesas que seguramente va a querer marcar:

- **Amor hacia otros**: Marcos 12:30-35; 1 Juan 4:7-10; Hebreos 10:24; 1 Corintios 13.
- **Consuelo y Paz:** Salmos 42: 2 Corintios 1:3-5; 4:7-12; Filipenses 4:6-7.
- **Fe y carácter:** Mateo 6:25-34; Gálatas 5:16-26; Colosenses 1:9-12; 3:13-15.
- **Fe:** Hebreos 11.
- **Fortaleza:** Salmos 9:9; 34:4; 37:23; 73:26; 138:7; Efesios 6:10-18; 2 Timoteo 4:16-17.

– **Gozo:** Nehemías 8:10; Isaías 12; Gálatas 5:22.

– **Provisión de Dios:** Mateo 6:25-34; 7:11.

– **Relaciones Familiares:** Deuteronomio 6:4-9; Proverbios 22:6; Efesios 5:21-6:4.

– **Sabiduría:** Proverbios 2:6; Santiago 1:5.

– **Seguridad:** Salmos 46 y 91.

Como Jorge Muller, podemos orar con confianza cuando sabemos que nuestras oraciones están basadas en la inmutable Palabra de Dios. Thomas Watson lo dijo de esta manera: "Las promesas de Dios son el corcho que evita que la fe se hunda en la oración".[4]

Ore específicamente por sus hijos

La oración es la fuerza más poderosa que tenemos disponible para educar a nuestros hijos. No es suficiente que les demos a nuestros hijos de comer, ropa, un techo, escuela o cualquier otro beneficio. Para ser madres positivas y piadosas, necesitamos orar por ellos –continuamente. Además de las Escrituras generales que se enlistaron arriba, hay muchos versículos en la Biblia que tratan específicamente con las necesidades de nuestros hijos y la dirección que necesitan para vivir una vida piadosa. Aquí hay algunas peticiones y las citas relacionadas con ellas, para ayudarle a comenzar:

– Ore por que lleguen a conocer a Cristo y lo sigan, (Romanos 10:9-11).

– Ore por que puedan reconocer el mal y el odio, (Salmos 97:10).

– Ore por que cuando cometan un error, reconozcan lo bueno de la corrección, (Salmos 119:71).

– Ore por su protección del mal, (Juan 17:15).

– Ore por que sean bondadosos y perdonen a los demás, (Efesios 4:32).

– Ore por que tengan valor y defiendan sus derechos, (Josué 1:7).

– Ore por que respeten la autoridad, (Romanos 13:1).

– Ore por que escojan amigos sabios, (Proverbios 13:20).

– Ore por su futura esposa, para que se casen con una persona de Dios, (2 Corintios 6:14-17).

– Ore por que se rindan a Dios y resistan la maldad, (Santiago 4:7).

– Para su protección, (Oseas 2:6)

No use solamente estos versículos, busque en las Escrituras y encuentre todas las maravillosas verdades y promesas que hay para poder orar por su familia. Le prometo que este esfuerzo revolucionará su vida de oración. Sé que lo hizo en la mía. Hace poco fui a una venta de libros y compré una Biblia para usarla especialmente durante mi tiempo de oración. No dudo en marcarla, y le anexo papeles adhesivos de diferentes colores para identificar las promesas de las Escrituras con las que quiero orar por los miembros de mi familia. ¡Oro con confianza por mi esposo, hijas y por otros seres queridos, mientras señalo (como Jorge Muller) las promesas de Dios en su Palabra!

Además de su Biblia de oración, le recomiendo que empiece a registrar sus oraciones –junto con las respuestas que reciba– en un cuaderno o diario. Muchas madres (y otras personas) han descubierto que este sencillo procedimiento de escribir sus peticiones de oración cada día proporciona un recordatorio tangible de que esas peticiones han sido entregadas a Dios. Sabemos que hemos echado nuestra ansiedad sobre Él. ¡Ya no nos tenemos que preocupar por ellas!

Y mientras registramos las respuestas que Dios da a nuestras oraciones, nos damos cuenta que nuestra fe se ha reforzado y nuestro deseo por orar ha aumentado. Nos dirigimos a nuestro Padre Celestial con un mayor respeto y gratitud. Usted sabe, ¡en ocasiones, necesitamos recordar agradecer al Señor por haber respondido a nuestras oraciones! Qué triste sería si fuéramos como los nueve leprosos de Lucas 17:11-19, quienes nunca regresaron a agradecer a Jesús después de que los alivió de esa terrible enfermedad. Como madres positivas, tenemos que ser como el décimo leproso, quién corrió para alcanzar a Jesús y se postró a sus pies, lleno de gratitud, y alabando al Señor.

Al pasar de los años, cuando revise su libro o diario de oración, se sentirá dando una vuelta por el Paseo de la Memoria y una caminata por el Parque del Agradecimiento. Será una bendición ver hasta dónde la ha llevado el Señor y lo que Dios ha hecho en su vida –y en la vida de cada miembro de su familia por quienes ha orado.

Nunca se dé por vencida

Como madres positivas, necesitamos ser persistentes en nuestras oraciones y nunca darnos por vencidas. Jesús señaló esto en una parábola sobre una viuda persistente en Lucas 18:1-8. En esta historia, la viuda fue en repetidas ocasiones a ver el juez, buscando justicia por algo malo que le habían hecho. Pero el juez no temía al Señor y tampoco se preocupaba por la gente de su jurisdicción, y cada vez que iba la echaba fuera. Pero la viuda fue persistente y continuó pidiendo justicia al juez. Finalmente, el juez dijo, dentro de sí: "Aunque ni temo a Dios, ni tengo respeto a hombre, sin embargo, porque esta viuda me es molesta, le haré justicia, no sea que viniendo de continuo, me agote la paciencia", (Lucas 18:4-5).

Y Jesús terminó esta parábola diciendo: "Oíd lo que dijo el juez injusto. ¿Y acaso Dios no hará justicia a sus escogidos, que claman a él día y noche? ¿Se tardará en responderles? Os digo que pronto les hará justicia.", (Lucas 18:6-8).

Si el desconsiderado juez por fin atendió las súplicas de la viuda, ¿cuánto más nuestro amoroso Padre Celestial escuchará nuestras peticiones y las contestará con bondad? ¡Nunca deje de orar! El dicho es cierto: Nunca estamos tan alto como cuando estamos hincados orando. Empiece a alcanzar nuevas y mayores alturas. ¡Sea una madre de oración!

Punto de poder

Lea: La historia de Ana en 1 Samuel 1 y su oración de agradecimiento en 1 Samuel 2:1-10.

Ore: Te alabo, Padre amoroso y bondadoso por escuchar mis oraciones. ¡Es increíble pensar que el Dios del universo quiere conversar conmigo! Gracias por permitirme acercarme a ti con mis peticiones y mis necesidades. Gracias por amar a mi familia más perfectamente y más profundamente de lo que yo puedo amarlos. Tú eres en verdad: "Nuestro amparo y fortaleza, nuestro pronto auxilio en las tribulaciones", (Salmos 46:1). Ayúdame a ser una mujer de oración y una guerrera diligente y fiel de oración para mi familia. En el nombre de Jesús, amén.

Haga: Decida cuándo es el mejor momento para que usted haga su oración cada día; después, escoja un lugar privado en donde pueda estar sola durante este tiempo. Escriba la hora y lugar que escogió en su calendario o en su agenda. Coloque una Biblia, una pluma, y su cuaderno de oración, en su lugar de oración para que la esperen ahí todos los días.

7

Descanse de sus preocupaciones
Busque fortaleza, esperanza,
y sabiduría para cada día

Todas las noches le entrego a Dios mis preocupaciones;
de todos modos estará despierto toda la noche.
Mary C. Crowley

Una vez al año, en mi casa, revisamos nuestro clóset y sacamos las cosas que ya no usamos. Escudriñamos entre capas de zapatos viejos, juguetes rotos, mochilas desgastadas y diversos objetos, y tiramos todo lo que ya no nos queda o que ya no se usa. No sé cómo acumulamos tantas cosas durante el año, pero es muy satisfactorio finalmente deshacerse de todo el exceso de equipaje.

Ya sea un clóset con objetos que ya no sirven, o un cajón en donde guardamos de todo, o un bolso lleno de cosas, muchos tenemos un lugar en donde guardamos cosas que probablemente deberíamos haber tirado o regalado hace ya mucho rato. Nos sentimos tan bien cuando por fin nos decidimos a deshacernos de todo, y nos preguntamos ¿por qué no lo habíamos hecho antes?

Como madres, tenemos la tendencia a guardar cosas que no deberíamos –y no me refiero a viejas bolas de boliche, sombrillas rotas, o zapatillas deportivas gastadas. Muchas veces dejamos que las preocupaciones se acumulen en el clóset de nuestro corazón llamado *preocupación*. Al igual que nos deshacemos de las cosas que ya no nos sirven en nuestras casas, también necesitamos tirar continuamente las preocupaciones que coleccionamos y que guardamos en nuestro corazón. Y mientras es probable que el clóset lo limpiemos una o dos veces al año, debemos derribar nuestras preocupaciones diariamente.

Tal vez usted está pensando: "¿Cuál es el problema? ¿Qué no todos se preocupan? ¿Qué tiene de malo saborear algunas ansiedades y ser un poco aprensiva de vez en cuando? Soy madre. ¡Me lo he ganado!".

Bien, ¿qué es lo que Dios quiere que hagamos con la preocupación: saborearla o abandonarla? El apóstol Pablo es muy claro en este tema: "Por nada estéis afanosos, sino sean conocidas vuestras peticiones delante de Dios en toda oración y ruego, con acción de gracias. Y la paz de Dios, que sobrepasa todo entendimiento, guardará vuestros corazones y vuestros pensamientos en Cristo Jesús", (Filipenses 4:6-7). Noten que Pablo no dice: "*Considere* eliminar la ansiedad". No, él es muy directo: "Por nada estéis afanosos".

En el Sermón en el Monte, Jesús también tocó el tema de la preocupación:

> Por tanto os digo: No os afanéis por vuestra vida, qué habéis de comer o qué habéis de beber; ni por vuestro cuerpo, qué habéis de vestir. ¿No es la vida más que el alimento, y el cuerpo más que el vestido? Mirad las aves del cielo, que no siembran, ni siegan, ni recogen en graneros; y vuestro Padre celestial las alimenta. ¿No valéis vosotros mucho más que ellas? ¿Y quién de vosotros podrá, por mucho que se afane, añadir a su estatura un codo?
>
> Y por el vestido, ¿por qué os afanáis? Considerad los lirios del campo, cómo crecen: no trabajan ni hilan; pero os digo, que ni aun Salomón con toda su gloria se vistió así como uno de ellos. Y si la hierba del campo que hoy es, y mañana se echa en el horno, Dios la viste así, ¿no hará mucho más a vosotros, hombres de poca fe? No os afanéis, pues, diciendo: ¿Qué comeremos, o qué beberemos, o qué vestiremos? Porque los gentiles buscan todas estas cosas; pero vuestro Padre celestial sabe que tenéis necesidad de todas estas cosas. Mas buscad primeramente el reino de Dios y su justicia, y todas estas cosas os serán añadidas.
>
> Así que, no os afanéis por el día de mañana, porque el día de mañana traerá su afán. Basta a cada día su propio mal. Mateo 6:25-34

Una vez más se nos dice en términos muy claros que no debemos preocuparnos. La verdad es, que cuando dejamos que las preocupaciones nos absorban y cedemos a nuestras ansiedades, ¡en realidad estamos desobedeciendo las instrucciones de la Biblia! ¿Alguna vez pensaron que las preocupaciones fueran una desobediencia? En nuestra cultura, el temor, la ansiedad y la preocupación se han convertido en algo tan común, que pocas personas se dan cuenta de que están desobedeciendo a Dios cuando hacen estas cosas.

El autor y motivador profesional Ed Foreman describe las preocupaciones como: "Es solo el mal uso de su imaginación"[1]. ¿De qué tiende a preocuparse? ¿Qué hace que su mente vuele y empiece a imaginarse todo lo malo que podría suceder? La lista de gatillo de las preocupaciones es diferente para cada uno de nosotros, pero todos tenemos áreas que nos cuesta trabajo entregárselas a Dios completamente. Algunos nos preocupamos por cuestiones financieras; otros, por la seguridad de sus hijos; otros, por lo que la gente piense de nosotros. Algunos nos preocupamos por las tres causas –y por otras más. En ocasiones sentimos que nos estamos ahogando en los océanos imaginarios que creamos con nuestras constantes preocupaciones.

¿Por qué acogemos y saboreamos nuestras preocupaciones de esta manera? ¿Será porque preocuparse es fácil, y la fe es difícil?

¡Las preocupaciones y la fe son mutuamente excluyentes! Son opuestas. Dios no quiere que vivamos en temor y en ansiedad, porque cuando lo hacemos, no estamos practicando la fe en Su tierno amor y provisión. Lo que realmente estamos diciendo es: "Señor, no creo que me puedas ayudar en esto, por lo cual necesito preocuparme por este problema".

Eso no es tener fe; eso es temor –y es algo avasallador en nuestra sociedad, ¡aun cunde en nuestras iglesias! En realidad, el temor ansioso es un problema tan común de la humanidad que por eso en la Biblia se nos dice que no tengamos temor. El mandamiento: "No temas", aparece más de veinte veces solamente en el Antiguo Testamento.

Elija la fe, no el temor

Considere la historia de Josafat, uno de los antiguos reyes de Judá, que se encuentra en 2 Crónicas 20:1-30. Este rey que era fiel a Dios estaba siendo atacado por una tremenda fuerza de guerra: los ejércitos combinados de tres de los peores enemigos de Israel. Aunque alarmado por la situación, el rey Josafat escogió no pasearse de un lado al otro frenéticamente frotándose las manos de preocupación. En lugar de eso declaró un tiempo de ayuno y oración y buscó la ayuda de Dios.

Llegó un profeta y le dijo esta palabra de esperanza a Josafat: "Jehová os dice así: No temáis ni os amedrentéis delante de esta multitud tan grande porque no es vuestra guerra, sino de Dios", (v. 15). Entonces el rey se dirigió a su pueblo mientras este salía a la batalla y les dijo: "Oídme, Judá y moradores de Jerusalén, creed en Jehová vuestro Dios, y estaréis seguros; creed a sus profetas, y seréis prosperados", (v. 20). ¡Y así fue! El Señor emboscó a sus enemigos y los tres ejércitos que se habían aliado contra Israel terminaron destruyéndose uno al otro.

Sí, las circunstancias fueron desafiantes, pero Dios estuvo con el pueblo de Judá mientras ellos buscaban Su fortaleza. De hecho, recurrir al Señor por fortaleza para vencer el temor y la preocupación es un tema que se repite en el relato bíblico. Mucho antes que Josafat, por ejemplo, Josué fue escogido para ser el sucesor de Moisés para guiar al pueblo de Israel hacia la Tierra Prometida. Ahora, ¿cómo se sentiría si a usted le entregaran la responsabilidad de guiar a millones de personas quejumbrosas, sin entrenamiento militar, a través del desierto y hacia una tierra habitada por enemigos violentos? ¿Un poco angustiado? Pero Dios no permitió que Josué se hundiera en preocupación; en cambio le dio este mensaje de esperanza: "Mira que te mando que te esfuerces y seas valiente; no temas ni desmayes, porque Jehová tu Dios estará contigo en dondequiera que vayas", (Josué 1:9).

Al igual que Josafat, Josué era una persona de gran fe. De hecho, yo creo que la razón por la cual Dios escogió a Josué para que fuera el líder de Israel fue porque él había demostrado ser un hombre que tenía fe en Dios. ¿Recuerdan cuando Moisés envió a Josué, Caleb y a otros diez hebreos a espiar la Tierra Prometida? Josué y Caleb regresaron de su misión con confianza y esperanza, motivando a Moisés a que se *animara* porque seguramente Dios estaría con ellos. Caleb dijo: "Subamos luego, y tomemos posesión de ella; porque más podremos nosotros que ellos", (Números 13:30). Pero los otros espías se preocuparon y discutieron, diciéndole a Moisés que los enemigos en la tierra al otro lado del Jordán eran demasiado fuertes para que Israel los enfrentara. Al preocuparse, los diez demostraron su falta de fe. ¡Ellos no creían que Dios era lo suficientemente grande y confiable para ayudarlos a derrotar la oposición! Como resultado, estos espías rebeldes nunca llegaron a la Tierra Prometida.

Probablemente usted no va a guiar un ejército contra un país extranjero, pero sí va a guiar a su familia hacia un futuro preparado para ellos por Dios. Para ser una madre positiva, la fe es crucial. "Sin fe es imposible agradar a Dios", (Hebreos 11:6). La manera en que escogemos la fe, y resistimos la tendencia a preocuparnos y temer, es entregarle a Dios, todos los días, nuestras preocupaciones en oración.

La vida con un propósito

Se cuenta la historia de una viuda que tenía dos hijos en San Francisco.

Eran inmigrantes asiáticos y ella dependía completamente de lo que ganaban sus hijos para poder vivir. Afortunadamente, eran jóvenes emprendedores y tenían su propio negocio; uno vendía impermeables y el otro gafas para el sol. Sin embargo, su madre se desgastaba en preocupación y ansiedad. Si se asomaba por la ventana y veía que el día estaría soleado, se llenaba desesperadamente de ansiedad, preocupada de que nadie fuera a comprar los impermeables de su hijo. Si llovía, también se preocupaba de que el otro de sus hijos no fuera a vender sus gafas para el sol. ¡No importaba cómo estuviera el clima, esta mujer siempre se preocupaba!

Con esta perspectiva de ansiedad en su vida, siempre estaba triste. Hasta que un vecino amable le dijo que la vida no era así. "En lugar de estar angustiada todo el día", le sugirió su vecino, "debería estar alegre todos los días. Después de todo, ¡no importa cómo esté el clima, por lo menos uno de sus hijos tendrá un día productivo!

A partir de ese día, la actitud de la señora cambió, y vivió el resto de sus días feliz y en paz. Como ve, ¡la perspectiva lo es todo! ¿Seremos capaces de ver las circunstancias de la vida en las manos de un amoroso Dios quién quiere lo mejor para nosotros, o nos preocuparemos y estaremos lamentándonos acerca de cómo podremos hacer que las cosas funcionen?

José, el hijo de Jacob en el Antiguo Testamento, tenía una buena perspectiva de la vida. A pesar de que José era amado por su padre, sus once hermanos lo aborrecían; tanto, que lo echaron a una cisterna y lo vendieron como esclavo. José se pudo haber dado por vencido en ese momento, pensando que Dios lo había abandonado; pero las Escrituras son claras al decir que él continuó teniendo fe en que Dios tenía un plan para su vida.

José fue vendido en Egipto a un hombre llamado Potifar y obtuvo una posición de responsabilidad en la casa de este. Todo se empezaba a ver favorable para José, cuando una acusación falsa acabó con la prosperidad de José y fue enviado a prisión. Increíblemente, las Escrituras no indican que José se haya preocupado, a pesar de las nuevas circunstancias; en cambio, José siguió buscando a Dios, quién siempre fue fiel con José, una y otra vez.

Y sucedió que un día sacaron a José de la cárcel para que interpretara los sueños de Faraón. José confió en Dios para que le dijera lo que los sueños significaban. Cuando José compartió la interpretación que Dios le dio, Faraón estaba tan impresionado que nombró al antiguo prisionero gobernador de Egipto. Dios continuó bendiciendo a José con sabiduría; y por la previsión de José, los egipcios pudieron evitar el desastre de una hambruna severa que golpeó la región varios años después.

¿Cuál era la perspectiva de José en la vida? ¡Fe! Podemos ver su fe cuando habló con sus hermanos malvados, quienes le pedían misericordia por lo que hicieron años atrás. "Y les respondió José: No temáis; ¿acaso estoy yo en lugar de Dios? Vosotros pensasteis mal contra mí, mas Dios lo encaminó a bien, para hacer lo que vemos hoy, para mantener en vida a mucho pueblo." (Génesis 50:19-20) José reconoció tanto lo malo como lo bueno en su vida. Debido a su perspectiva de fe, comprendió que cada desafío que enfrentó fue la manera en la cual Dios obró para que se cumpliera el propósito mayor que tenía para su vida.

¿Cómo enfrenta usted los retos en su vida? ¿Los ve como una oportunidad para preocuparse, o como una oportunidad para confiar en Dios?

Yo creo que Dios trabaja en nuestras vidas como si fueran un rompecabezas. Una pieza se ve bonita; y la otra fea. Una pieza encaja en un lugar obvio; y la otra pieza parece que no entra en ningún lado. Algunas piezas no se pueden identificar; pero mientras se van uniendo con las otras piezas y se ponen en la perspectiva correcta, empiezan a crear una maravillosa imagen.

Siempre nos enfrentamos a diferentes situaciones en la vida. Unas las entendemos, y otras no; algunas son agradables y otras son terribles. Nuestra fe se pone en acción cuando confiamos en Dios, reconociendo que Él tiene un plan para nuestras vidas. Podemos sosteneros confiadamente en las palabras de Romanos 8:28: "Y sabemos que a los que aman a Dios, todas las cosas les ayudan a bien, esto es, a los que conforme a su propósito son llamados".

Unos amigos nuestros son un ejemplo de esto. Hace algunos años, tuvieron problemas con sus finanzas. Después de perder su trabajo, se endeudaron y perdieron su grande y hermosa casa. Por supuesto ellos nunca hubieran pedido que esta tragedia les sucediera; pero el resultado que obtuvieron fue que empezaron a depender completamente de Dios mientras oraban por un trabajo nuevo y por ayuda para sus necesidades diarias. Motivaron a muchas personas mientras pasaron por todo esto, porque hablaban abiertamente sobre sus luchas y su nuevo caminar en fe. Ya se recuperaron financieramente, pero ahora tienen nuevas prioridades y una nueva perspectiva en la vida. Están convencidos que su tiempo de crisis fue una verdadera bendición para su familia.

Viva un día a la vez

Encuentro que el trabajo de lavar la vajilla es algo verdaderamente frustrante, ¿usted no? Después de terminar de lavarla a medio día, *he aquí*, que si vuelve a comer algo en la tarde, ¡tiene que volver a lavar! No podemos decir: *Bien, ya terminé. ¡Ya no tendré que lavar otro plato!* Esto no funciona así.

Muchas de nuestras responsabilidades como madres requieren de ese tipo de atención repetitiva: lavar ropa, sacudir, aspirar, cocinar, aun cambiar pañales (hasta cierto momento). Entregarle al Señor nuestras preocupaciones debería ser una responsabilidad diaria también. Es curioso que las preocupaciones lejanas tienden a regresar a nuestro corazón y a nuestra mente, al igual que el polvo que vuelve a aparecer en los muebles. Pero en lugar de desanimarnos cuando una preocupación en especial asoma de nuevo su cabeza, podemos considerar esta reaparición como una oportunidad para que una vez más la pongamos en donde pertenece: en las manos de Dios.

Cuando yo cursaba la escuela media, hice una *Caja de Dios*. En realidad era muy sencillo; tomé una caja de zapatos, la envolví con papel manila y le hice una ranura en la parte de arriba. Entonces, cuando me daba cuenta de que me estaba preocupando por algo en especial, escribía mi preocupación en una tarjeta y la colocaba en mi caja de Dios. Esta era una manera física y visual que servía para que yo reconociera que le estaba entregando mi inquietud al Señor. Cuando regresaba el pensamiento a mi mente, yo recordaba que ya le había entregado a Dios mi preocupación.

Recientemente pinté una caja similar para mi familia y le hice una ranura en la parte superior. Estoy convenida que, con el andar y las preocupaciones que tienden a acompañar y complicar los años en la educación media, mis hijas (¡y yo!) realmente necesitamos una caja de Dios

¡Es sorprendente ver cuánto tiempo y cuánta energía podemos ahorrar si evitamos pasar el día preocupándonos! Hasta físicamente nos podemos sentir mejor si tenemos la costumbre de entregarle a Dios nuestras preocupaciones todos los días. Como el Dr. Charles Mayo explica:

"Las preocupaciones afectan la circulación, las glándulas, todo el sistema nervioso, y afectan profundamente el corazón. Nunca he conocido a un hombre que haya muerto por exceso de trabajo, pero muchos han fallecido por la incertidumbre".[2]

La preocupación también tiene un efecto paralizante en nuestra creatividad y habilidad para vivir nuestra vida al máximo.

Piense en el pequeño reloj que enloqueció porque empezó a calcular cuántas veces tenía que hacer el sonido de tictac durante el año. Pensó: *tengo que hacer tictac dos veces por segundo, lo cual quiere decir que son 120 tictaces por minuto, 7,200 por hora y ¡172,800 cada día!* Mientras continuaba calculando los retos delante de ella, empezó a sentir pánico. Seguramente no podría completar 1,209,600 tictaces cada semana, ¡los cuales significaban 63 millones durante el año! Mientras más pensaba en el tamaño de su tarea, se preocupaba más; hasta que finalmente se sintió tan abrumado que su pequeño indicador empezó a centellear.

Dándose cuenta de que necesitaba ayuda, el consternado reloj visitó a un consejero.

—No tengo lo que se necesita para hacer el sonido de tictac durante un año, se lamentó.

—¿Cuántos tictac tiene la obligación de hacer? –le preguntó el sabio consejero.

—Solo uno a la vez –respondió el reloj.

El consejero sonrió y le dijo:

—Si usa su energía para hacer solo un tictac, creo que no le pasará nada.

El pequeño reloj se alejó con una nueva perspectiva; se dio cuerda y solo se preocupó por hacer un tictac a la vez. Y como podrá imaginarse, vivió feliz el resto de su vida.

Debemos estar agradecidas que no conocemos el futuro para nuestras vidas ni para las de nuestros hijos. ¡Tal vez nos daríamos por vencidas si conociéramos algunos de los retos que nos esperan! Debido a que no sabemos lo que el futuro nos depara, debemos confiar en Dios. Recuerdo a Corrie Ten Boom, quien confiaba amorosamente en su Padre Celestial. Si hubiera sabido cuando era joven que a ella y a los miembros de su familia los iban a enviar a un campo de concentración por ayudar a los judíos durante la Segunda Guerra Mundial, tal vez, por temor, hubiera desviado el destino que Dios tenía para ella. Pero Dios le dio –como nos da a nosotros– la gracia para manejar su vida un día a la vez.

Corrie cuenta cuando, en un tiempo angustioso de su vida, su padre se sentó al lado de su cama y le dijo:

—Corrie, cuando tú y yo nos vamos a Ámsterdam, ¿cuándo te doy tu boleto?

—Pues antes de subirnos al tren --respondió ella.

Su padre le contestó:

—¡Exactamente! Y nuestro Padre Celestial sabe también cuándo vamos a necesitar las cosas. No te le adelantes, Corrie. Cuando llegue el momento en el que alguno de nosotros muera, buscarás en tu corazón y encontrarás la fortaleza necesaria, ¡justo a tiempo![3]

Corrie Ten Boom se enfrentó a una severa persecución en su vida, pero también experimentó una enorme fe. No te preocupes por el mañana; el día de hoy tiene suficientes preocupaciones. ¡Llévale tus preocupaciones al único que puede resolverlas! Él será fiel y te dará la gracia necesaria cuando la necesites.

A Dios sea la gloria

Le damos gloria a Dios –y acercamos a otros a Él– cuando aprendemos a poner nuestras inquietudes diarias a sus pies. Según le entregamos a Dios nuestras preocupaciones Dios nos da una paz profunda que: "Sobre pasa todo entendimiento", (Filipenses 4:7). La gente no puede evitar ser atraída hacia Dios cuando ven a los creyentes viviendo confiados, y no angustiados a pesar de las circunstancias difíciles. Entonces, mientras Dios contesta nuestras oraciones y hace milagros en nuestra vida, tenemos la oportunidad de honrarlo, agradecerle y mostrarle a otros Su fidelidad. Si usted escoge preocuparse y afligirse en lugar de confiar en el Señor, ¿quién se lleva la gloria?

Yo lo sé, las madres tienden a preocuparse. Es difícil no hacerlo. Nos frotamos las manos por cosas que a final de cuentas están fuera de nuestro control. ¿Tendrán éxito nuestros hijos en la escuela? ¿Se lastimarán mientras estén en el campamento o corriendo en el parque? ¿Qué tal si alguien es cruel con ellos? ¿Llegarán a ser adultos honorables y autosuficientes? ¡Podríamos continuar con esta lista de las posibles preocupaciones de una madre por días! Por supuesto, debemos esforzarnos para que nuestros hijos estén seguros, enseñarlos y educarlos adecuadamente. No debemos confundir entregarle a Dios nuestras inquietudes con sentarnos sin hacer nuestro trabajo. Pero una vez que hagamos todo lo que podamos como madres para cuidar a nuestros hijos, los tenemos que soltar, junto con nuestras preocupaciones por ellos, y ponerlos en las manos de Dios. ¡Él es fiel!

El autor cristiano noruego O. Hallesby se refiere a la oración como el *aliento del alma.* Él escribió:

El aire que nuestro cuerpo necesita nos envuelve por todos lados. El aire busca entrar a nuestros cuerpos, y por esta razón ejerce presión sobre nosotros (...) El aire que nuestra alma necesita también nos envuelve todo el tiempo y por todos lados. Dios está a nuestro alrededor en Cristo por todos lados, con Su gracia multiforme y todo-suficiente. Lo único que tenemos que hacer

A ti, oh Jehová, levantaré mi alma. Dios mío, en ti confío; no sea yo avergonzado, no se alegren de mí mis enemigos. —Salmos 25:1-2

es abrir nuestro corazón. La oración es el aliento del alma, el órgano por el cual recibimos a Cristo en nuestros corazones parchados y marchitos (...) Como el aire entra silenciosamente cuando respiramos, y hace sus funciones normales en nuestros pulmones, así también entra Jesús silenciosamente a nuestros corazones y hace su bendito trabajo allí.[4]

Espiritualmente hablando, necesitamos respirar todos los días continuamente. Al exhalar nuestras preocupaciones y temores, inhalamos la paz de Dios, concientes de que nuestras vidas están en sus manos. Y entonces podemos decir junto con el salmista: "En el día que temo, yo en ti confío. En Dios alabaré su palabra; en Dios he confiado; no temeré; ¿qué puede hacerme el hombre?", (Salmos 56:3-4). Y podemos apoyarnos en las palabras de Isaías: "Tú guardarás en completa paz a aquel cuyo pensamiento en ti persevera; porque en ti ha confiado. Confiad en Jehová perpetuamente, porque en Jehová el Señor está la fortaleza de los siglos", (Isaías 26:3-4).

Como madres cristianas positivas, sabemos que tenemos una Roca sólida en la cual podemos construir nuestra vida y a quien podemos entregar la vida de nuestros hijos. Decídase a poner su confianza y esperanza en Él, y deje atrás sus preocupaciones.

Punto de poder

Lea: Mateo 6:25-34. Subraye las palabras preocupación y/o afán en este versículo. Qué es lo que Jesús dice sobre la preocupación, y cómo puede aplicar esos principios a sus inquietudes actuales.

Ore: Te alabo, porque eres un maravilloso y cariñoso Dios. Conoces mis necesidades antes de presentártelas. ¡Me amas con amor eterno! Gracias por cuidar de las necesidades de las aves que vuelan por los aires; y por cuidar mucho más de las de mi familia. Te entrego mis inquietudes. Tengo fe en que todo lo que haces en mi vida es para bien. Gracias por tu amor abundante y por tu generosidad. En el nombre de Jesús, amén.

Haga: Cubra una caja de zapatos con papel para envolver, hágale una ranura y llámela su Caja de Dios. Decore la caja con versículos bíblicos como: Filipenses 4:6-7; 1 Pedro 5:7; Salmos 56:3; Isaías 26:3-4. Mantenga unas tarjetas y un bolígrafo junto a la caja. Explíquele a su familia que cuando tengan alguna preocupación, la escriban en la tarjeta y la pongan dentro de la caja como recordatorio de que están entregando sus preocupaciones a Dios. (¡Asegúrese de guiar con el ejemplo!)

8

Mujeres de oración
Cambie vidas a través del poder de la oración

*Todos somos capaces de orar, pero muchos tienen la
idea equivocada de que no han sido llamados a la oración.
Así como somos llamados a la salvación, somos llamados
a orar (...) La oración no es más que dirigir nuestro
corazón hacia Dios y, a cambio, recibir Su amor.*
Jeanne Guyon

Tal vez recuerden la manía de correr durante los años ochenta. Yo era estudiante en la universidad de Baylor, y correr era muy popular entre mis amigos. Yo también quería correr, pero no sabía cómo empezar. *¿Cómo una chica en la universidad, sin experiencia previa en atletismo, puede convertirse en corredora?*, me pregunté. Un amigo mío, con estudios superiores en educación física, me dio este breve pero sano consejo: "Solo hazlo" (aparentemente algún ejecutivo de Nike escuchó la conversación). Mi amigo me animó a empezar a correr a paso lento, pero constante y que perseverara en ello. ¿Y saben qué? ¡Su consejo funcionó!

Desde entonces, me he dado cuenta de que este sencillo consejo se puede aplicar a más áreas en la vida, y no solo a correr. Por ejemplo, la oración. ¿Cómo puede una madre convertirse en una mujer de oración? ¡Solo hazlo! La mejor manera para aprender es simplemente empezar.

Empiece despacio pero sea constante, dedicando tan solo unos minutos para orar cada día. Luego empiece a aumentar el tiempo. Si usted persevera, notará que unos minutos no son suficientes para expresar todo su agradecimiento y presentar todas sus necesidades ante Dios. Al ser perseverante en sus reuniones con Dios, usted desarrollará el hábito de la oración diaria en su vida; que no se romperá fácilmente. En realidad, se dará cuenta que su tiempo de oración es la clave que le da el poder para ser una madre positiva.

El poder de la oración de una madre

Muchas grandes mujeres piadosas, a través de la historia, fueron madres de oración que vieron el poder de Dios a través de sus oraciones. ¿Cómo se convirtieron en mujeres de oración? Probablemente igual que usted y yo: empezando con un paso lento y firme, el cual creció a un consistente caminar en oración diaria con el Señor. Podemos aprender y obtener una gran motivación de su ejemplo.

Consideremos a la madre del gran líder cristiano Agustín de Hipona. Agustín nació en el año 354 a.C. de una devota mujer cristiana llamada Mónica. Mónica amaba a su hijo primogénito y estaba convencida de que Dios tenía un plan para su vida. Pero el padre de Agustín era un hombre pagano que tenía poco respeto por los valores morales piadosos, por lo cual Agustín creció siguiendo los pasos de su padre, consternando enormemente a Mónica. Mientras asistía a la universidad en la ciudad de Cártago, ciudad conocida por su corrupción, burdeles y templos paganos, así como por su educación y cultura, Agustín fue introducido a filosofías escépticas y a un estilo de vida inmoral. Vivió con una mujer y tuvo un hijo con ella; sin embargo, no pudo casarse con esa mujer debido a las restricciones culturales de clase.

Como podrán imaginarse, Mónica sufría y oraba por su hijo. En cierta ocasión, viendo que el estilo de vida y las creencias de Agustín no cambiaban fue a implorarle al obispo local para que hablara con su hijo y le ayudara a que se arrepintiera y tuviera fe en Cristo. Pero el obispo se dio cuenta de sus limitaciones; sabía que sus palabras no suavizarían su corazón. Le dijo a Mónica que regresara a su casa y que continuara orando por Agustín. "Ve por tu camino y que Dios te bendiga –le dijo– pues no es posible que el hijo de estas lágrimas muera".

Mónica se aferró a las palabras del obispo y continuó pidiéndole a Dios por la salvación de su amado hijo. Poco a poco, el corazón de Agustín empezó a suavizarse. Durante un periodo de dudas, y de búsqueda de la verdad, decidió abandonar sus creencias paganas; pero no aceptaba a Cristo. Mónica continuó en oración. Entonces un día, mientras Agustín estaba sentado en el jardín leyendo las cartas de Pablo en la Biblia, las oraciones de Mónica dieron fruto. ¡De repente, Agustín comprendió que estas cartas del apóstol estaban dirigidas a él!

Para la alegría de Mónica, Agustín entregó el resto de su vida a Cristo. Su propia oración expresaba que Dios había contestado a su madre por su profunda fe: "Ella estaba jubilosa con su triunfo, y Te glorificaba, a Ti que eres poderoso, y más que poderoso, para llevar a cabo Tus propósitos más allá de nuestros deseos y de nuestros sueños".[1]

Una historia parecida se cuenta de John Newton, el malvado marinero del siglo dieciocho, quien más adelante se convertiría en John Newton, el marinero predicador. Su madre cristiana creía en el poder de la oración para reformar a su descarriado hijo. Dios contestó sus fieles oraciones cambiando el corazón y el estilo de vida de Newton. Se convirtió a Cristo y sus predicaciones y sus escritos reflejaban gratitud a Dios por su maravillosa salvación. De hecho fue en 1779 que Newton escribió la letra de *Maravillosa Gracia*, una canción que hasta la fecha continúa guiando a la gente hacia Cristo.[2]

¡Nunca subestime el poder de una madre de oración! Mi propia madre, Barbara Kinder, era una guerrera devota. Llevaba su diario de oración, y escribía sus peticiones a su Padre. Ella y su compañera de oración regularmente oraban juntas, entregándole a Dios hasta el más pequeño detalle de las vidas de ambas familias. Ella oraba cuando yo tenía exámenes en la universidad, por mis amigos, por mis competencias. (Aunque no lo crean mis competencias de atletismo en la universidad se volvieron en algo más que una moda). Constantemente oraba por las pequeñas y las grandes decisiones en mi vida, oraba fervientemente por mi futuro esposo y por la elección de mi carrera. A pesar de que mi fe en Cristo llegó a temprana edad, estoy convencida que sus oraciones me mantuvieron en el camino correcto y alejada de influencias que me hubieran puesto en un rumbo de destrucción.

En muchas ocasiones me arrodillé con la convicción de que no tenía otro lugar a donde ir. —Abraham Lincoln

Madres ocupadas: oración incansable

Desafortunadamente, las madres de oración de alguna manera están en peligro de extinción. Cuando dos madres se reúnen, ya sea en el supermercado, en el estacionamiento del colegio o en algún partido de fútbol, la conversación típica es la siguiente:

—Hola, ¿cómo estas?

—Bien, gracias. He estado muy ocupada...

Ocupada parece ser el nombre del juego en estos tiempos apresurados. Sentimos que, por ser madres, tenemos que estar siempre haciendo algo, ya sea ir a la iglesia, al trabajo, de compras, como voluntarias, llevando a los niños a sus actividades o en reuniones con una amiga. ¡Pensamos que es una obligación estar ocupadas!

Mi amiga Lisa, madre de dos pequeños, tomó una decisión conciente este año: no ser *voluntaria* ni aceptar responsabilidades que hagan que su horario se sature como siempre. En contra de todas las tendencias, decidió que se saldría de la vía rápida durante doce meses. Aun está ocupada; pero ahora esta ocupada *orando*.

Sí, orando. Lisa ocupa gran parte de su día orando por cosas específicas que su familia necesita. Ora por amigos, por los enfermos y por los que sufren. Ora por otros asuntos que llaman su atención. Se sostiene firme en las promesas de Dios, creyendo en el poder de la oración. Ella toma muy en serio el estar ocupada en lo más importante de la vida: entregar sus necesidades, y las necesidades de sus seres queridos, al trono de su Padre.

En el proceso, Lisa *no* se ha recluido de la vida. Sigue involucrada en su iglesia y en las actividades de la escuela de sus hijos hasta cierto punto. Pero escogió dedicar mucha de su energía a orar durante este año, sin andar corriendo como el pollo sin cabeza. ¡Admiro su fe y su resolución!

Estoy segura de que el mayor desastre por la sobrecarga de compromisos en esta sociedad atrapada en la velocidad es la falta de oración. En estos días muy pocas madres tienen tiempo para orar. No puedo evitar preguntarme: ¿cuán diferentes serían nuestros hogares, nuestras comunidades y nuestras iglesias, si como madres corriéramos menos y oráramos más? ¿Cómo sería nuestra nación en este momento si miles y miles de madres de oración estuvieran regular y fervientemente levantando a la juventud de esta nación?

Tal vez ni usted ni yo seamos capaces de comprometernos como lo hizo Lisa, pero podemos encontrar tiempo –*hacer tiempo*– para levantar las necesidades de nuestra familia de nuestra comunidad, las de nuestra nación para Dios a través del día. Es verdad, estamos ocupadas, pero como François Fenelon escribió: "El tiempo dedicado a la oración, no es tiempo perdido".[3]

Conviértase en una mujer de oración

No existe ningún misterio en eso de convertirse en una madre de oración. Como mencionamos anteriormente, uno da el primer paso lenta, firme y constantemente. El día de hoy usted ora durante unos minutos, mañana unos cuantos más, y así, sucesivamente. Dios la ayudará a crecer.

En el capítulo seis, hablamos sobre la importancia de apartar un tiempo y buscar un lugar para orar. Pero, una vez que esté en ese lugar, ¿qué es lo que lo que se hace? Antes que nada, la oración no se puede reducir a una fórmula. Las conversaciones con Dios son demasiado íntimas y personales como para ser *unitalla*; no obstante, ciertos patrones para orar pueden ser herramientas útiles para las que están comenzando. Una que recomiendo se basa en los cuatro ingredientes básicos de la oración:

Adoración

Inicie sus tiempos de oración con adoración y alabanza. Con sus propias palabras y en su propia forma, adore al Señor. Reconozca Su soberanía y Su grandeza. Dígale lo maravilloso que usted cree que es Él.

Confesión

Reconocer y alabar la grandeza de Dios nos recuerda, de una manera natural, nuestra propia naturaleza pecaminosa. Pase un tiempo confesándole a Dios, humildemente, sus pecados; en el conocimiento de que: "Si confesamos nuestros pecados, él es fiel y justo para perdonar nuestros pecados, y limpiarnos de toda maldad", (1 Juan 1:9).

Agradecimiento

En 1 Tesalonicenses 5:18 dice: " Dad gracias en todo". Sin embargo, ¡continuamente nos olvidamos de agradecer a Dios por las cosas que ha hecho en nuestras vidas! Aparte un momento *para contar sus bendiciones* (como dice el himno); después, dé gracias a Dios por el amor, gracia y misericordia que Él ha derramado en su vida.

Suplica

Suplicar es el acto de decirle a Dios nuestras peticiones en oración; de compartir nuestras necesidades y las necesidades de todos aquellos a quienes amamos con nuestro amoroso Padre celestial. Use esta parte su tiempo de oración para poner sus preocupaciones, inquietudes y angustias en las manos de Dios.

Muchas madres han encontrado que esta es una buena guía a seguir durante su tiempo de oración. Pero aun con la guía, en ocasiones nos podemos sentir abrumadas por la cantidad de peticiones que tenemos que hacerle a Dios. Orar por nuestra familia, nuestras amistades, nuestra iglesia, nuestro pastor, los misioneros a quienes apoyamos, la escuela de nuestros hijos, nuestro trabajo, nuestro gobierno local y nacional, y demás. Personalmente, a mí me ha ayudado organizar mi oración por temas, de acuerdo al día de la semana. De esta manera tengo la certeza de que estoy orando cada semana por la gente y por los problemas que están en mi corazón.

Este es un ejemplo del plan que usted puede adaptar de acuerdo con sus propósitos:

- Domingo: Ore por la Iglesia, sus líderes y maestros, y por todos los líderes en el mundo.
- Lunes: Ore por los misioneros en el mundo, así como por los ministerios locales que usted y su familia apoyan.
- Martes: Ore por todos sus parientes y por su familia política.
- Miércoles: Ore por sus gobernantes y líderes mundiales.
- Jueves: Ore por las escuelas, universidades, y por las organizaciones a las que usted y su familia pertenecen.
- Viernes: Ore por sus amigos y necesidades personales que tengan.
- Sábado: Ore por la integridad moral de nuestra sociedad. Ore por nuestra nación y que sus corazones se arrepientan y deseen seguir al Señor.

Note que este programa no incluye a sus hijos, su esposo o sus necesidades personales. La razón es que seguramente usted querrá orar por las necesidades que conciernen a su familia diariamente; ¡los otros temas de oración son adicionales a estos! Ya sea que use este plan o que usted diseñe su propio plan, no se olvide anotar sus oraciones en su diario de oración; y posteriormente documente las respuestas de Dios conforme lleguen. De esta manera, cuando llegue al ingrediente del *agradecimiento* en su oración, siempre tendrá motivos para dar gracias.

Compañeras de oración

El tiempo de oración personal es un momento preciado e importante. Además, muchas madres se han dado cuenta de que orar regularmente con una amiga especial –*una compañera de oración*– es un complemento maravilloso a su oración personal. Jesús dijo: "Porque donde están dos o tres congregados en mi nombre, allí estoy yo en medio de ellos", (Mateo 18:20). Hay una fuerza adicional, una multiplicación de fe que ocurre cuando usted y una amiga se reunen regularmente en oración por las necesidades de su familia. Si aun no cuenta con una amiga con quien pueda orar, empiece ahora y pídale a Dios que le traiga a la persona adecuada. Después, use los siguientes consejos, para que sus momentos de oración sean efectivos y agradables:

1. Sea confiable. Al escoger una compañera de oración, asegúrese de que sea alguien en quien pueda confiar, ya que en muchas ocasiones sus oraciones incluirán detalles sensibles de su familia que no deben ser expuestos a los demás. Por supuesto, su compañera también estará compartiendo peticiones sensibles. ¡Usted debe ser tan confiable y discreta como quiere que ella sea!

2. Reúnanse regularmente. Haga un esfuerzo para reunirse con regularidad a una hora programada con su compañera de oración. Mi amiga Carol y yo nos reunimos una vez a la semana para orar. Aunque somos flexibles cuando es necesario (¡y la madres a menudo lo tienen que ser!), tratamos de ser tan constantes como sea posible. En las semanas en las que no podemos reunirnos cara a cara, por lo menos nos tomamos el tiempo de compartir nuestras peticiones de oración por teléfono.

3. Escriba su petición de oración antes de reunirse. Desafortunadamente, muchas mujeres emplean su tiempo de oración hablando sobre sus problemas y tratando de resolverlos, y dedican poco tiempo a orar por ellos.

Si llega a su tiempo de oración con su petición escrita, pasará más tiempo orando y menos conversando acerca de sus necesidades.

4. Fije un límite de tiempo. Asegúrese de que usted y su compañera fijen un horario para iniciar y finalizar su tiempo de oración. En esta época en la cual todos andan corriendo, saber que su oración tiene un largo de tiempo fijo (por ejemplo una hora) hará que sea más sencillo continuar con ella. Si sus reuniones no tienen hora de salida y frecuentemente siguen y siguen por horas, se pueden desanimar, y creerán que realmente no tienen tiempo para orar juntas.

5. Responsabilícense la una de la otra. Una compañera de oración le ayuda a cumplir su compromiso de oración, y usted le ayudará a ella. Sin embargo, a Satanás le encantaría que rompiera su hábito de orar. Él sabe que ustedes nunca son tan poderosas como cuando están de rodillas. Una compañera de oración puede ser esa fuerza externa que la ayude a mantenerse firme en su decisión de orar y le pida cuentas.

Obligación o deleite

¿Se puede identificar con esta oración de una madre?

Querido Señor, hasta este momento estoy bien. No les he gritado a los niños, no he aventado nada por haber explotado con enojo. No he refunfuñado, ni he andado en chismes, ni me he quejado; no he sido codiciosa ni egoísta. Aun no he usado mi tarjeta de crédito y no me he comido todo el pastel de chocolate que está en el refrigerador. Sin embargo, en unos minutos me levantaré de la cama, y voy a necesitar tu ayuda para salir adelante el resto del día. Amén.

¡Lo bueno de esta madre es que reconoce que necesitará la ayuda de Dios durante el día! Obviamente consideró la oración como una necesidad. ¿Qué es para usted la oración? ¿Es una carga que tiene que hacer todos los días, o es una bendición necesaria en su vida?

Tal vez el siguiente poema de Ralph S. Cushman le proporcione una motivación importante para crecer en la bendición de orar.

El secreto

Estuve con Dios por la mañana
cuando el día estaba en su mejor momento,
y Su presencia llegó como el amanecer,
como la gloria dentro del pecho.

Todo el día Su presencia perduró,
Todo el día Él estuvo conmigo;
Y navegamos en perfecta calma
Sobre un mar agitado.

Otros barcos fueron llevados por el viento, y golpeados.
Otros barcos fueron golpeados peligrosamente.
Los vientos que parecían impulsarlos
Nos trajeron paz y descanso.

Después pensé en otras mañanas,
Con un ligero remordimiento en mi mente,
Cuando yo también perdí las amarras
Porque dejé Su presencia atrás.

Así que pienso que conozco el secreto;
Aprendido por muchos caminos agitados.
Debes buscar a Dios por las mañanas
Si quieres que esté contigo todo el día.[4]

¿Quiere ser una madre alegre y positiva? ¡Entonces sea una madre de oración! Jesús se para en la puerta de nuestros corazones y nos llama: "Hasta ahora nada habéis pedido en mi nombre; pedid, y recibiréis, para que vuestro gozo sea cumplido", (Juan 16:24). Al llevar constantemente nuestras preocupaciones y nuestras peticiones a nuestro Padre Celestial, abrimos la compuerta de bendición y gozo de Dios en nuestra vida y en la vida de nuestra familia.

Una vez William Law dijo: "Aquel que ha aprendido a orar ha aprendido el mayor secreto de una vida santa y feliz".[5] ¡Una madre positiva ha aprendido el secreto! Cada día se reúne con su Padre Celestial, alabándolo por lo que es: un increíble y maravilloso Dios. No solo pide ayuda para salir adelante durante el día, también eleva las necesidades de su familia, su comunidad y el mundo. No se frota las manos preocupada, sino que le entrega a Dios sus preocupaciones. Y mientras constantemente se reúne con Dios, día a día, una alegría radiante llena su corazón, y no solo se refleja en su semblante sino en cada palabra y acción. ¡Qué usted y yo aprendamos también el secreto, para poder crecer hasta convertirnos en mujeres de fe y oración!

Punto de poder

Lea: Daniel 6. Observe la dedicación de Daniel para orar, a pesar del riesgo de morir. Si Daniel estaba dispuesto a morir por la oportunidad de orar, ¿qué es lo que usted está dispuesta a dejar para poder tener tiempo de orar diariamente?

Ore: ¡Amoroso y misericordioso Padre Celestial, qué gozo y privilegio es venir a ti! Eres el gran proveedor, la Roca firme, mi fiel Amigo. Gracias por escuchar mis oraciones y contestarlas en tu tiempo y a tu manera. Mi corazón y mente están llenos con muchas aflicciones y necesidades. Las pongo a tus pies en este momento, sabiendo que tú puedes hacer todas las cosas. Confío en ti. Te lo pido en el nombre de Jesús, amén.

Haga: Empiece, hoy, a ser una mujer de oración. Dése tiempo para estar en oración usando los cuatro ingredientes (Adoración, Confesión, Agradecimiento y Súplica). Pídale a Dios que la guíe hacia una amiga fiel y de confianza con quien pueda orar regularmente. Manténgase firme en no dejar su tiempo de oración con su compañera por lo menos durante seis semanas, hasta que se forme el hábito de orar juntas.

Principio 3

El poder de una buena actitud

Haced todo sin murmuraciones y contiendas.
Filipenses 2:14

Quejarse constantemente es la manera más pobre de pagar
por todas las comodidades de las que disfrutamos.
Benjamín Franklin

9

Fiestas de autocompasión para damas

No acepte la invitación

He aprendido a contentarme, cualquiera que sea
mi situación. Sé vivir humildemente, y sé tener abundancia;
en todo y por todo estoy enseñado, así para estar saciado
como para tener hambre, así para tener abundancia
como para padecer necesidad.
Todo lo puedo en Cristo que me fortalece.
Filipenses 4:11-13

Como autora de varios libros sobre fiestas, me invitan muy seguido a hablar en grupos de señoras sobre el tema de cómo planear una fiesta memorable. ¡A las mujeres nos encantan las fiestas –cumpleaños, fiestas de bienvenida de bebés, despedidas de solteras, fiestas de aniversarios, días festivos, todo tipo de fiestas! Pero la fiesta que tiende a atraer más a las mujeres, en especial en los Estados Unidos, es la Fiesta de autocompasión para damas. La invitación dice algo así:

Está cordialmente invitada a solazarse en
Una Fiesta de Autocompasión
Lugar: *En casa, en juntas o reuniones con las amigas*
Día y hora: *A cualquier hora, el día que sea*
Favor de traer: *Un espíritu de descontento, quejas de todo tipo,*
una actitud negativa, además de una lista detallada
de todo lo que está mal en su vida
RSVP: *A su conciencia (solo para cancelar)*

Tome mi consejo: ¡No acepte la invitación! Reconozco que la vida no siempre es justa. No siempre es fácil, sobre todo para las madres. Pero usted y yo tenemos la alternativa todos los días de desplomarnos en autocompasión o de poner nuestra confianza en Dios mientras obra en nuestra vida.

¿De qué se quejan las madres? Por principio, de lavar la ropa, los platos, del desorden. Después, extendemos nuestras quejas e incluimos los defectos de nuestros esposos y las riñas de los niños. Finalmente, nos asomamos por la ventana y nos empezamos a quejar de los vecinos, de los profesores del colegio de los hijos, y de los problemas en la iglesia. ¡Nunca faltan temas para una buena fiesta de autocompasión! La pregunta que enfrentamos día con día, aun momento con momento, es si asistiremos a la fiesta o no.

¿Por qué nos quejamos? ¡Pienso que una de las razones, es porque quejarse es fácil! Es sencillo decir lo que está mal sobre una situación; es más difícil encontrar lo que está bien y hablar sobre los puntos buenos. Otra razón es que tendemos a encontrar compañerismo en las quejas comunes. Cuando tenemos algo negativo para conversar, podemos hablar por horas de por qué algo está mal, como puede empeorar, como mis circunstancias malas se comparan a las de otras, y así.

La tercera razón por la cual nos quejamos es para llamar la atención. No siempre es popular parecerse a Pollyana, señalando siempre lo positivo. Pero cuando cantamos ese tono tan familiar: "Nadie conoce los problemas por los que he pasado", nuestras amigas se apresuran a ponerse de nuestro lado para apoyar nuestro dolor. ¡Por supuesto, que ellas esperan que cuando a ellas les suceda algo también se les apoye de vuelta!

Revise su enfoque

Refunfuñar es un problema antiguo, no solo es un vicio moderno. Por ejemplo, los israelitas, tenían un verdadero problema con la queja cuando dejaron atrás cuatrocientos años de esclavitud en Egipto para seguir a Moisés hacia el desierto. Se quejaron de la falta de agua, así que Dios les suministró agua. Se quejaron de la comida, así que Dios les dio pan del cielo. Se quejaron por la falta de carne, por lo cual Dios les envió codornices. Continuaron quejándose de sus penas (¡pobre Moisés!), incluso dijeron que estarían mejor como esclavos en Egipto.

¿Los abandonó Dios por un momento? No. ¿Se morían de hambre por falta de provisiones? No. ¡La Biblia nos dice que sus sandalias no se gastaron durante su viaje por el desierto! ¿Cómo se sentía Dios por sus quejas? Números 11:1-2 nos da una idea:

> Aconteció que el pueblo se quejó a oídos de Jehová; y lo oyó Jehová, y ardió su ira, y se encendió en ellos fuego de Jehová, y consumió uno de los extremos del campamento. Entonces el pueblo clamó a Moisés, y Moisés oró a Jehová, y el fuego se extinguió.

¡Ay, ay, ay! Aparentemente, Dios no estaba complacido con las quejas constantes de los israelitas. ¿Lo podemos culpar? Milagrosamente, Dios sacó a los israelitas de Egipto. Amorosamente, los guió hacia la Tierra Prometida. Durante el camino, suministró todas sus necesidades. ¡Y, aun así, se quejaban! Estoy de acuerdo, su viaje fue difícil, y sus campamentos en el desierto no eran de lujo. Pero en lugar de enfocarse en los maravillosos milagros que Dios había hecho a su favor y en su bondad hacia ellos al darles su libertad, ellos se enfocaron en lo malo de su situación.

¿No está feliz porque Dios no nos manda fuego a nuestros campamentos hoy en día? ¡Muchos de nuestros jardines estarían ardiendo! La verdad es que cada moneda tiene dos lados. Muchas circunstancias en nuestras vidas también tienen dos lados. ¿Podemos ver la provisión de Dios? ¿Vemos su mano trabajando para nuestro bien? ¿O estamos tan enfocados en nuestros problemas que lo único que hacemos es quejarnos?

Tal vez usted está pensando: "Pero ustedes no conocen todo lo negativo de mis circunstancias". ¡Tiene razón! No sé por lo que esta pasando. Pero de lo que estoy segura es que existen mujeres en peores circunstancias, y, sin embargo, están saliendo adelante sin ahogarse en autocompasión. También hay mujeres con retos relativamente mínimos en sus vidas y que, aun así, se quejan todo el tiempo, a cada paso, haciéndose la vida miserable a ellas mismas y a todos los que la rodean.

La pregunta no es: "¿Qué es lo que te está sucediendo?", sino: "¿Cuál es tu perspectiva y tu actitud en el proceso?". Como sabrán, el famoso autor Robert Louis Stevenson sufrió de tuberculosis y estuvo postrado en cama gran parte de su vida. Un día, empezó a toser muy fuerte. Su esposa le dijo: "Supongo que todavía pensarás que es un día hermoso". Stevenson se dirigió hacia la ventana, por donde brillaba el sol, y dijo: "¡Sí lo pienso! Nunca dejaré que una fila de medicinas bloqueen mi horizonte".[1]

¿Está viendo el sol brillar, o las medicinas? ¡No deje que nada bloquee su horizonte! La Biblia dice: "Puestos los ojos en Jesús, el autor y consumador de la fe, el cual por el gozo puesto delante de él sufrió la cruz", (Hebreos 12:2). Jesús soportó más de lo que usted y yo jamás tendremos que hacer, y todo debido a que se enfocó en la felicidad de asegurar nuestra salvación. Si vamos a ser madres positivas, necesitamos revisar nuestro enfoque. La Dra. Laura Schlessisnger lo dice muy sencillamente: "¡Deje de quejarse!".

El secreto de la felicidad

Se cuenta la historia de un rey malhumorado e infeliz, que a pesar de lo que hiciera, no podía salir de su estado de tristeza. Un día, reunió a sus hombres sabios y les pidió ayuda. Los hombres deliberaron y se dirigieron al rey con su remedio.

"Su majestad, si se pone la camisa de un hombre contento, usted también estará contento", le dijeron. Así que el rey inmediatamente envió a sus hombres a buscar a un hombre que verdaderamente fuera feliz. Durante meses, los representantes del rey viajaron por todo el país. Buscaron entre la nobleza, buscaron entre los aldeanos y después entre los plebeyos. Finalmente, después de buscar durante casi un año, llegó el anuncio desde un lugar lejano del reino diciendo: "¡Hemos encontrado a un hombre feliz!"

El rey les envió la respuesta: "¡De prisa, consíganme su camisa!"

El que tiene menos riquezas es feliz. —Charles H. Spurgeon

Pasó un poco de tiempo y llegó otro mensaje al castillo: "Mi señor, buscamos en la campiña al hombre feliz, y lo encontramos, pero he aquí que no tiene camisa!"

¡El hombre no tenía una camisa que lo cubriera, y, sin embargo, era feliz! ¿Cómo podía ser esto? La verdad es que la felicidad viene del corazón; no depende de cosas materiales. ¿Está esperando cambiar su cocina o alfombrar de pared a pared para ser feliz? ¿Piensa que si sus hijos estuvieran en las mejores escuelas, usted sería feliz? ¿Está esperando a que llegue el día en que su esposo sea más sensible y comprenda mejor sus sentimientos? ¿Para qué esperar? La verdad es que nuestra felicidad es independiente de lo que tenemos o de lo que nos rodea.

El contentamiento es lo opuesto a la autocompasión. Si nuestros corazones están felices porque confiamos en Dios como nuestro proveedor, entonces alejaremos de nuestra vista los problemas. Pero si nos lamentamos por lo que queremos y no tenemos, o por nuestras dificultades (grandes o pequeñas), perderemos de vista la provisión que Dios nos está dando.

En el Antiguo Testamento, Job aprendió el secreto del contentamiento. Increíblemente, después de perderlo todo: su casa, su fortuna, su familia, hasta su salud, fue capaz de decir: "Desnudo salí del vientre de mi madre, y desnudo volveré allá. Jehová dio, y Jehová quitó; sea el nombre de Jehová bendito", (Job: 1:21). A pesar de su aflicción, Job continuó creyendo en la bondad de Dios. Se negó a acusar a Dios de lo que le había sucedido, aun cuando su esposa le dijo: "Maldice a Dios, y muérete", (Job 2:9). Job resistió la tentación de estar enojado con Dios. Él sabía que su paz y su seguridad venían, no por todas las cosas que tenía, sino por saber sin lugar a dudas que Dios es fiel.

Nuestra iglesia, en North Dallas, ayuda con un maravilloso ministerio llamado *Voice of Hope*. Es un programa que por las tardes proporciona un ambiente cristiano para niños menos afortunados. Hace algunos años, mi familia junto con otras, se pusieron de acuerdo para ayudar a entregar un pavo para la cena de Navidad a algunas de las familias que eran ayudadas por *Voice of Hope*. Nuestra tarea era simplemente entregar los pavos y cantar algunos cánticos navideños.

En casi todas las casas que visitamos, nos recibían con amabilidad y gratitud. En cada visita sucedió lo mismo: Entregábamos la cena, cantábamos (aun los que no sabían cantar) y nos despedíamos. Para mi sorpresa, en casi cada hogar nos preguntaron si podían orar por nosotros antes de irnos.

Sus oraciones básicamente decían:

Querido Padre, nos has dado tanto. ¡No merecemos tu bendición! Gracias, Señor Jesús. Gracias por tu amor, por tu perdón y tu misericordia. Gracias por tu hijo, Jesús, en quién tenemos una vida abundante. Gracias por estas amables personas que nos trajeron esta abundante cena. ¡Estamos muy agradecidos! En el nombre de tu hijo amado, amén.

¡Esta era gente feliz! Tenían muy pocas cosas personales, pero eran ricos en paz y felicidad. Mi familia y los otros voluntarios aprendimos una valiosa lección ese día cuando nos subimos a nuestras furgonetas de lujo y regresamos al sobre-autocomplaciente y descontento North Dallas: que la felicidad no se basa en lo que tenemos, se basa en cómo escogemos ver la vida. Es una decisión del corazón.

La fiesta potencial de autocompasión de Pablo

Consideren al apóstol Pablo por un momento. ¡Era un hombre quién merecía una fiesta de autocompasión! Fue encarcelado en una prisión romana, no por cometer un terrible crimen, sino por compartir la palabra de Dios a lo largo de Asia Menor. Seguramente se pudo haber quejado, sacudir su puño hacia Dios y llorar: "¡No es justo!". Lo hubiéramos disculpado, ¿verdad? ¿Acaso no hemos repetido esas palabras en algún momento en nuestras vidas?

Muchas situaciones en la vida no son justas, especialmente para las madres. Trabajamos arduamente sirviendo a nuestras familias y las necesidades de nuestros hogares, y no recibimos el suficiente aprecio por todo lo que hacemos. ¡No es justo! Pablo pudo haber dicho lo mismo: "He dado todo por hablar sobre Jesús, y ¿a dónde me ha llevado? ¡A una celda en la prisión!". Pablo pudo haberse quejado y lamentarse y darse por vencido en la misión que Dios le había encomendado. Pero no lo hizo.

En vez de esto, Pablo se enfrentó a su difícil situación escogiendo ver hacia arriba y no hacia abajo. No se enfocó en las circunstancias difíciles, sino en lo que haría Dios a través de las circunstancias. ¿Y qué es lo que hizo Dios? Por un lado, le dio muchas oportunidades a Pablo para que ministrara: a los guardias, a los oficiales que lo enjuiciaron y a los visitantes que venían a verlo todos los días. En segundo lugar, se aseguró que Pablo tuviera tinta y papel y le urgió para que empezara a escribir. Hoy en día podemos abrir nuestro Nuevo Testamento y referirnos a las cartas que Pablo escribió a las primeras iglesias desde la prisión. Podemos ver, y beneficiarnos de, el maravilloso trabajo que Dios hizo a través de Pablo en la prisión.

Pablo pudo escribir estas palabras durante el tiempo que estuvo en prisión: "He aprendido a contentarme, cualquiera que sea mi situación", (Filipenses 4:11). Ahora, si Pablo pudo decir esto desde la prisión, ¿me pregunto si lo podemos decir desde nuestra cuarto de lavado? La buena noticia es que Pablo dejó muy claro cómo es que le fue posible tener contentamiento. En los dos siguientes versículos nos da la llave que abre la puerta de la prisión de la autocompasión: "Sé vivir humildemente, y sé tener abundancia; en todo y por todo estoy enseñado, así para estar saciado como para tener hambre, así para tener abundancia como para padecer necesidad. *Todo lo puedo en Cristo que me fortalece*", (Filipenses 4:12-13, énfasis añadido).

Tal vez ha escuchado esta cita con anterioridad. Tal vez se la aprendió de memoria. Es un versículo verdaderamente maravilloso; pero en ocasiones mal interpretado. ¿Se dio cuenta de que Pablo estaba hablando de contentamiento cuándo la escribió? Nos estaba dando la llave para abrir nuestra prisión de la autocompasión: creer que con la fortaleza de Dios podremos enfrentarnos a lo que la vida nos traiga.

¿Podemos ser felices si a nuestro hijo no le toca la mejor maestra en la escuela? ¿Si nuestra amiga nos desilusiona? ¿Si nuestro esposo no está de acuerdo en cambiar la alfombra de la sala? A través de todas las tensiones y situaciones desafiantes de la vida, aún podemos encontrar contentamiento cuando fijamos nuestra vista y ponemos nuestra esperanza en Dios, el único que nos da fortaleza para lograrlo.

La felicidad es una costumbre; cultívala. —Elbert Hubbard

Aléjese de la amargura y del enojo

Cuando nos olvidamos de la llave que nos lleva al contentamiento, podemos pasar todo nuestro tiempo sufriendo por las situaciones negativas, y eso es muy peligroso. Cuando continuamos repasando nuestro descontento en nuestros pensamientos y actitudes, una y otra vez, el enojo y la amargura entran, amenazando, y en ocasiones destruyendo, nuestra relación con nuestros seres más queridos.

Recientemente con la familia tomamos un crucero al Caribe. Disfrutamos visitando muchas islas tropicales maravillosas y viendo los puntos de interés, mientras nuestro barco navegaba de puerto en puerto. Una tarde, parados en cubierta, vimos con asombro cómo salía humo de una montaña en la isla cercana Montserrat. Comprendimos que estábamos viendo un volcán activo. ¡Qué vista tan impresionante! Este volcán me hizo pensar en el peligro del enojo en una relación. Mientras se tambalea dentro de nosotros y se va encendiendo con el tiempo, el enojo puede hacer erupción y desbordarse. Y al igual que la lava caliente de un volcán, que destruye todo a su paso, también nuestros arranques de enojo, arraigados en el resentimiento, la amargura y autocompasión, pueden destruir a la gente que está a nuestro alrededor.

Pienso en Suzette, quién se casó con un maravilloso hombre, pero que estaba a disgusto desde que regresó de su luna de miel. Ella sentía que el sueldo que su esposo ganaba no era suficiente para lo que ella deseaba. La casa que él podía comprar no estaba en el barrio "correcto". Parecía que él no ayudaba lo suficiente en la casa o con los niños. ¡Y tampoco se preocupaba de sus sentimientos!

Transcurrió el tiempo, y la amargura y el enojo crecían dentro de ella. Lo que empezó con descontento llevó a Suzette a ver pasto más verde y finalmente tuvo un amorío con el mejor amigo de su esposo, Rick. La devastación y el dolor que les causó a las dos familias es incalculable. Si el descontento de Suzette se hubiera revisado cuando estaba en la puerta de su corazón, antes de iniciar cada día, ¡tal vez esta situación hubiera terminado diferente!

¿Cómo puede evitar que el enojo se apodere de su corazón? ¡Lo ataja a la entrada! Estos son tres pasos sencillos que puede seguir diariamente:

1. Reconozca quién es el enemigo. Este es el primer paso en cualquier plan de batalla exitoso. Su verdadero enemigo es Satanás, a quién le encantaría que alejara su vista de Dios y persistiera en sus problemas. ¿Cuáles son las áreas en las que usted tiende a quejarse? Estos son los lugares en los que Satanás tratará de ganar terreno. Ponga un límite mental alrededor de estas áreas y ponga un letrero que diga: "No se permite la autocompasión".

2. Cambie su perspectiva. Considere lo bueno de su situación. Escríbalo. En todas las situaciones hay aspectos positivos, a pesar de que sea difícil verlos. Si no puede ver lo positivo, entonces apóyese en esto: Dios la ama y estará con usted a través de sus dificultades.

3. Pídale a Dios que le dé fortaleza. Ore y pídale a Dios fortaleza basada en Filipenses 4:11-13. Pídale que deshaga su espíritu de descontento y lo reemplace con la paz que: "Sobrepasa todo entendimiento" (Filipenses 4:7). Agradezca a Dios por Sus provisiones para usted y para su familia.

Salga adelante de los conflictos

Imagine el maravilloso día que tiene planeado para pasarlo con sus hijos. Les prepara un nutritivo desayuno, completo con huevos, jamón, panqueques de harina integral y jugo de naranja recién exprimido. Y sus hijos responden quejándose por la temperatura de los huevos, la textura de: "Esos nutritivos panqueques", y que la pulpa de la naranja está en las paredes de sus vasos. Después los lleva a su parque favorito. Y se quejan porque usted no los deja jugar en el arroyo para que no se empapen. De ahí, van a la biblioteca para escuchar un cuento, pero los niños fruncen el ceño y se niegan a sentarse y quedarse quietos. Finalmente, pasan al supermercado para comprar su comida favorita para la hora de la cena, y gritan: "¡No queremos entrar! ¡Nos queremos ir a casa! ¡No es justo!".

¡A la hora de la cena, definitivamente, usted está exhausta! ¡Trató de hacer lo mejor para sus hijos, desde que amaneció hasta que anocheció, y todo lo que hicieron fue quejarse!

Créanme, Dios nos comprende. Sus hijos con frecuencia se quejan y fruncen el ceño y lloriquean, olvidando todo lo bueno que Él está haciendo en sus vidas. ¡Qué usted y yo no seamos como esos niños!

En cambio, como madres positivas con hijos propios, tomemos la decisión de declinar la invitación diaria a la Fiesta de autocompasión para damas. Sí, las cosas no siempre salen como uno quiere; es posible que la vida nos lance algunas curvas. Pero, a pesar de todo, sabemos que tenemos un amoroso Padre Celestial, y que podemos descansar seguras de que Él proveerá todas nuestras necesidades.

Punto de poder

Lea: Filipenses 4. ¿Cuáles versículos le ayudan a ser una persona más positiva? Memorice el versículo 8 como una invitación a una Fiesta Positiva y no a una Fiesta de Autocompasión.

Ore: Te alabo, maravilloso Padre, pues tú provees todas mis necesidades. Gracias por ser un Buen Pastor. Nos cuidas amorosamente a mi familia y a mí como un pastor cuida a su rebaño. Gracias no solo por los prados verdes en mi vida, gracias también por el desierto por donde tengo que pasar. Estoy confiada porque sé que nunca me abandonarás. Ayúdame a ser una mujer positiva; a buscar lo bueno en cada situación que permites en mi vida. Ayúdame a declinar la oportunidad de sentir autocompasión. Dame la fortaleza para que viva esta vida abundante y victoriosamente. En el nombre de Jesús, amén.

Haga: Cuelgue un calendario de pared en su cocina. En el cuadro con la fecha de hoy, escriba algo positivo que pueda pensar sobre ese día. Entonces, cada día escriba un nuevo pensamiento en el cuadro correspondiente. Al final del mes tendrá un calendario lleno de buenas perspectivas y pensamientos positivos. ¡Haga de saber lo bueno del día un hábito diario!

10

Actitud de gratitud
Genere un ambiente de gratitud

*Venid, aclamemos alegremente a Jehová; cantemos con júbilo a la
roca de nuestra salvación. Lleguemos ante su presencia con alabanza; aclamémosle con cánticos.*
Salmos 95:1-2

Son pocas las actividades que nos deleitan tanto como
cuando vemos a los niños, con sus ojos bien abiertos, llenos de emoción y maravillados, abriendo sus regalos en la
mañana de Navidad. Hay dos tipos de niños que generalmente
se meten debajo del árbol de Navidad: Unos, son los agradecidos;
esos niños que reaccionan con gratitud mientras abren cada paquete,
aun cuando no les gusta el regalo o ya tienen dos de la misma cosa. Otros,
son los difíciles de complacer; los que responden con poco entusiasmo: "Ah,
gracias", según van abriendo cada caja con desilusión ligeramente velada.
¡Aun cuando los niños del segundo grupo obtienen algo que querían, parece
que nunca es lo suficiente! "Ah, está bonita la carreta. ¿Acaso no tenían una
roja?" "Yo quería un vestido nuevo… este se ve un poco grande"

Ahora, ¿cuál de estos dos tipos de niños cree usted que disfrutan más la
Navidad? ¡Seguramente el primer grupo! Es increíble cómo la actitud hace
toda la diferencia; y no solo en la mañana de Navidad. Esta escena alrededor
del árbol de Navidad es una breve fotografía de la gran película de la vida.
Algunas personas ven la vida a través de los ojos de agradecimiento; otro, viven en lo negativo. De estos dos grupos, la gente agradecida es más feliz.

Conozco a una mujer –llamémosla Brenda– quién siempre tiene una

Una mente agradecida es tanto una mente grande como una mente feliz. —William Secker

sonrisa en su rostro. ¡Ella es una luz brillante para todos los que están a su alrededor! Mucha gente estaría desilusionada y disgustada si les hubiera tocado una porción de la vida de ella, pero Brenda no; ella es una persona agradecida. Después de intentar tener hijos propios durante años sin conseguirlo, un día recibió una llamada que la enteraban de que sus resultados eran positivos. ¡Estaba embarazada!

Pero su alegría estaba mezclada con preocupación pues no sabía cómo iba a reaccionar su esposo con la noticia. Su matrimonio estaba tambaleándose, y cuando se lo dijo, a él no le causó emoción. Se divorciaron poco después de que el bebé nació.

Brenda se tuvo que enfrentar al desafío de criar un hijo sola. Su exmarido se rehusó a pagar la pensión, haciendo su situación aún más difícil. Brenda sabía que tenía una alternativa: ¿estaría enojada y amargada, o buscaría lo bueno de la situación? Decidió ser una persona agradecida. Le dio gracias a Dios por el maravilloso regalo que le dio: su hijo. Le dio gracias a Dios por los talentos con que la creó, que le permitían mantener a su pequeña familia. Agradeció a Dios por sus padres, quienes se cambiaron cerca de ella para ayudarla. Con un corazón agradecido, ella escogió la mano amorosa de Dios ante la situación y se negó a tener pensamientos de enojo y amargura.

Varios años después, Brenda recibió la terrible noticia de que su hermano había fallecido de repente a causa de un problema del corazón. Toda su familia, quienes siempre habían sido muy unidos, estaban devastados. Pero a pesar de este triste y difícil momento, Brenda tenía paz, pues sabía que su hermano estaba en el cielo y que Dios estaba con ambos. Le pudo agradecer por la bendición de pasar todos esos años con su hermano.

Este suceso tuvo un impacto en la vida de Brenda. Se dio cuenta de que el tiempo es precioso, y empezó a examinar su agenda; consideró sus prioridades, y cambio su vida. No estaba agradecida por el fallecimiento de su hermano, pero estaba agradecida por lo que Dios hizo a través de la situación. Hoy, Brenda es una madre positiva porque es una madre agradecida. Ella sigue decidiendo ver los retos de la vida a través de anteojos entintados con agradecimiento.

¿Con cuáles anteojos acostumbra ver el mundo? ¿Son anteojos de gratitud de color rosa que la ayudan a ver las circunstancias a través los ojos de la fe, confiando en que Dios la sacará adelante? ¿O son gafas oscuras que bloquean ver al Hijo, dejándole ver solo lo malo de la situación?

La calidad de su vida y de la mía, dependen en la manera en que la vemos. El profesor de Biblia, Chuck Swindoll, lo dice de esta manera:

> Mientras más vivo, más me doy cuenta del impacto que tiene la actitud ante la vida. La actitud, para mí, es más importante que los hechos. Es más importante que el pasado, que el dinero, que las circunstancias, que los errores, los éxitos, o lo que la gente piense, diga o haga. Es más importante que las apariencias, los talentos o las habilidades. Puede construir o quebrar una empresa… una iglesia… un hogar, o a un individuo. Lo increíble es que todos los días tenemos la oportunidad para elegir la actitud que tendremos ese día. No podemos cambiar nuestro pasado, no podemos cambiar el hecho de que la gente actuará en cierto modo. No podemos cambiar lo inevitable. Lo único que podemos hacer es jugar con la cuerda que tenemos, y eso es nuestra actitud. Estoy convencido que la vida es diez por ciento lo que me sucede y noventa por ciento cómo reacciono. Y lo mismo sucede con usted… somos responsables de nuestras actitudes.[1]

Cada día, Brenda escoge tener una actitud de gratitud, impactando no solo su vida, sino también la vida de su familia y la de sus amigos. Es un faro de bendición para todos los que la conocen. ¿Alguien diría lo mismo de usted o de mí?

Dé gracias en todo

No siempre es fácil ser agradecido. Muchas veces tenemos que buscar la más mínima chispa de algo para poder ser agradecidos. En ocasiones simplemente tenemos que confiar en Dios, sabiendo que cualquier circunstancia que llegue a nuestras vidas primero pasó por Sus manos amorosas. La esencia de la fe es poder decir: "Gracias, Señor", en cualquier situación, aun cuando lo veamos todo negativo.

El apóstol Pablo (quién escribió desde una celda en la prisión) nos dice: "Dad gracias en todo", (1 Tesalonicenses 5:18). ¿Cómo podemos lograrlo? Poniendo nuestra fe en la bondad del carácter de Dios y confiando en su amor por nosotros. Podemos dar gracias en todo. Pablo dice: "Porque esta es la voluntad de Dios para con vosotros en Cristo Jesús", (v.18). A veces no podemos creer que los tiempos difíciles son parte de la voluntad de Dios; pero la Biblia es clara, aun en las circunstancias difíciles: "Sabemos que a los que aman a Dios, todas las cosas les ayudan a bien, esto es, a los que conforme a su propósito son llamados", (Romanos 8:28). ¡Siempre hay algo por lo cual debemos estar agradecidos!

Como madres, tenemos muchos motivos para dar gracias –si tan solo abrimos nuestros ojos y los vemos. Este es el mensaje que encontramos detrás de esta oración de gratitud que escribió mi amiga Anne:

El corazón agradecido de una madre

Vengo ante ti, Padre,
Para agradecerte por esta vida;
Las bendiciones que me has dado
Como madre y como esposa.

Estoy agradecida por mis hijos.
Mientras los veo crecer y jugar
Sabiendo que cada momento
Durará solo este día.

Estoy agradecida porque puedo lavar ropa,
Por el polvo que tengo que sacudir.
Estoy agradecida por los problemas
Que hacen que me detenga y me ponga a orar.

Estoy agradecida por el trabajo de mi esposo,
Por el techo que cubre nuestras cabezas,
Estoy agradecida por nuestros alimentos diarios,
Por la comodidad de nuestras camas.

Estoy agradecida por los mandados,
Por el teléfono que siempre suena,
Por las lágrimas que lloramos,
Por el gozo que trae la risa.
Estoy agradecida por el amor de nuestra familia,
Por la manera en que nos sentamos a hablar,

Por los juegos sencillos que jugamos,
Los días de campo y las caminatas.

Estoy agradecida por las pequeñas cosas
Que hacen todos los días,
Porque ahí reside tu amor, Señor,
Y las maravillas de tus caminos.

Estoy agradecida por los recuerdos
Que la vida ha puesto en mi camino:
Lo cuento una bendición
El ser madre todos los días.[2]

¿Alguna vez se ha detenido a la mitad de su rutina diaria solo para ofrecer una oración de agradecimiento? Haga un experimento. Deje de leer, guarde el libro, y deténgase un momento para agradecer al Señor por tres bendiciones, por lo menos, que haya recibido. ¿Se dio cuenta?, ¿verdad que se siente bien? ¡Le apuesto que no se detuvo solo en tres!

Desafortunadamente, mucha gente olvida expresar su gratitud, aunque sus bendiciones sean más obvias que una tarja llena de platos sucios. La historia de los diez leprosos en Lucas 17, es un ejemplo perfecto. La Biblia dice que diez hombres que sufrían de esta terrible enfermedad de lepra, se acercaron a Jesús y le pidieron que los sanara. Con compasión, Jesús les dijo que fueran con los sacerdotes. ¡Mientras caminaban obedientemente, se dieron cuenta que milagrosamente habían sanado!

Aunque parezca increíble, solo uno de los hombres regresó para decir: "Gracias". Jesús le preguntó: "¿No son diez los que fueron limpiados? Y los nueve, ¿dónde están?", (Lucas 17:17). ¡Solo uno de los diez hombres hizo el esfuerzo para expresar su gratitud!

Como madres positivas, nunca debemos ser como esos nueve malagradecidos hombres quienes recibieron el regalo de Dios de cambiar de vida pero se les olvidó regresar para decir: "Gracias". Debemos apartar un tiempo todos los días para agradecer a Dios por todas sus bendiciones. Para mí, ese tiempo es cuando pongo mi cabeza sobre mi almohada, por las noches, y pienso sobre los sucesos y bendiciones del día. Me he dado cuenta de que cuando lo hago, empiezo a ver muchos motivos por los cuales tengo que agradecer, que no había visto antes. Trate de hacerlo usted esta noche: ¡es una manera maravillosa de irse a dormir, con un corazón agradecido!

La gratitud es contagiosa

No hay un mejor regalo que le podamos dar a nuestros hijos que el tener una actitud positiva y continua de gratitud. ¡Las actitudes son contagiosas! Si estamos inconformes, nuestros hijos lo saben y empiezan a reflejarlo. Si somos agradecidas, ellos también lo serán. ¿Cuáles son las actitudes que nuestros hijos se están contagiando de nosotras?

Si estamos esforzándonos para desarrollar la costumbre de dar las gracias, nuestros hijos crecerán siendo agradecidos.

He observado que a la hora de la comida, la mesa es un buen lugar para enseñar a nuestros hijos sobre el agradecimiento. Al dar gracias por los alimentos, mencione varias cosas por las que usted y su familia deben agradecer. Después, al acostar a sus hijos, dedique un momento para darle gracias a Dios, haciendo hincapié en las cosas que Él está haciendo en sus vidas.

Tal vez quiera empezar un *Cartel de Gratitud* en el cuarto de los niños, para ayudarlos a ver el amor de Dios hacia ellos. Que le ayuden sus hijos a decorar el marco del cartel, usando marcadores y etiquetas autoadheribles. También puede ponerle diamantina y algunas lentejuelas para que brille. Después ayude a sus hijos a decir pequeñas oraciones todos los días para agradecerle a Dios sus bendiciones tanto grandes como pequeñas. Sus hijos mayores pueden decorar sus pizarrones para recados pegando notas de agradecimiento a Dios. Estos recordatorios visuales ayudarán a mantener los pensamientos de sus hijos en una actitud de agradecimiento y, posiblemente, despertar en ellos el hábito de ser agradecidos en su vida.

En el cuarto de servicio de nuestra casa, tenemos un pizarrón grande que lo puede ver cualquier miembro de la familia a cualquier hora del día. Yo escribo citas graciosas, dichos y recados para mi familia. De repente, simplemente escribo: "Estoy agradecida por…", y dejo el resto del pizarrón en blanco. Animo a Curt y a las niñas para que ellos llenen los espacios en blanco. Siempre es divertido ver los que todos escribieron al final del día.

Pollyanna tenía razón

Tal vez estén familiarizados con la historia de Pollyanna. Esta historia la hicieron película en 1960. La entonces joven actriz

Dad gracias en todo, porque esta es la voluntad de Dios para con vosotros en Cristo Jesús. —1 Tesalonicenses 5:18

Hayley Mills desempeñó el papel de una encantadora niña que llegó a vivir con su rica pero amargada tía, la tía Polly, a causa de la muerte de sus padres misioneros. Pollyanna llevó felicidad y alegría a la casa triste de la tía Polly.

La pequeña Pollyanna jugaba un juego que le daba una perspectiva única de la vida: el Juego Alegre. Cuando se sentía triste, trataba de pensar en algo que la alegrara. Ella explicó que el juego lo habían inventado sus padres cuando estaban de misioneros en un lejano país. Pollyanna deseaba desesperadamente una muñeca, que esperaba llegara en un gran embarque misionero; pero cuando llegó el envío, la muñeca no llegó; solo un par de muletas para niño con una nota adjunta: "No han llegado muñecas; pero sí estas pequeñas muletas. Tal vez algún niño pobre las pueda usar".

Para ayudar a Pollyanna a reponerse de su desilusión, su papá en ese momento estableció el Juego Alegre. Animó a su hija a que buscara un motivo para estar alegre en esa situación. ¡Pollyanna se dio cuenta de que podía estar feliz porque no tenía que usar las muletas! [3]

Muchas personas se molestan cuando otras constantemente responden a las quejas con comentarios positivos y agradables, pero nuestro Padre Celestial no. Él quiere que practiquemos una actitud de gratitud, dando gracias en todo, porque sabe que una actitud agradecida es buena para nosotros y para la gente que nos rodea. Y como suele suceder, los científicos ya se están alineando con Dios. Los doctores y los investigadores empiezan a reconocer los beneficios de salud de enfocarse en lo bueno. ¡El prestigioso centro de salud Stanford incluso está ofreciendo un taller con el título: "Felicidad: Pollyanna tenía razón"![4]

Nosotras también podemos jugar el Juego Alegre como madres positivas en nuestros hogares. Cuando se cae la leche, podemos estar alegres porque el vaso no se rompió. Cuando está lloviendo y los niños no pueden jugar afuera, podemos estar alegres por tener la oportunidad de estar con ellos y acurrucarlos, leerles o jugar dentro de casa. Cuando un hijo trae malas calificaciones en el examen de matemáticas, podemos estar alegres de que tendrá otra oportunidad. No siempre es fácil tener un motivo para estar alegre, pero jugar el Juego Alegre nos obliga a tener una perspectiva positiva de la vida.

Por supuesto, debemos ser sensibles a los sentimientos de tristeza.

El hombre que se olvida de ser agradecido se ha dormido en la vida. —Robert Louis Stevenson

Si un niño verdaderamente está molesto por algo, tal vez ese no es el mejor momento para referirse al Juego Alegre. Recuerde lo que en Romanos 12:15 se nos dice: "Gozaos con los que se gozan; llorad con los que lloran". Hay momentos cuando el Juego Alegre no va de acuerdo con las circunstancias. Pero en muchas ocasiones, hacer el esfuerzo de tener pensamientos positivos nos ayudará a evitar frustraciones y poder tener gratitud, aun en las peores dificultades.

Se cuenta la historia de un niño llamado Tommy quién asistió a las pruebas para actuar en una representación de la escuela. Estaba tan ilusionado en participar que su madre, quien sabía que su hijo no tenía talento para actuar, temía que estaría destrozado si no lo escogían. En el día que se repartieron los papeles, la mamá de Tommy se preparó para poderlo consolar en caso de que él estuviera triste. Para su sorpresa, Tommy salió corriendo de la escuela hacia el auto, radiante de felicidad, gritando: "¡Mamá, mamá! ¡Me escogieron para que aplaudiera y gritara!".

Cuando queremos ser agradecidos, la perspectiva que tenemos de las cosas es lo más importante. Seamos madres positivas y enseñemos a nuestras familias la bendición de tener una actitud de gratitud.

Punto de poder

Lea: Tres cánticos de mujeres agradeciendo a Dios: Ana (1 Samuel 2:1-10), Débora (Jueces 5:1-31), y María (Lucas 1:46-55). Vea cómo estas tres mujeres reconocieron el trabajo de Dios en sus vidas y se tomaron el tiempo para agradecérselo.

Ore: Gracias Padre, por tu misericordia, por tu perdón, y por tu amoroso cuidado de mí. Gracias por mi familia; por las cualidades o defectos de cada uno de ellos. ¡Gracias por el privilegio de ser madre! Gracias por las circunstancias por las que estoy pasando en este momento; déjame ver tu mano trabajando. En el nombre de Jesús, amén.

Haga: Inicie un Diario de Agradecimiento. Utilice un cuaderno, y empiece a registrar todas sus oraciones de agradecimiento a Dios. Forme el hábito de escribir en su diario regularmente, ya sea una vez al día, una vez a la semana, o una vez al mes. En ocasiones reflexione sobre sus oraciones anteriores, recordando lo que Dios ha hecho en su vida. Tal vez se las quiera leer a sus hijos, sobre todo las oraciones en las que ellos están involucrados.

Los desafíos de la vida
Aprenda a crecer a través de las circunstancias difíciles

Por cada montaña que he tenido que escalar,
Por cada piedra que lastimó mis pies,
Por toda la sangre, el sudor, y mugre,
Por los destellos de las tormentas y el ardor del calor,
Mi corazón canta una canción de agradecimiento.
¡Esas fueron las cosas que me hicieron fuerte!
Anónimo

Wilma Rudolph nació prematuramente y se enfrentó a numerosas complicaciones. Le dio neumonía en dos ocasiones y escarlatina, y posteriormente la polio la dejó con una pierna y un pie torcidos hacia adentro. Como resultado, Wilma pasó su niñez con abrazaderas en sus piernas; adversidad que formó un carácter firme dentro de ella. A los once años de edad empezó secretamente a quitarse las abrazaderas e intentaba caminar sin ellas. Finalmente, el doctor permitió que Wilma se quitara las abrazaderas ocasionalmente. Esto, para Wilma significó jamás volvérselas a poner.

A los trece años de edad, con mucho trabajo y perseverancia, Wilma entró al equipo de basketball de su escuela, y a atletismo. A los dieciséis años, llegó a las semifinales de los 200 metros de lanzamiento en las Olimpiadas en 1956. Regresó a casa con una medalla de bronce y como miembro del equipo de relevo en los 400 metros.

Wilma se comprometió a ganar una medalla de oro en las Olimpiadas en 1960, por lo cual inmediatamente se puso a entrenar rigurosa y disciplinadamente. Mientras se ejercitaba en la pista, se pagó su carrera en la Universidad de Tennessee, manteniendo un promedio de 9, que era necesario para poder seguir en el equipo. Su esfuerzo fue recompensado. En las Olimpiadas de 1960, regresó con tres medallas de oro. Fue la primer mujer norteamericana que ganó tres medallas de oro en atletismo en una sola Olimpiada.[1]

¿Retos? Sí. Wilma Rudolph tuvo muchos retos en su vida; pero en lugar de dejar que la oprimieran, estaba determinada a vencerlos. Las dificultades en la vida son inevitables para todos. La pregunta es, ¿qué haremos con ellas?

Sí tan solo…

Así como una piedra preciosa se tiene que pulir con fricción, también nuestras vidas son perfeccionadas a través de pruebas y retos que se nos presentan en el camino.

Si pudiéramos escoger, lo más probable es que escogeríamos ir por la vida sin problemas. ¿A quién no le gustaría que la vida fuera fácil? Pero aunque no nos agrade, nuestros problemas tienen un propósito: Nos ayudan a crecer y desarrollarnos como personas fuertes, sabias y con más fe.

¿Cómo llenaría los siguientes espacios en blanco? "La vida sería más agradable sí _____". ¿Cuál es el problema o dificultad, grande o pequeño, que a usted le gustaría que desapareciera? Sí tan solo…

…no viviésemos en este barrio.

…mi esposo tuviera otro empleo o ganara más o trabajara arduamente.

…no tuviera que lavar tanta ropa.

…mi hijo fuera más obediente.

…mi casa fuera más grande.

…los niños no se pelearan.

…mi hijo tuviera una mejor maestra.

…mis padres vivieran cerca.

…mis padres vivieran fuera de la ciudad.

¿Qué escribió en el espacio? Lo que haya sido, deténgase ahora mismo tómese unos segundos y pídale a Dios que le ayude a vencer esta circunstancia. Pídale que le ayude a encontrar algo por lo cual estar agradecida ante esa situación. Después, prometa que nunca dirá: "Si tan solo", otra vez, pues esas palabras solamente sirven para enviar su corazón y su mente hacia una dirección negativa. El "Si tan solo", le hace mirar al pasado con remordimiento, enfocando sus pensamientos en cosas que ya no puede cambiar, en lugar de ver hacia delante, hacia lo que Dios puede hacer durante su lucha y en la victoria. Una amiga mía lo dice de esta manera: "Cada vez que me tengo que enfrentar a un reto, sea grande o pequeño, lo veo como una oportunidad para confiar en Dios".

Moisés fue un hombre que se rehusó a decir: "Si tan solo". Él se enfrentó a muchos desafíos durante su vida, cualquiera de ellos pudo haber sido *la gota que derramó el vaso* que lo hubiera dejado impotente; sin embargo, para Moisés, cada reto se volvió una nueva oportunidad para permitirle a Dios que trabajara a través de él como líder de los israelitas. De ser salvado de que de niño lo matara un faraón asesino, a salir de Egipto y vivir en el desierto durante cuarenta años guiando a millones de personas a través del Mar Rojo, Moisés fue un hombre que enfrentó muchos desafíos. Pero en lugar de lamentar lo que no podía cambiar, Moisés vio las dificultades como oportunidades para ver la mano de Dios trabajar.

Mientras nos asomamos por la rendija del tiempo, nos encontramos con numerosos ejemplos de héroes, líderes, escritores, compositores e inventores que vencieron grandes obstáculos en sus vidas; y, como resultado, fueron mejores hombres y mujeres. Por ejemplo, Ludwig van Beethoven (1770-1827). A los treinta años de edad se quedó sordo, mas fue cuando compuso uno de sus mejores trabajos.

La Novena Sinfonía, quienes muchos consideran su mejor obra, combina instrumentos y voces en una expresión majestuosa y un sonido glorioso. Tal vez ha escuchado la historia del primer estreno de la Novena Sinfonía en Viena, Austria, en 1824. Beethoven no se había dado cuenta del enorme aplauso que el auditorio le daba hasta que el solista bajó del escenario y volteó a Beethoven hacia el público.[2]

Fanny Crosby (1820-1915) es otro ejemplo. Quedó ciega cuando era muy pequeña debido a que no recibió el tratamiento adecuado. Estudio en la Escuela para Ciegos en Nueva York. Ahí trabajó como profesora. En 1858 se casó con Alexander Van Alstyne, un músico ciego y uno de los profesores de música de la escuela. Empezó a escribir versos para canciones laicas y terminó escribiendo canciones evangelistas al llegar a los cuarenta años de

Tenga valor para enfrentar las grandes penas de la vida y paciencia para las pequeñas. Y cuando haya terminado sus tareas diarias, vaya a dormirse en paz. Dios está despierto.—Víctor Hugo

edad. Nunca escribió himnos sin antes hincarse primero en oración pidiéndole a Dios que la guiara. Durante el curso de su vida, escribió más de ochocientas canciones, incluyendo "Blessed assurance", "Rescue the Perishing", y "All the Way My Saviour Leads Me".[3]

¿Cuáles son los retos que enfrenta en su vida? Puede estar segura de que, cualquier cosa que se le presente en el camino, Dios está con usted, aun en los peores momentos. Me encanta este pasaje de la Biblia en Isaías 43:1-2:

"Ahora, así dice Jehová, Creador tuyo, oh Jacob, y Formador tuyo, oh Israel: No temas, porque yo te redimí; te puse nombre, mío eres tú. Cuando pases por las aguas, yo estaré contigo; y si por los ríos, no te anegarán. Cuando pases por el fuego, no te quemarás, ni la llama arderá en ti.".

Tarde o temprano todos enfrentaremos una crisis. Todos sufriremos nuestro propio fuego. Jesús dijo en Juan 16:33: "En el mundo tendréis aflicción", no como una promesa, sino como un reconocimiento de la realidad. Su crisis puede ser un evento que cambie su vida; puede ser un pequeño destello en la gran pantalla de la vida. Tal vez en este momento se siente que se está ahogando. Pero en cualquier dificultad a la que se enfrente, puede tener fe de que Dios está allí con usted. Puede confiar en que Él peleará para ayudarla a crecer fuerte, tanto como mujer como madre.

Fuerza en la batalla

Se cuenta la historia de un hombre que descubrió una oruga. Decidió quedarse con aquella pequeña criatura y ver cómo se transformaba en mariposa. Como era de suponerse, a los pocos días la oruga empezó a tejer su capullo. El hombre veía con fascinación como se enrollaba y el saco completo fue meticulosamente terminado. Entonces esperó. Y esperó.

Finalmente, después de varias semanas, el hombre se dio cuenta de que la mariposa salía de su capullo tejido, pero le preocupó ver cómo la pequeña criatura batallaba para salir. Sintiendo compasión, decidió ayudarla. Con un pequeño cuchillo quitó parte del capullo, ayudando a la mariposa a que saliera rápido y fácilmente. Pero el deleite inicial del hombre se transformó en pena, cuando vio que la mariposa no podía volar. Verán, las mariposas refuerzan sus alas a través del esfuerzo que hacen para salir del capullo.

Al salir, un líquido brota de sus cuerpos hacia sus alas, dándoles los elementos necesarios para volar. Al cortar el capullo, el hombre le negó a la mariposa la oportunidad que necesitaba para perseverar y crecer fuerte por sí misma.

A veces como madres, tratamos a nuestros hijos como el hombre trató a la mariposa. Hacemos todo lo posible por ayudarlos y evitarles que batallen. Los protegemos de la tristeza, desengaños, y de los retos de la vida. Ninguna madre quiere ver a sus hijos tristes o desanimados; pero la verdad es que ni es sano ni benéfico evitar que nuestros hijos se enfrenten a los retos. ¿De qué otra manera crecerán fuertes? ¿De qué otra manera desarrollarán la fe que necesitarán para sobrevivir las tormentas de la vida? De qué otra manera aprenderán a acercarse a Dios como: "Nuestro amparo y fortaleza, nuestro pronto auxilio en las tribulaciones"?, (Salmos 46:1)

En la escuela de mis hijas he notado que hay tres tipos de madres. Algunas madres vuelan como helicópteros sobre sus hijos, asegurándose de que sus hijos tengan los mejores profesores, las mejores calificaciones, las mejores partes de una obra de la escuela, hasta los mejores lugares en la cafetería. Otras, dicen (con acciones, aunque sin palabras): "Hijos, no me importa lo que hagan. Es su propia responsabilidad". Y se mantienen alejadas de las actividades de la escuela. También tenemos a las madres que caminan en fe, ayudando a sus hijos cuando es apropiado, pero permitiéndoles experimentar las batallas y las desilusiones.

Hace algunos años, en la escuela de mis hijas, una profesora en especial –la llamaré la Sra. Tobin– tenía la reputación de ser una persona difícil y poco amable con sus estudiantes. Muy pocos padres querían que sus hijos estuvieran en su salón. Por supuesto las madres *helicóptero* fueron a hablar con el director antes de que se iniciara el año escolar para asegurarse de que sus hijos no estuvieran en el salón de esta mujer. A otros padres no les importó dónde se quedaran. Y otros, sencillamente confiamos en Dios y en los funcionarios del colegio, esperando que Dios hiciera lo que fuera mejor para nuestros hijos.

Cuando mi hija pasó al grado en el que enseñaba la Sra. Tobin, decidí no hablar con el director. Me había hecho el propósito

Hermanos míos, tened por sumo gozo cuando os halléis en diversas pruebas, sabiendo que la prueba de vuestra fe produce paciencia. Mas tenga la paciencia su obra completa, para que seáis perfectos y cabales, sin que os falte cosa alguna. —Santiago 1:2-4

de no interferir con la selección de las maestras de mis hijas. Yo sabía que tanto el administrador como las maestras, cuidadosamente y en oración, consideraban los lugares de los estudiantes cada año. Y como podrán adivinar, mi hija terminó en *su* clase.

Al principio del año escolar, mi hija no estaba muy feliz de tener a la Sra. Tobin como su maestra. Pero mientras hablábamos sobre la situación, la motivé para que lo viera como una oportunidad para confiar en Dios y para que aprendiera a entender y a trabajar con *personas difíciles*. Mientras que a algunos niños los protegieron de esa batalla –le expliqué– los estudiantes del salón de la Sra. Tobin aprenderían a enfrentar retos; a crecer y madurar en el proceso. Aprenderían que no deben temer situaciones difíciles, porque Dios les da la gracia y la ayuda que necesitan para lograrlo.

Un día, cuando mi hija regresó de la escuela, me dijo que la Sra. Tobin había compartido algunas de las batallas internas que tuvo ese día en el salón. Les confesó a los estudiantes que su actitud no había estado siendo nada amorosa y que le había pedido a Dios que le ayudara a ser amable y gentil con las personas. ¡Qué maravillosa lección! Los estudiantes de la Sra. Tobin tuvieron la oportunidad de ver y experimentar la gracia de Dios trabajar en la vida de su maestra; se les permitió ver el ejemplo de una mujer abierta y honesta que estaba dispuesta a ser lo suficientemente vulnerable como para compartir sus batallas con otros. ¡Y si Dios hizo el milagro en la Sra. Tobin, seguramente, hará milagros en su vida también!

Me da gusto no haber intentado proteger a mi hija de su inconformidad inicial, pues le hubiera evitado aprender esa lección y muchas otras que aprendió ese año en la clase de la Sra. Tobin.

Lastimamos a nuestros hijos y bloqueamos el trabajo de Dios cuando los protegemos de las dificultades y los contratiempos. La verdad es que la vida no siempre irá por donde nosotros queremos que vaya. Y si no estamos dispuestas a perseverar, ajustarnos y a crecer, nos podemos perder de las bendiciones especiales que Dios tiene preparadas para nosotras. Y, como dice el dicho: "¡Si quieres ver un arco iris, primero tienes que ver la lluvia!".

Me gusta como Emily Perl Kingley aborda el tema de la adversidad en su historia "Bienvenida a Holanda".

En varias ocasiones me han pedido que describa la experiencia de criar a un niño incapacitado, para ayudar a la gente que no ha compartido esta experiencia única a que puedan entenderlo, y se puedan imaginar lo que se siente. Esa vivencia es de la siguiente manera:

Cuando uno va a tener a un bebé, es como planear unas vacaciones fabulosas, por ejemplo, a Italia. Se compran muchos libros y se hacen maravillosos planes. El Coliseo. El David de Miguel Ángel. Las góndolas en Venecia. Hasta se puede aprender alguna frase en italiano que puede ser útil. Todo es muy emocionante.

Después de meses de anticipación, por fin llega el día. ¡Se hacen las maletas y listo! Varias horas después, el avión aterriza. La sobrecargo viene y dice: "Bienvenida a Holanda".

"¡¿Holanda?!", dice uno. "¿Cómo que Holanda? ¡me registré para ir a Italia! Supuestamente debo de estar en Italia. Toda mi vida he soñado con ir a Italia".

Pero ha habido un cambio en el plan de vuelo. Aterrizaron en Holanda y ahí se tiene uno que quedar. Lo importante es que no lo han llevado a un horrible, repugnante, sucio lugar, lleno de pestilencia, carestía y enfermedad. Solo es un lugar diferente.

Así que tendrá que salir a comprar nuevas guías. Y deberá aprender un idioma totalmente nuevo. Y conocerá todo un grupo de personas que jamás hubiera conocido.

Tan solo es un lugar diferente. Es más lento que Italia, menos deslumbrante que Italia. Pero, después de estar ahí por unos días, se vuelve a tomar aliento, se pone uno a observar... y empieza a darse cuenta de que Holanda tiene molinos de viento... y Holanda tiene tulipanes. Holanda tiene Rembrandts.

Pero todas las personas que usted conoce están ocupadas llegando y regresando de Italia... y todas están presumiendo sobre lo mucho que se divirtieron. Y por el resto de su vida, uno continuará diciendo: "Sí, ahí es a donde yo tenía que ir". "Es lo que tenía planeado".

Y el dolor jamás, jamás se irá… porque la pérdida de ese sueño es muy, muy significativa.

Pero... si se pasa la vida lamentando el hecho de que no fue a Italia, nunca podrá ser libre para disfrutar lo especial, y las cosas lindas… de Holanda.[4]

Una perspectiva balanceada

Cuando le preguntaron al industrial J.C. Penney cuál era el secreto de su éxito, él respondió: "Adversidad. Nunca hubiera hecho nada si no me hubieran obligado a ascender de la manera difícil". Por supuesto, hay un balance. ¡No queremos invitar al dolor en las vidas de nuestros hijos! Pero cuando llega, debemos enseñarles cómo manejarlo adecuadamente. Una madre positiva no le quita a sus hijos sus problemas; les enseña cómo pensar, reaccionar y desarrollarse en momentos difíciles.

Si su hijo no es aceptado en el equipo de atletismo, ¿qué es lo que debe hacer? Déjelo sufrir; y después señálele la dirección hacia donde tiene que ir; un deporte nuevo o una nueva oportunidad. Si tiene malas calificaciones, utilice esta oportunidad para enseñarle una mejor manera de estudiar para el siguiente examen, o motívelo para que le pida ayuda a su profesor. Si la amiga de su hija se muda, permítale que llore; después aproveche la oportunidad para que ella construya nuevas amistades. Recuerde, no es la situación, la reacción hacia la situación es lo que importa.

No haga lo que hizo la mamá de una adolescente que no fue aceptada en el equipo de porristas. Su madre no quería que ella estuviera triste, así que le compró un coche nuevo y le permitió que faltara un día a la escuela para que pudiera ir a un *spa* local y se diera un masaje, un facial y todo lo que quisiera. No pude evitar pensar: ¿Qué es lo que esta chica hará en el futuro cuando no tenga a su madre que le aleje sus penas con compras? Si no se le permite sentir el desengaño o el dolor, si nunca se le enseña cómo responder y crecer a través de la adversidad, ¿cómo podrá salir adelante en la vida? Algunas personas escogen evitar el dolor con drogas, alcohol, comida, compras, sexo, u otro tipo de escape.

Como madres positivas, demos a nuestros hijos una perspectiva balanceada sobre la vida. Sí, hay dolor en este mundo. Hay desengaños. Hay luchas. Pero también está Dios. Actuemos de acuerdo a Su Palabra: "No te dejará, ni te desamparará", (Deuteronomio 31:6). Él está obrando: "Todas las cosas les ayudan a bien, esto es, a los que conforme a su propósito son llamados", (Romanos 8:28)

Podemos leer innumerables historias en la Biblia de personas que experimentaron muchas batallas, así como victorias en sus vidas (Adán, Noé, el rey David, Juan el Bautista). Hasta el propio Hijo de Dios sufrió y murió; pero, si no hubiera aceptado experimentar tribulación, no tendríamos el perdón de nuestros pecados. ¡Gracias al Señor que nos calma en nuestras angustias y sana nuestro dolor!

Si usted está batallando con una situación difícil en este momento, no se desanime. El crecimiento espiritual llega a través de las batallas. Permítale a Dios usar estas circunstancias para pulirla, para perfeccionarla, para que termine el trabajo que empezó en su vida. Tome estas palabras de Pablo para animarse, en 2 Corintios 4:16-18: "Por tanto, no desmayamos; antes aunque este nuestro hombre exterior se va desgastando, el interior no obstante se renueva de día en día. Porque esta leve tribulación momentánea produce en nosotros un cada vez más excelente y eterno peso de gloria; no mirando nosotros las cosas que se ven, sino las que no se ven; pues las cosas que se ven son temporales, pero las que no se ven son eternas".

Pasos ordenados

Nunca sabemos cuando la vida nos va a lanzar una *bola curva*. La adversidad nos puede llegar en cualquier momento. Mientras a nosotras nos sorprende el cambio y los acontecimientos, a Dios no.

Pregúntele a mi amiga Leslie y a su hija de nueve años, Amanda. Ese precioso par se dirigía en su auto a la fiesta de una amiga de Amanda el día de San Valentín del año 2000. A cada kilómetro, su emoción iba creciendo. Casi al llegar, pasaron por un cruce de caminos, pero al momento de atravesarlo, una camioneta pickup chocó contra ellas del lado del pasajero, volteando el auto. Cuando el coche por fin se detuvo, el instinto maternal y de supervivencia de Leslie se apoderó de ella. Logró desabrochar el cinturón de seguridad y cuidadosamente se deslizó hacia Amanda, quién todavía tenía puesto el cinturón de seguridad y colgaba boca abajo. Le quitó el cinturón y juntas salieron del auto arrastrándose entre los vidrios rotos de las ventanas y caminaron hacia un lugar seguro. Leslie tenía tres costillas rotas y uno de sus pulmones estaba parcialmente perforado. Amanda tenía el ojo derecho hinchado. ¡Fue un milagro que sus heridas no hayan sido serias!

Por supuesto, Leslie y Amanda no planearon pasar el día en la sala de urgencias de un hospital, tener el auto catalogado como pérdida total (¡era un auto nuevo!), y ocupar las siguientes semanas en visitas al doctor y en rehabilitación. Pero Dios permite ciertas aventuras que no están planeadas en nuestras vidas por razones que nunca sabremos.

Eso sí, nos proporciona la ayuda que necesitamos para salir adelante. Cuando sucedió el accidente, una paramédica iba en camino hacia un hospital cercano. Ella fue la primera en llegar a la escena para ayudar a Leslie y a Amanda. Unos amigos que iban a la misma fiesta se detuvieron para ayudarlas. ¡En minutos, Amanda y Leslie estaban rodeadas con ayuda médica y amigos que las apoyaban! Como ellas podrían decirle, la mano de Dios estaba cubriéndolas claramente en medio de este accidente inesperado.

Varios días después del accidente, Leslie descubrió Salmos 37:23-24: "Por Jehová son ordenados los pasos del hombre, y él aprueba su camino. Cuando el hombre cayere, no quedará postrado, porque Jehová sostiene su mano". Así como Leslie, usted y yo tenemos un maravillo Padre Celestial que nos cuida, ordenando nuestros pasos. Él sabe qué es lo que necesitamos para crecer como madres positivas fuertes.

Sí, el viento soplará. Vendrán las lluvias. Los fuegos arderán. Pero Dios nos promete estar con nosotras: "Dios es nuestro amparo y fortaleza, nuestro pronto auxilio en las tribulaciones", (Salmos 46:1). Él nos dará la gracia que necesitamos para lograrlo.

Punto de poder

Lea: La historia de Ruth (es un libro del Antiguo Testamento). Haga una lista de las dificultades que tuvo que enfrentar en su vida, después escriba las bendiciones que recibió de Dios.

Ore: Señor, eres mi consuelo y mi fortaleza, gracias por estar siempre conmigo. Gracias por sostener mi mano. Gracias, porque sé que a pesar de que me tambaleo, no me caeré, pues tú estarás ahí para detenerme. Confío en que lo que me sucede a mí y a mi familia lo filtras tú primero con tus manos amorosas. Fortaléceme en los tiempos difíciles. Ayuda a mis hijos a crecer a través de su propio tiempo de tristezas, frustraciones y desengaños. Ayúdanos a confiar y a honrarte a través de todas las circunstancias y desafíos a los cuales nos enfrentamos.

Haga: Haga un *Mapa de la Vida* para ilustrar los acontecimientos significativos en su vida, tanto los buenos momentos como los tiempos difíciles. Póngalo como una línea del tiempo, y si quiere ser creativa, incluya fotos e ilustraciones. Cuando termine, muéstrele su *Mapa de la Vida* a su familia. Hable acerca de cómo Dios ha sacado algo positivo tanto de los buenos tiempos como de los malos en su vida.

Principio 4

El poder

de las

relaciones

firmes

Hierro con hierro se aguza; y así el hombre aguza el rostro de su amigo.
Proverbios 27:17

Jesús fue muy claro cuando dijo que lo más importante del mundo es nuestra relación con Dios y con los demás. Cuando logremos esto, todo lo bueno seguirá.
Norman Vincent Peale

12

En armonía con su esposo
Mantenga avivada la llama

El hombre y la mujer unidos hacen al ser humano completo. Separados, ella quiere el poder del vigor del cuerpo de él y su fuerza de razonamiento; él, su suavidad, sensibilidad y sutil discernimiento. Juntos, pueden tener éxito en el mundo.
Benjamín Franklin

Durante el invierno, hace varios años, salimos a hacer una compra novedosa. Compramos un brasero. No es nada espectacular, pero permite a nuestra pequeña familia, que vive en los suburbios en las afueras de Dallas, encender una fogata para rostizar malvaviscos en nuestro jardín. Nos encanta sentarnos y conversar alrededor del fuego disfrutando del olor rústico y la maravillosa brisa nocturna.

Y nos hemos dado cuenta de que la fogata es como un suero de la verdad. Ahí, la gente tiende a relajarse, mostrarse como es, y comparte historias personales mientras estamos sentados alrededor del fuego. Desgraciadamente, la fogata se consume; y si queremos que el fuego continúe –y extender ese tiempo agradable de intimidad y de compartir– nos tenemos que levantar, mover los residuos y agregar unos leños más.

Los matrimonios son como el fuego: ambos necesitan que se les atienda constantemente. No nos podemos sentar y decir: "Ahora que mi matrimonio está bien no tengo que hacer nada más". Esta filosofía no funciona en un campamento ni tampoco funciona en la fogata del hogar. Debemos seguir cuidando nuestra relación con nuestro esposo para poder mantener la flama encendida.

Una piedra fundamental para construir una familia fuerte es un buen matrimonio. Observe que no dije un matrimonio perfecto. Todos tenemos imperfecciones. Debemos tener expectativas realistas de lo que es un matrimonio entre dos personas imperfectas.

Al mismo tiempo, debemos reconocer que un equipo de esposo-esposa positivos tiene un invaluable impacto en la familia. Verdaderamente, una de las mejores cosas que podemos hacer por los hijos es continuar en armonía con nuestro marido, haciendo nuestra parte para reforzar el matrimonio. Por supuesto, los maridos también tienen que hacer su parte. Se necesitan dos para formar un matrimonio. Pero como madres positivas debemos asegurarnos de estar haciendo lo correcto y de que estamos manteniendo la llama brillando y creciendo. Examinemos varios troncos que podemos poner en el fuego para mantener nuestros matrimonios fuertes.

Avivador de fuegos # 1: Ame a su esposo

Uno pensaría que no necesitamos que nos digan que debemos amar a nuestros esposos. ¿Acaso no prometimos amarlos el día que nos casamos? Sin embargo, mucho matrimonios se rompen debido a que uno de los cónyuges dice que ya no ama a su compañero, que perdió el enamoramiento, como si el amor pudiera ser un objeto que se extravíe.

Ya que el amor es la clave para nuestro compromiso matrimonial, debemos entenderlo mejor. Recuerde: Cuando empezó a salir con el hombre que sería su esposo, probablemente sintió esos sentimientos cálidos e inquietos que vienen cuando empieza una nueva relación. Esos sentimientos son maravillosos, pero no son una base sólida para el amor y el compromiso matrimonial.

Las raíces del amor son más profundas que la superficie del follaje: dulzura, sentimientos románticos y momentos agradables. Más bien, el amor es una decisión: un acto deliberado de compasión basado en nuestra voluntad, no solo en nuestras emociones. No se basa necesariamente en encontrar a la persona correcta (aunque es una de las decisiones más importantes de nuestra vida y debe ser considerada cuidadosamente en oración).

Más bien, el amor está basado en el compromiso de que continuaremos aceptando a aquel a quien le prometimos nuestra vida, para bien o para mal.

El verdadero amor no es fácil. Requiere devoción, perdón, lealtad y generosidad. Cuando hacemos el compromiso de casarnos con alguien, escogemos amar a esta persona con sus debilidades y fortalezas, sus fracasos y sus éxitos. Tomamos la decisión de que juntos plantaremos las raíces de una nueva vida.

Podemos aprender a amar a una persona incluso si al principio no nos haya simpatizado. Simplemente tenemos que escoger deliberadamente amarla, y después continuar esa decisión con acción. Si verdaderamente amamos a alguien, ¿qué haríamos por él?, ¿qué acciones tomaríamos?, ¿escribirle una nota?, ¿ayudarle con un proyecto?, ¿cocinar su platillo favorito?, ¿recibirle con una sonrisa cuando llega del trabajo?

En su libro *Los cinco lenguajes del amor,* el autor Gary Chapman describe las diferentes maneras en las que un individuo da y recibe amor.[1] No todos somos iguales. Lo que a usted la hace sentirse amada, no será igual para su esposo. (¡En realidad, se lo puedo garantizar!) Esta tarde, pregúntele a su esposo qué es lo que usted puede hacer para que se sienta amado, y entonces, empiece actuar de manera diferente día a día. Cuando realice las acciones de amor, los sentimientos seguirán.

Una acción de amor muy importante es el perdón. El amor de Dios, por supuesto, incluye el perdón. Él nos perdona aunque no lo merecemos. Del mismo modo la Biblia dice, que debemos perdonar a otros: "Antes sed benignos unos con otros, misericordiosos, perdonándoos unos a otros, como Dios también os perdonó a vosotros en Cristo", (Efesios 4:32). ¿Qué es lo que usted está sosteniendo sobre la cabeza de su esposo? ¿Necesita perdonarlo? Recuerde, Dios ha perdonado sus falta, ¿cómo puede retener el perdón a alguien?

Como esposa imperfecta, estoy agradecida por el perdón que Curt me ha mostrado durante todos estos años: el error en mi cuenta de cheques, la abolladura del auto (y el daño que le hice a la barda junto a la cochera), el lío que ocasioné cuando el perro entró a la casa con las patas llenas de lodo, etc. Estas situaciones (y muchas

Un matrimonio exitoso es un edificio que se tiene que renovar todos los días. —Andre Maurois más) fueron oportunidades para que yo recibiera el perdón cuando realmente lo necesitaba. Valoro el que Curt haya perdonado mis errores y trato de extender el mismo perdón hacía él, reconociendo que cada uno de nosotros somos imperfectos en muchas maneras. ¿Y quién no lo es?

Por supuesto, en una relación en la que existe abuso físico e infidelidad, el perdón no significa permitir que su esposo continúe con su comportamiento destructivo. Uno puede perdonar con el corazón pero debe mantener restricciones y límites. La verdadera compasión y el perdón significan ayudar a su esposo a detener este estilo de vida destructiva demostrándole su fuerte amor. Si usted está en una situación como esta, le recomiendo busque un consejero sabio y leer el libro: *El amor debe ser firme,* de James Dobson.[2]

Avivador de fuegos # 2: Respételo

¿Qué es lo más necesita su esposo? La mayoría de los esposos están de acuerdo en que el respeto es lo más importante en su lista de necesidades. Por supuesto, Dios ya sabía esto, y escribió: "Por lo demás, cada uno de vosotros ame también a su mujer como a sí mismo; y la mujer respete a su marido", (Efesios 5:33).

Respetarse mutuamente es sumamente importante para mantener su matrimonio fuerte y positivo. Muchas veces la causa de divorcio es la falta de respeto hacia su esposo. Pero, ¿qué es exactamente el respeto, y cómo lo demostramos?

Respetar al esposo significa reverenciarlo, honrarlo y apreciarlo. Cuando una esposa hace eso, descubre que su esposo responde a la altura del honor recibido la mayoría de las veces. En realidad, los esposos pueden avanzar más y más alto para alcanzar las metas que Dios les ha dado cuando saben que su esposa cree en ellos y los respalda. En Proverbios 12:4 dice: "La mujer virtuosa es corona de su marido". ¡Hágalo sentirse el rey de la casa, y usted será la reina reinando a su lado!

Pero el respeto no es fácil. En el matrimonio, hay ocasiones que nuestros esposos nos desilusionan, nos molestan o hasta nos disgustan. Considere a Susan, quien conoció a su esposo Rick en la universidad cuando él era la estrella del fútbol americano. Para ella, Rick era increíble. Pero la realidad de la vida es diferente a la emoción de los años en la universidad, y ahora Rick no puede encontrar el trabajo adecuado. Durante años ha estado brincando de un negocio a otro, continúan endeudados con sus padres y con las diferentes tarjetas de crédito. Lo que una vez fue un sueño feliz se ha convertido en una verdadera pesadilla. Susan le ha perdido todo el respeto a Rick. "No es buen trabajador, no dura en los trabajos y ¡por supuesto, no puede mantener a su familia!", les dice a sus amigos.

¿Le suena familiar la historia de Susan? Los detalles pueden ser diferentes, pero muchas mujeres se encuentran en una relación en donde se ha perdido el respeto. Lo triste de una esposa que no respeta a su esposo es que tiende a ver solo lo malo de él. Sus ojos, su corazón y su mente solo se fijan en el problema. Pero se le olvidan dos verdades importantes: A pesar de que su esposo tiene fallas notables, también tiene cualidades (probablemente por las cuales usted se casó con él); y aunque parezca imposible que su esposo se vuelva levantar: "Para Dios todo es posible", (Mateo 19:26).

Siempre que acentuamos las cualidades positivas en otras personas, las cualidades negativas empiezan a disminuirse. En el caso de Susan, ella necesita recordar que Rick es un buen hombre de familia y un líder espiritual en su hogar. Si empezara a enfocarse en lo positivo, podría ayudar a su esposo a crecer en confianza y superar algunas de sus debilidades. En vez de golpearlo verbalmente, ella podría alabarlo por lo que hace bien y motivarlo a buscar un trabajo en donde pudiera usar sus talentos. Ese cambio de enfoque haría una diferencia enorme en su hogar.

Si usted está batallando con la falta de respeto hacia su esposo, decida hoy mismo que evitará fijarse en las cualidades negativas. Honre a su esposo cuando no esté presente al tener cuidado de su lengua y no lo menosprecie, mucho menos enfrente de otros. Si no puede decir nada bueno sobre él, recuerde lo que aprendió en el kinder: cierre su boca con un candadito.

Empiece a orar, no solo por su esposo, también por su respuesta. Dedique tiempo cada día agradeciéndole a Dios las buenas cualidades de su esposo, y por la manera en que Dios lo hizo. Ore para que Dios continúe desarrollándolo de acuerdo a los planes que tiene para él. Su esposo necesita sus oraciones y apoyo en vez de su presión o de su condenación. Sea paciente y permita que Dios trabaje; que lo haga en su tiempo. Pídale a Dios que la ayude a ser

Por cuanto llamé, y no quisisteis oír, extendí mi mano, y no hubo quien atendiese. —Proverbios 1:24

una esposa que apoye, honre y respete a su esposo durante este proceso.

Todos los días demuestre respeto a su esposo a través de la selección cuidadosa de sus palabras. ¿Está comunicando respeto en sus mensajes y en el tono de su voz? Es muy fácil para nosotras decir lo que pensamos y dar latigazos con nuestras palabras; ¡es más difícil quedarnos calladas y tratar a nuestros maridos con aprecio! También puede demostrar su respeto a través de estas "acciones de amor":

- Envíele una nota a su oficina que diga: "Creo en ti porque..."
- Levántese temprano y prepárele el desayuno antes de la importante presentación.
- Dígale un cumplido enfrente de sus hijos y de otros.
- Escuche su punto de vista cuando usted se esté enfrentando a un reto.

Nuestros hijos necesitan ver el respeto que tenemos hacia nuestros esposos. Necesitan saber que honramos a nuestro esposo como la autoridad en el hogar, pues él tiene que responder a Dios por su liderazgo. Lo que nuestros hijos vean en nosotros afectará la clase de esposos que serán cuando ellos crezcan. También afectará su visión de Dios, ya que la relación en el matrimonio es una película de Cristo y la Iglesia: "Porque el marido es cabeza de la mujer, así como Cristo es cabeza de la iglesia, la cual es su cuerpo, y él es su Salvador (...) Maridos, amad a vuestras mujeres, así como Cristo amó a la iglesia, y se entregó a sí mismo por ella", (Efesios 5:23,25).

Avivador de fuegos # 3: Disfrútelo

Aun tenemos un leño que es divertido aventar al fuego: ¡Disfrute a su marido! ¡Rían juntos! ¡Diviértanse juntos! ¡Disfrute su relación! La vida es muy corta para tomarla seriamente cien por ciento del tiempo. Desafortunadamente, nuestras ocupadas agendas, las presiones de nuestra carrera y los cuidados de la familia ocupan nuestras mentes al grado de eliminar cualquier tiempo que tengamos para divertirnos. Se tiene que preguntar: ¿Será posible, en el mundo de hoy, poder disfrutar simplemente de la compañía uno del otro y crear momentos memorables fuera de la rutina normal? La respuesta es sí, pero se necesita una dosis fuerte de decisión y creatividad.

Para empezar, aquí hay unas cuantas ideas que le ayudarán a añadir un poco de diversión a su matrimonio:

En el hogar

Planee una cena romántica: De vez en cuando acueste a sus hijos un poco más temprano y tenga una cena romántica a la luz de las velas. Prepare el platillo favorito de su esposo, baje las luces, encienda las velas y ponga su CD favorito.

Vean un video: Una vez que los niños se hayan ido a dormir, acurrúquense en el sofá y vean una película juntos. Rían juntos, lloren juntos, disfrútense el uno al otro.

Lean juntos: Si a los dos les gusta leer, lean un libro juntos. Enciendan la chimenea y pongan música suave para relajarse. Si los niños están despiertos, anímelos a que lean o vean algún video mientras usted y papá leen juntos.

Cocinen juntos: Escoja una receta que los dos disfruten. Dividan los deberes de cortar, mezclar y sazonar, y cocinen juntos la cena.

Tengan una cita romántica: Prepare el ambiente con luces bajas, velas aromáticas y música tranquila. Póngase algo nuevo y divertido. ¡Sea audaz!

Fuera del hogar

Visite una librería o una cafetería: Vayan juntos a tomar café o a una librería. A Curt y a mí nos encanta tomar café en nuestra librería favorita cerca de nuestra casa y ver los diferentes libros y escuchar los nuevos CDs juntos.

Haga una cita: ¿Qué cosa especial y entretenida les gusta a los dos? ¿Les gusta ir al cine, a un partido de béisbol, a la feria, al teatro, a la sinfónica? Ahorren su dinero, hagan una cita y salgan regularmente.

Hagan algo para alguien más: Sirvan la cena en un albergue, ayuden a un amigo a mudarse, visiten a algún familiar que se encuentre solo. Mientras usted y su esposo se unen a ayudar a alguien más, su unión se hará más fuerte.

Hagan un viaje: Sé que es difícil dejar a los niños, pero todas las parejas necesitan un tiempo para ellos solos. Un fin de semana puede ayudar a enfocarse uno en el otro y a aprender a disfrutar mutuamente su compañía otra vez. Si no cuenta con familiares que le puedan ayudar a cuidar a sus hijos, considere contratar a una persona soltera o a una pareja de su iglesia o hasta a una maestra de la escuela de sus hijos.

Haga algo espontáneo: A pesar de que generalmente es necesario planear, las sorpresas de último momento pueden ser grandiosas también. ¡Sea espontáneo! Llame a alguna amiga en la tarde y dígale que usted cuidará a sus hijos una noche, si ella también hace lo mismo esa noche. Y déle una sorpresa a su esposo saliendo a cenar o quedándose en casa para una cena romántica.

Establezca una tradición: Invente algo que pueda convertirse en una tradición para usted y su esposo –sin los niños. Cuando los niños hayan crecido ustedes van a tener muchas vacaciones los dos solos. Establezca una tradición divertida que disfrutarán cada año por el resto de su vida, juntos.

Hagan ejercicio juntos: Escojan un deporte o una actividad que ambos disfruten y comiencen a ejercitarse juntos. Como nuestras hijas ya están grandes y se pueden quedar en casa solas, Curt y yo disfrutamos nuestras caminatas por la noche; solo los dos. Se han convertido en nuestros momentos especiales para hablar, discutir diversos temas o compartir nuestras alegrías del día. Nuestras caminatas nos recuerdan cuando empezábamos a salir en la universidad, cuando corríamos juntos y entrenábamos para nuestras competencias. Ahora, debido a nuestras rodillas débiles, en lugar de correr, caminamos; pero disfrutamos del placer de volver a ser compañeros de ejercicio.

El ingrediente esencial

De todos los ingredientes necesarios para mantener el fuego encendido, un ingrediente es invisible pero absolutamente esencial: el oxígeno. En nuestros matrimonios, ese ingrediente decisivo, pero invisible, es Dios. Aun las parejas cristianas son culpables de no tener al Señor como una parte esencial en sus matrimonios. Pero es el ejemplo del amor de Dios el que nos motiva a amar. Su ejemplo de perdón nos impulsa a perdonar. Su Espíritu dentro de nosotros nos ayuda a amar de tal manera que muchas veces sobrepasa la habilidad o el entendimiento humano. En Hebreos 12:29 describe a Dios como: "Fuego consumidor", y es Su flama la que puede encender la chispa de un matrimonio que está batallando, al renovar el fuego del amor que tenemos por nuestra pareja.

¿Cómo incluimos a Dios en nuestro matrimonio? Una de las mejores maneras de hacerlo es la oración. Unirnos con nuestros esposos y orar regularmente. Desde el primer día de nuestro matrimonio, Curt y yo instituimos la costumbre de orar juntos cada noche antes de acostarnos. Dieciocho años después, continuamos orando. Esa hora de oración en las noches nos recuerda quién es la fuente de nuestra fortaleza y ayuda, y hace que juntos pongamos nuestros ojos en la fidelidad y el amor de Dios.

Algunas parejas leen las Escrituras juntos; otras asisten a estudios bíblicos en sus iglesias. No importa la forma que usted escoja para acercarse espiritualmente, lo importante es que usted y su esposo hagan que su relación con Dios sea el elemento central de su matrimonio. A través de las dificultades así como en los tiempos de bonanza, diríjanse juntos hacia Dios para solicitar fortaleza y dirección. Él es su todo, tanto en su matrimonio, como en su vida. ¡Que su amor eterno sea el pegamento que selle juntos sus corazones!

Punto de poder

Lea: Todo el libro de Cantar de los cantares. Observe el amor y respeto, y el gozo, que esta pareja se tenía.

Ore: Maravilloso Padre Celestial, te alabo porque tú eres amor. ¡Me amas perfecta y completamente! Gracias. Lléname con tu amor, bondad y perdón, sobre todo hacia mi esposo. Ayúdame a amar a mi esposo como Tú me amas a mí. Ayúdame a respetar a mi esposo, a honrarlo y tenerlo en alta estima. Ayúdame a no ver sus faltas y a enfocarme en su fortaleza. Ayúdame a motivarlo. Dame la fuerza de voluntad y creatividad para mantener viva la llama en nuestro matrimonio. Por favor bendice y mantén nuestro matrimonio para que te glorifiquemos en nuestra unión, en el entendimiento de que somos la imagen de Cristo y de la Iglesia. ¡Gracias por poner tan alto precio a nuestro matrimonio, y que juntos podamos magnificarte! En el nombre de Jesús, amén.

Haga: Escoja una de las ideas de este capítulo para disfrutar a su esposo. Fije una fecha, haga planes y ¡llévelos a cabo!

Conserve amistades
El valor de un compañero sabio

*Si el hombre no hace nuevas amistades a través de su vida,
pronto se encontrará solo; debemos mantener nuestras
amistades en constante reparación.*
Samuel Johnson

A Connie y a Sandra les gusta reunirse en el parque o en McDonald's por lo menos una vez a la semana. Es una costumbre que formaron a través de los años, desde que sus hijos eran chicos. Ahora, mientras los niños juegan, las dos madres conversan sobre cualquier tema, desde la escuela hasta el entrenamiento para ir al baño. Frecuentemente, durante la semana se ayudan la una a la otra cuidando los hijos de cada una, haciendo mandados, y compartiendo información sobre las ofertas que hay en las tiendas. Pero lo más importante es que se quieren y ofrecen su hombro para apoyarse, ya sea cuando el hijo de alguna tiene un problema o la otra tiene un esposo que *simplemente no entiende.* ¡La amistad que Connie y Sandra han mantenido no tiene precio!

Tristemente nuestras vidas llenas de actividades, sobrecargadas con las responsabilidades de la maternidad moderna, hacen que sea difícil fomentar y profundizar nuevas y perdurables amistades. Muchas madres hoy se preguntan: ¿Es posible mantener amistades de toda la vida, y de corazón, en un mundo tan agitado y apresurado?

Consideremos por un momento cómo se desarrollan las relaciones. La mayoría de nosotros tenemos muchos conocidos. Si tuviéramos que contar, el número podrían ser docenas, o hasta cientos. Son personas que conocemos, pero no lo suficiente. Van a la iglesia con nosotros; sus hijos van a la misma escuela que los nuestros; pertenecen al mismo equipo de béisbol; van de compras al mismo lugar que frecuentamos; trabajan en el mismo edificio. Tal vez conozcamos su nombre; tal vez no. Pero nos encontramos con ellos con regularidad debido a los lugares a los que vamos y las actividades en las que participamos cada semana.

Un conocido es alguien con quien llevamos la típica conversación superficial. Ya sabe, algo así como:

— Hola, ¿cómo estás?
— Bien, ¿y tú?
— Bien
— Me da gusto saberlo. Bien, hablamos después.
— Está bien, adiós.
— Adiós.

En ocasiones, tal vez, nos propasemos de nuestros límites y hablemos sobre el clima o de lo simpático que los niños estuvieron en el coro, pero generalmente mantenemos la conversación bastante segura y vacía. Sin embargo, de vez en cuando nos encontramos con alguien en este mar de conocidos con quien nos conectamos en un nivel más profundo. Encontramos un amigo o amiga potencial.

Las amistades tienden a nacer de la nada. En uno de esos momentos de: "¡Ajá!", nos damos cuenta de que la otra persona comparte una conexión con nosotras, ya sea por un punto de vista común, una idea similar, o niños con los mismos intereses; y, de repente, nace una camaradería. La palabra *compañero*, significa alguien que camina con nosotros en la misma dirección; denota a alguien con quien nos podemos relacionar y en quien podemos empezar a sentir confianza. Jesús también necesitó de compañía durante su vida en esta tierra, y los cuatro Evangelios nos dicen como escogió a sus doce compañeros entre sus conocidos y seguidores.

Si en algún momento hacemos esa conexión de compañerismo, con alguien que solo ha sido de nuestros conocidos, entonces, poco a poco, a través de estimularla y hacerla crecer, esa relación tiene el potencial de llegar a ser una profunda y duradera amistad. Podríamos decir que tenemos a un *compañero del alma*. Nos podemos considerar afortunados si desarrollamos amistad con dos o tres *compañeros del alma* durante la vida. Una verdadera amiga de esta naturaleza es aquella con quien podemos compartir nuestra vida en un nivel profundo, revelando nuestras esperanzas y nuestros temores, desilusiones y sueños. Tales amigas nos aman incondicionalmente y nos entienden sin tener que decirles una palabra. Ellas están con nosotras para toda la vida. Aun cuando nos separemos de una compañera del alma durante meses o hasta años, podemos volver a tomar el camino justo en donde lo dejamos, sin omitir nada.

Por supuesto, su esposo debería encajar dentro de la categoría de *compañeros del alma* de su vida. Si no encaja, ¡necesita volver a leer el capítulo anterior! Pero, por lo pronto, quiero que nos enfoquemos principalmente en amistades que están fuera de nuestro círculo familiar. Jesús tenía tres amigos especialmente cercanos: Pedro, Jacobo y Juan. Estos tres amigos, escogidos de su círculo mayor de doce compañeros, fueron los que lo acompañaron al monte de la transfiguración y lo vieron manifestar Su gloria. A ellos les pidió que se quedaran con Él mientras oraba en el jardín de Getsemaní.

Amistades cercanas, como éstas, son muy parecidas a un hermoso jardín de flores. Al igual que las flores necesitan agua, sol y nutrientes adecuados para que florezcan y crezcan, la amistad necesita amor, cuidados y atención para desarrollarse y para que llegue a ser profunda. ¿Qué es lo que podemos hacer para alimentar nuestros jardines y para que crezcan nuestras amistades? Veamos estas tres claves:

Clave 1: Haga de la amistad una prioridad

En su libro *The Friendship Factor,* Alan Loy McGinnis afirma que la principal razón por la cual la gente no experimenta relaciones profundas y perdurables es debido a que no lo hacen una prioridad en su vida.[1] ¿Cuán importante son las amistades para usted? Cómo madre ocupada, ¡seguramente usted tiene algunas otras cosas en qué pensar! Su esposo y sus hijos la necesitan, por supuesto. Lo más probable es que se enfoque en su trabajo o en ser voluntaria en una escuela, en la iglesia y en su comunidad. ¡Las amistades pueden estar al final de la lista!

Al considerar las prioridades en nuestra vida, siempre es bueno conocer cuáles son las prioridades de Dios. Claramente, las relaciones son muy importantes en la Biblia. Retroceda un poco y piense en el huerto de Edén y en el relato de la creación, en Génesis 1 y 2. Después de que Dios terminó de crear el mundo, vio que todo lo que había hecho era bueno; es decir, casi todo. "No es bueno que el hombre esté solo", dijo Dios en Génesis 2:18. Adán tenía todo lo que podía querer. Vivía en el paraíso y tenía una maravillosa relación con su Creador; sin embargo, algo le faltaba. Él necesitaba un compañero, alguien con quien se pudiera relacionar.

Sabemos que Dios creó a Eva para que fuera compañera de Adán. Pero tener otras amistades también es importante para los hombres y mujeres. El sabio rey Salomón reconoció la importancia de los amigos cuando dijo: "Hierro con hierro se aguza; y así el hombre aguza el rostro de su amigo", (Proverbios 27:17). Los amigos que Dios pone en nuestra vida nos retan y nos hacen ser perspicaces y mejores personas. Le voy a poner un ejemplo: ¿Tiene usted un cuchillo en el cajón de la cocina? Yo sí, pero solo uso la mitad de los que tengo en el cajón. ¿Por qué? Por que la otra mitad ya están sin filo y no he tenido tiempo de llevarlos a que los afilen. Solo están ahí, en el cajón, inservibles. Cuando no tenemos amigos, nos convertimos en esos cuchillos sin filo; pero a través de las buenas amistades estamos continuamente afilados y somos útiles en el Reino de Dios.

Sin hablar específicamente sobre amistad, Jesús explicó lo importante que es amar a otros cuando le preguntaron: "Maestro, ¿cuál es el gran mandamiento en la ley?", (Mateo 22:36). Jesús respondió: "Amarás al Señor tu Dios con todo tu corazón, y con toda tu alma, y con toda tu mente. Este es el primero y grande mandamiento. Y el segundo es semejante: Amarás a tu prójimo como a ti mismo", (Mateo 22:37-39). De acuerdo con Jesús, después de relacionarnos bien con Dios, lo segundo en importancia es relacionarnos bien con otras personas!

Jesús vivió este amor hacia otros en su propia vida. Claramente se dedicó a sus amigos. ¡Lo único que tenemos que hacer es leer su oración por los discípulos, en Juan 17:6-19, para ver lo mucho que los amaba! Siguiendo los pasos del Señor, el apóstol Pablo también le dio

Y considerémonos unos a otros para estimularnos al amor y a las buenas obras. —Hebreos 10:24

prioridades a las relaciones: "Amaos los unos a los otros con amor fraternal; en cuanto a honra, prefiriéndoos los unos a los otros", (Romanos 12:10).

Creo que las madres especialmente se necesitan una a la otra como amigas. Necesitamos el compañerismo, la camaradería y la comprensión que otra mujer puede dar. Necesitamos ayudarnos las unas a las otras. En ocasiones necesitamos que nos levanten y nos señalen una dirección positiva, y una amiga firme puede ser justo lo que nos haga falta. Las amigas sinceras son un regalo de Dios, que se nos da para compartir nuestras alegrías, así como para ayudarnos a atravesar los retos de la vida.

Así que, ¿cómo hacemos que la amistad sea una prioridad en medio de nuestra agitada vida? Primero, reconociendo aquellas amistades que son importantes para nosotros, y después siendo una buena amiga. Como dijo Emerson: "El único camino para tener un amigo es siendo uno".[2]

Para conservar una amistad importante para mí, me hice el propósito de apartar un tiempo durante el mes para reunirnos. Tengo una amiga a quien veo para comer el segundo martes de cada mes. Con otra amiga me reúno cada semana para orar. Me junto con otras dos amigas (formamos un trío maravilloso) cada quince días los jueves para conversar, reír y orar. Una de mis más queridas amigas y yo hablamos por teléfono varias veces a la semana y nos reunimos cuando podemos para comer.

Me he dado cuenta de que anotar en el calendario mis reuniones con mis amigas me ayuda a evitar que la tiranía de lo que es "urgente" me lleve a perderme las relaciones que aprecio tanto.

Ser amiga no significa que tengamos mucho tiempo; solo debemos tener un poco de bondad, un poco de comprensión, y un poco de compasión hacia otros –y planear un poco. También se necesita obediencia hacia la Palabra de Dios. En la medida en que vivamos los principios de amor cristiano que se encuentran en las Escrituras, seremos mejores amigas.

Clave 2: Construya sobre intereses comunes

Cuando dos madres se sientan juntas en un consultorio de un doctor, en unos cuantos minutos inician una conversación sobre cualquier tema, desde enfermedades infantiles hasta los libros favoritos de los niños. Como madres tenemos una camaradería básica nacida de experiencias similares. Y según vamos aprendiendo a construir sobre intereses comunes, podremos ver cómo nace una fuerte relación.

La buena noticia es que construir amistades no la alejara de sus responsabilidades familiares. En realidad, una buena amistad puede crecer al mismo tiempo que mantenemos nuestras prioridades: nuestro esposos y nuestros hijos. ¿Quiere llevar a sus hijos al parque? Llame a alguna conocida que tenga hijos de la edad de los suyos y pídale que la acompañe. Los niños incrementarán sus habilidades sociales mientras juegan juntos, y usted tendrá la oportunidad de desarrollar una amistad. ¿Tiene que ir a la central de abasto o a un centro de mayoreo? Invite a una amiga a que la acompañe y dividan los artículos de mayoreo. ¿Quiere ir al estreno de alguna película infantil? No vaya sola. Invite a alguna conocida y a sus hijos y juntas construyan una amistad y disfruten juntas de la película. Cuando salgan del cine, vayan a tomar un helado.

Organice grupos de juego con sus conocidas que tengan hijos de la misma edad que los suyos. O únase a las diferentes asociaciones para madres en su localidad. Una de ellas es MOPS (Madres de preescolares, por sus siglas en inglés). En la asociación de Padres de Familia de su escuela o en un club para madres (revise el periódico o una publicación para padres local para encontrar alguno de estos grupos en su ciudad). Muchas iglesias tienen reuniones para madres también. Si no encuentra una asociación, ¡tal vez usted pueda iniciar una! ¡Las amistades están esperando nacer y desarrollarse en estos círculos maravillosos de experiencias compartidas!

Desde luego, no estoy sugiriendo que pasemos todo el tiempo en grupos de madres o que le llamemos a una amiga cada vez que vamos a ir a algún lugar. También necesitamos pasar tiempo a solas con nuestras familias; pero debemos aprovechar las oportunidades que se presentan para hacer amistades cuando sea apropiado. ¡Solo sea equilibrada! No tenemos que depender de alguien en todo lo que hacemos, y desde luego tampoco queremos que nuestros hijos piensen que tenemos que estar con alguna amiga todo el tiempo. Pero así como necesitamos apartar tiempo para la familia, también necesitamos un tiempo bendito de amistad. Nuestros hijos necesitan ver el esfuerzo que hacemos para acercarnos a la gente. Ellos aprenderán con nuestro ejemplo.

En el capítulo 8, hablamos sobre la bendición de tener una compañera de oración. Ciertamente, uno de los lazos más profundos que podemos tener con una amiga es el lazo que se forma cuando oramos juntas. Hace cuatro años, mi amiga Carol y yo empezamos a sentir que teníamos un anhelo común de orar por nuestras familias. Decidimos que intentaríamos reunirnos una vez a la semana y orar por necesidades especificas de nuestras hijas (cada una tenemos dos hijas). La profundidad de nuestra amistad continua debido a esos momentos de oración. Hasta el día de hoy, Carol y yo compartimos todo. Nuestro amor y confianza son perdurables ya que se han construido durante todos estos años y por el mutuo interés en la oración.

¿Usted tiene algo en común con una conocida? Pasatiempos similares, hijos de la misma edad, un entusiasmo especial por los deportes, etc. ¿Le encanta comprar en las mismas tiendas? ¿Lee los mismos libros? Cualquiera que sea su interés común, ¡construya sobre el! Su relación se irá formando naturalmente. Y según se vaya desarrollando la confianza mientras pasa el tiempo, se encontrará compartiendo niveles profundos de honestidad y franqueza. Una palabra de advertencia: Esté segura de que su amiga sea una persona leal antes de que usted empiece a confiar en ella. Pocas cosas duelen más que alguien en quien usted pensaba que podía confiar la traiciona. Pero una vez que la honestidad es confiable y real –disfrute de esta bendición que Dios le ha dado.

Clave 3: Motívense mutuamente

Beth es una amiga positiva. Cuando yo me siento deprimida, cuando me siento que como madre eché todo a perder, Beth siempre sale a rescatarme asegurándome que todo va a salir bien. Me orienta hacia Dios y las Escrituras. Si estoy en un programa de radio para hablar acerca de mis libros, apenas salgo al aire, cuando ya Beth me está llamando para decirme: "¡Estuviste maravillosa! ¡Estoy muy orgullosa de ti!"

Beth es uno de esos raros tesoros: una verdadera motivadora. Jamás se une con otras para criticar a la gente. No se goza viendo la calamidad ajena. Siempre ve lo bueno de cada situación. Si tengo algún problema con mi esposo y me empiezo a quejar, ella me dice que soy muy afortunada de tener a Curt y me recuerda sus buenas cualidades (que son más que las negativas).

Definitivamente, ¡soy mejor persona gracias a Beth! Todas necesitamos una amiga tan leal como ella. La gente que se queja todo el tiempo cuesta diez centavos la docena, pero una amiga que te da fortaleza a través de motivación vale su peso en oro.

Hace varios años, tuve una amiga que era lo opuesto a Beth. Criticaba todo en mi vida, incluyendo a mi esposo. Me decía: "Él no te comprende. Voy a orar por él, lo necesita". Criticaba todo y a todos en mi vida, desde la escuela de mis hijas hasta las personas en nuestro grupo de hogar.

¡Ya tenemos suficientes influencias negativas en nuestro mundo como para que además seamos bombardeadas por nuestras amistades! Con el paso del tiempo, llegué a la conclusión de que necesitaba alejarme de esta amistad pues empezaba a influir negativamente en mis pensamientos hacia mi familia. En vez de ayudarme a ver las bendiciones en mi vida, esta amiga me estaba llevando a enfocarme en las pocas cosas que estaban mal.

¿Recuerdan la historia de los israelitas que se quejaban en el desierto? Milagrosamente, Dios hizo todo lo necesario para que escaparan de Egipto y atendió sus necesidades. Les dio a Moisés, que era un gran líder. Sin embargo, perdieron su enfoque hacia lo que Dios iba a hacer en ellos y empezaron a creer que sería mejor que se regresaran a Egipto como esclavos. ¿Por qué creen que se hicieron tan quejumbrosos? Seguramente todo empezó con unos cuantos gruñones que extendieron sus pensamientos negativos hacia otros; quienes, a su vez, también extendieron sus pensamientos negativos hacia otros; y, sin darse cuenta, el desaliento se había extendido a los corazones de casi todos. ¡Pobre Moisés! Por lo menos tenía dos amigos positivos: Caleb y Josué, quienes no se enfocaron en lo malo de la situación, sino en lo que Dios podía hacer en medio de ellos.

¿Qué clase de amigos tienes? ¿Son como Caleb y Josué? o son gruñones y se quejan de todo. Recuerde, las amistades positivas hacen que su vida sea diferente, pero lo mismo influyen las negativas. Conozco casos en los cuales las amistades negativas han sido causantes de frustraciones, descontento y hasta de divorcio. ¿Sus amistades la han hecho ser una mejor persona?, o ¿gracias a ellas es usted una persona más amargada? Ore para que Dios la guíe hacia mujeres que la ayuden a ver cada situación de acuerdo a la perspectiva de Dios y no de acuerdo con una perspectiva egoísta y terrenal. Debemos rodearnos de personas que sean edificantes y no destructivas, y recuerde ser esa influencia positiva para la vida de su amiga a cambio.

La amistad con otras mujeres enriquece nuestras vidas. Ni usted ni yo necesitamos tener mucho dinero para ser ricas, ¡necesitamos tener buenas amigas!

Punto de poder

Lea: 1 Samuel 20. Observe cómo Jonatan y David tenían una profunda y positiva amistad, a pesar de los muchos obstáculos. También lea Colosenses 3:1-17, que nos enseña las cualidades de una amiga positiva.

Ore: Santísimo Padre, Tú eres el amigo perfecto. Siempre estás conmigo. Cubres todas mis necesidades. Gracias por las amigas que has traído a mi vida. Ayúdame a ser mejor amiga. Ayúdame a encontrar nuevas amigas potenciales que pongas en mi camino. En el nombre de Jesús, amén.

Haga: En un cuaderno o en su diario de oración, haga tres listas: una de conocidas, otra de compañeras, y otra de amigas del alma. Llénelas con los nombres de las personas que están actualmente en su vida. Ore pidiendo a Dios que le muestre cómo puede profundizar estas relaciones. Ore por cada amiga por su nombre.

14

Madres consejeras
Construya relaciones con madres experimentadas

Ella suministra cariño y amor para tener un hogar feliz;
cada madre fortalece a los individuos que están dentro
de su circulo como en una nación.
Earl E. Chanley

Como Directora de Ministerios para Mujeres en una iglesia en Dallas, Vickie Kraft quería encontrar la manera de extraer los talentos que Dios le había dado a cada mujer en su congregación. También quería suplir las necesidades de cada una de ellas de acuerdo a sus posibilidades. Por fin, encontró la manera de hacer las dos cosas al mismo tiempo. Se dio cuenta de que las mujeres maduras, tenían más sabiduría y experiencia, que podían compartir con las mujeres jóvenes. Siguiendo las instrucciones de Pablo en Tito 2:3-4 como base: "Las ancianas (...) enseñen a las mujeres jóvenes"; organizó un programa que llamó *De corazón a corazón,* que unía a mujeres maduras con mujeres jóvenes con el propósito de aconsejarlas.

Una vez que Vickie fue entrevistada en un programa de radio muy popular llamado *Enfoque a la Familia,* con el Dr. James Dobson, el ministerio De corazón a corazón se extendió rápidamente a las congregaciones en todo el mundo. Hoy en día Vickie es autora de varios libros sobre consejería y da conferencias a grupos de mujeres en todo el mundo, enseñándoles cómo conectarse mujer con mujer en este programa dinámico.

¿Por qué la idea de Vickie se extendió como un incendio forestal? Debido a que está basado en la Biblia, y a que Dios les ha dado a las mujeres jóvenes, sobre todo, a las madres jóvenes, un gran deseo de tener consejeras sabias. Muchas madres jóvenes en nuestra sociedad no tienen la bendición de vivir con mujeres mayores dentro de su familia. Sus madres, abuelas y otras figuras matriarcales están repartidas por todo el mundo, y en muchas ocasiones las mujeres más jóvenes tienen que forjar sus propios territorios.

Entre tanto, hay otras mujeres mayores que tienen el deseo de entregarse e impactar a las generaciones siguientes. Sus propios hijos ya han crecido y por lo general viven lejos, y ellas saben que tienen sabiduría y talentos para compartir, por eso siempre están dispuestas ante la oportunidad de compartir sus conocimientos con las mujeres más jóvenes que conviven con ellas.

Una relación de consejería no sustituye el lugar que tiene la familia. Tampoco remplaza la amistad especial que se da con mujeres de nuestra misma edad que viven en ese momento el mismo nivel de experiencias que nosotros, pues caminar por la vida compartiendo las mismas experiencias nos lleva a disfrutar de una maravillosa camaradería. Pero la relación con una *madre consejera* es muy especial. No solo nos encontramos con una compañera cariñosa, sino que también nos beneficiamos con la sabiduría y consejos de alguien que ya ha pasado por todo. Según vamos aprendiendo de la experiencia de nuestra consejera, logramos una perspectiva más equilibrada de la vida. Qué alivio produce escuchar palabras de confianza como: "No te preocupes; es solo una etapa", o "Esto también pasará", o "Cariño, yo sentía lo mismo cuando tenía tu edad".

Tampoco una consejera puede tomar el lugar de nuestra madre o de cualquier otra matriarca de nuestra familia. Sin embargo, una madre-amiga experimentada le puede dar un consejo a una nueva madre de una manera que un familiar no lo haría. Muchas veces no aceptamos de buena gana los consejos que nos da nuestra familia debido a relaciones emocionales que nos atan o a problemas del pasado. En tales casos, ¡una mujer sabia que no es parte de nuestra familia puede ser una bocanada de aire fresco!

Haga la conexión

Si en su comunidad no se encuentra un ministerio De corazón a corazón, puede seguir las instrucciones de Pablo y tratar de conectarse con una madre experimentada. ¿Pero cómo encuentra a la madre consejera correcta? Por supuesto que no puede forzar a nadie a que sea su consejera, pero hay algunas recomendaciones que le ayudarán a iniciar una relación de consejería fácil y naturalmente. Vamos a ver tres pasos que nos pueden llevar a ese lazo especial:

1. Ore

Empiece a orar para que Dios prepare el corazón de una mujer madura para que sea su madre consejera. Pídale que la una con alguien que motive su fortaleza y le ayude a superar sus debilidades.

2. Pregunte

Pregunte en su iglesia acerca de las mujeres que podrían estar interesadas en ser una madre consejera. Podría preguntarle a un líder a cargo de la clase de escuela dominical para la tercera edad o pregúntele a la persona que está a cargo del ministerio de mujeres. Dígales que a usted le gustaría que la pusieran en contacto con una madre espiritualmente madura que puede influir o guiar a una madre joven.

3. Inicie

No espere a que alguien se le acerque. Muchas veces una persona mayor se siente intimidada a ofrecerse como consejera pues puede sentir que esto implica que ella debe saberlo todo. Una vez que usted descubra a la persona con quien piensa que puede hacer conexión, pídale que ore y considere ser su madre consejera. Asegúrele que no necesita ser perfecta, solo que este dispuesta a escuchar, dar consejos y ser amiga.

Por supuesto que no debe esperar perfección en una consejera, pero sí deberá buscar ciertas cualidades. La Biblia nos habla sobre los atributos importantes que una mujer debe tener cuando dirige o enseña a otros. En Tito 2:3 Pablo escribe: "Las ancianas asimismo sean reverentes en su porte; no calumniadoras, no esclavas del vino, maestras del bien". Por esta descripción nos damos cuenta de que una buena consejera es una mujer que vive una vida de acuerdo a los principios de Dios. No toma vino, no anda en chismes, y vive y enseña principios bíblicos. Aparentemente, Pablo identificó que las mujeres cuyas familias han dejado el nido vacío pueden ser tentadas a perder el tiempo en chismes o búsquedas egoístas. Su mandamiento es que las mujeres mayores utilicen su tiempo de una manera productiva, enseñando a las mujeres jóvenes cómo vivir para el Señor. Cuando usted identifique a su consejera potencial, pregúntese: ¿Esta persona tiene un carácter y un estilo de vida piadoso? Debe usted seguir las instrucciones que se encuentran en Tito 2, y asegúrese de que ella también lo haga.

Construya un lazo de unión

Una vez que usted haya establecido una conexión con su madre consejera, ¿cómo comienza a formar una relación cercana? Al inicio, solo tiene que hacer el esfuerzo de conocerse mutuamente. Pídale a su nueva amiga que le cuente acerca de sus hijos. ¿Son grandes? ¿Viven por el mismo rumbo? ¿Tiene nietos? Pídale que le hable de su niñez y cómo fue su vida familiar. Pregúntele como conoció a su esposo. ¿Cómo se hizo cristiana? Y cuéntele usted sobre su propia vida. Comparta con ella más que solo los hechos; permítale ver sus sentimientos y sus emociones. Mientras se vayan abriendo mutuamente, comenzarán a formar más confianza y comprensión entre ambas.

Una vez que se sientan cómodas una con la otra, ¿qué es lo siguiente que tiene que hacer? En Tito 2:4-5 dice: "Que enseñen a las mujeres jóvenes a amar a sus maridos y a sus hijos, a ser prudentes, castas, cuidadosas de su casa, buenas, sujetas a sus maridos, para que la palabra de Dios no sea blasfemada". Básicamente, las madres consejeras son llamadas para impactar la vida de las madres jóvenes al impartir motivación espiritual y consejos prácticos nacidos de la experiencia. Esto se puede hacer informalmente pasando tiempo juntas y conversando, o de una manera más formal desarrollando un estudio bíblico juntas. Existen muchas guías para ayudarla. Tal vez si usted y su consejera van juntas a una librería cristiana, puedan encontrar el estudio que sea de interés para las dos.

Lo más importante es que tanto usted como su madre consejera pueden comenzar a orar juntas y una por la otra. Las mujeres con hijos mayores tienen más tiempo para dedicarse a la oración. ¡Es maravilloso compartir sus peticiones de oración con alguien que usted sabe que se pondrá a orar! Recuerde registrar sus peticiones de oración en su libreta, y no olvide registrar como Dios responde en su tiempo perfecto.

Planee su tiempo

Como madres, tenemos maravillosas oportunidades disponibles; pero si no cuidamos nuestro tiempo, terminaremos empleándolo en cosas que nos alejen de nuestras prioridades principales: de nuestra familia. Debido a que el tiempo es valioso y limitado, es importante tomar en cuenta el tiempo que quiere pasar con su consejera. Yo le recomiendo que empiecen a reunirse una vez al mes, con un tiempo para iniciar y otro para finalizar. Tener limites de tiempo claros les ayudaran a sentirse cómodas acerca de reunirse de nuevo. Si después de varios meses, consideran reunirse más de una vez al mes, también será buena idea pasar tiempo adicional juntas. En muchas ocasiones reunirse una vez al mes en persona y hablar por teléfono una vez al mes puede ser una buena combinación.

Ayuda mucho fijar un día especifico para su reunión; digamos, el segundo martes de cada mes. Esto les ayudara a ser constantes; no va a ser probable que haga una cita con el dentista el mismo día por error). Sus llamadas por teléfono también pueden programarse de la misma manera. Tal vez exista una hora durante el día, cuando sus hijos toman su siesta o estén viendo su programa favorito, en que tendrá la oportunidad de conversar sin interrupciones. No se olvide de fijar un tiempo límite. Veinte minutos son suficientes para que ambas puedan ponerse al corriente y compartan una petición de oración.

¿Cuál es el mejor lugar para reunirse? Un parque es un lugar ideal para tener sus reuniones, cuando lo permita el clima. Este lugar permite que sus hijos hagan ejercicio mientras usted los vigila y conversa con su consejera. Después de que mi madre murió, una

Las ancianas asimismo sean reverentes en su porte; no calumniadoras, no esclavas del vino, maestras del bien; que enseñen a las mujeres jóvenes a amar a sus maridos y a sus hijos. —Tito 2:3-4

de sus mejores amigas se reunía conmigo y con mis hijas en el parque para comer y conversar. ¡Era un maravilloso lugar para ponernos a recordar viejos tiempos juntas!

Si sus hijos están en la escuela o los puede dejar en casa de una amiga, podrá reunirse con su consejera en algún restaurante para comer. Esto siempre es divertido; aunque en un restaurante es posible que no tengan la suficiente privacidad necesaria si es que están estudiando la Biblia juntas. Por supuesto, también pueden reunirse en su casa mientras su bebe duerme o sus hijos están jugando.

Durante las diferentes épocas de mi vida, Dios me ha traído varias consejeras. Con algunas, me reunía regularmente y deliberadamente; con las demás, me reunía espontánea y esporádicamente. Pero cada mujer tuvo un gran impacto en mi vida. Bárbara estuvo a mi lado cuando mi madre murió. Norma me motivó durante los años en que mis hijas estaban en preescolar. Anne era una guerrera piadosa de oración quien me ayudó durante mis años de formación en mi ministerio como autora y conferencista. Jan, Donna, y Doris fueron (y aún lo son) una gran bendición para mi familia y para mí. Mi vida se ha enriquecido a través de mis relaciones con estas magníficas consejeras.

Si está del otro lado

Siempre me consideré del lado joven del binomio consejera-aconsejada. Pero en determinado momento, y sin darme cuenta, ya estaba capacitada para estar del otro lado. ¡Es increíble cómo pasó el tiempo! Ahora es mi turno para que vierta sobre las madres jóvenes algo de la sabiduría y experiencia que he obtenido durante estos años. ¡Y me encanta! Como dice el dicho: "Cuando sostienes una antorcha para encender el camino de otra, iluminas el propio". ¡Que bendición es caminar junto a las mujeres jóvenes que Dios pone en mi camino, ayudándolas a amar a sus esposos, a cuidar de sus hijos, y a edificar sus hogares!

Como consejeras (si todavía no lo es, pronto lo será), le permitimos a Dios trabajar a través de nosotras, no solo para enseñar sino para motivar a otras, y también para servirlas. Si el tiempo lo permite, podemos ofrecernos para ayudar a nuestra joven amiga a cuidar a sus hijos mientras ella tiene que hacer algún mandado, o cocinarle cuando ella se encuentra enferma. Podemos enviarle tarjetas o escribirle notas de motivación, ayudándola a sonreír cuando ella se sienta cansada o abrumada. También podemos estar a la caza de manera para ayudarla mientras enseña a su familia a amar y a servir al Señor.

Posiblemente usted no tenga la madurez en años, pero tal vez sí tiene la madurez en la fe y ha crecido a través de las experiencias y circunstancias que Dios ha puesto en su vida. La edad no es la única cualidad para que usted pueda aconsejar y guiar a otras. Usted también tiene mucho qué compartir con las mujeres que son jóvenes en su caminar con Dios. Siempre debemos estar listas para compartir lo que Dios nos ha dado con las mujeres que Dios pone en nuestro camino.

Quiero terminar este capítulo relatándoles sobre Kaye y Lydia. Estas dos mujeres tenían el grupo de los niños de dos años en la escuela dominical en su iglesia. Kaye era una mujer joven y soltera. Lydia estaba casada y tenía dos hijas preadolescentes. Rápidamente se hicieron buenas amigas, a pesar de la diferencia de edades. Cuando las hijas de Lydia pasaron por los diferentes retos que se presentan en la adolescencia, Kaye pudo ofrecerle su ayuda como lo haría su *hermana mayor*. Cuando Kaye conoció a Robert en el ministerio de solteros, Lydia la apoyó en su nueva relación. Posteriormente, Lydia ayudó a Kaye mientras hacia sus planes para su boda. Ahora Kaye tiene hijas preadolescentes, y... adivine a quién se dirige para que la aconseje.

Estas dos mujeres son una bendición la una para la otra debido a que hace muchos años estuvieron dispuestas a extender y a construir un lazo. La relación especial que construyeron aún continua impactando sus vidas. ¡Qué todas seamos tan bendecidas como Kaye y Lydia.

Punto de poder

Lea: Colosenses 3. ¿Cómo puede aplicar este pasaje en una relación de consejería? Escríbalo.

Ore: Maravillos Padre, gracias por el privilegio de ser madre. Gracias por ayudarme en mi camino. Gracias por aquellas madres experimentadas que has puesto en mi vida para ayudarme y motivarme a honrarte en mi hogar. Guíame hacia consejeras que puedan compartir su sabiduría y su experiencia conmigo. Abre oportunidades para que pueda construir amistades.

Muéstrame cuando sea mi turno de asesorar a otras y ayúdame a ser un buen ejemplo para todos los que me rodean. En el nombre de Jesús, amén.

Haga: Si usted es una madre joven, empiece a orar para que Dios la guíe hacia una mujer madura con quien se pueda conectar en una relación de consejería. Pregunte sobre las mujeres de su iglesia con quien pueda construir una relación. Si usted es una madre madura, pida a Dios que le dé la oportunidad de ministrar a otras.

Principio 5

El poder de su ejemplo

Así alumbre vuestra luz delante de los hombres, para que vean vuestras buenas obras, y glorifiquen a vuestro Padre que está en los cielos.
Mateo 5:16

El mejor regalo que le podemos otorgar a los demás es un buen ejemplo.
Morell

Libro de lecciones vivientes
Sus acciones hablan más alto que sus palabras

*Los cimientos del carácter no se construyen con sermones,
sino con ladrillos de buen ejemplo,
colocándolos día con día.*
Leo B. Blessing

La historia sin fin es el título de una película infantil sobre un niño llamado Sebastián a quien le encantaba leer. Un día Sebastián entró a una tienda de libros antiguos y descubrió un libro con un cuento muy raro. Se lo llevó a casa, y mientras lo empezó a leer, descubrió que él mismo estaba dentro del cuento y ¡era parte de la historia! Experimentó increíbles aventuras en su misión de salvar a la heroína del libro, una hermosa princesa. En el proceso, su valor y coraje crecieron.

Al final de la película, el padre de Sebastián empezó a buscarlo, pero no lo encontró. Finalmente, el padre recogió el libro y empezó a voltear las hojas. Para su asombro, ¡se dio cuenta de que estaba leyendo sobre su propio hijo! Mientras leía el último capítulo, la princesa recobra su trono y Sebastián regresa de entre las hojas del libro hacia los brazos de su padre. Por su puesto, todos vivieron felices.[1]

¿No creen que sería fabuloso saltar de entre las paginas de un libro y vivir las aventuras que describe? Pues, en cierto modo, nuestra vida representa las páginas de un libro. El título del libro es: Libro de lecciones vivientes. Nuestros hijos leen este libro todos los días; ellos ven nuestras acciones en esas páginas. Es posible que este libro que leerán será el libro que más influirá en sus vidas, con excepción de la Biblia. En realidad, ¡leerlo garantiza un cambio en sus vidas!

¿Cuáles son algunos capítulos en el Libro de lecciones vivientes? Esperemos que el índice diga algo así:

Capítulo uno: Mantener el autocontrol incluso cuando está cansado y frustrado
Capítulo dos: Demostrar paciencia cuando el tráfico es terrible y las filas de las tiendas de autoservicio son interminables
Capítulo tres: Decir cosas amables sobre otras personas
Capítulo cuatro: Decir la verdad, aun en las cosas más insignificantes
Capítulo cinco: Ayudar a otros cuando lo necesiten
Capítulo seis: Quejarse menos; hacer más cumplidos
Capítulo siete: Tener buenos modales en la mesa y otras formas de buena educación
Capítulo ocho: Obedecer el reglamento de tránsito y las leyes
Capítulo nueve: Orar sobre todas las cosas. No preocuparse por nada

Desafortunadamente, muchos de nuestros libros son algo diferentes. ¿Se puede usted identificar con los siguientes títulos?

Capítulo uno: Perder el control en determinados momentos
Capítulo dos: Frustración y enojo ante las filas largas
Capítulo tres: Contar historias jugosas sobre amigos y enemigos
Capítulo cuatro: Unas pocas mentiritas blancas llegan muy lejos
Capítulo cinco: No tengo tiempo para cuidar a nadie, ya tengo suficientes responsabilidades
Capítulo seis: Quejarse sin arrepentirse
Capítulo siete: Las buenas costumbres salen por la ventana
Capítulo ocho: El reglamento de tránsito se hizo para romperse
Capítulo nueve: Preocúpese ahora, ore después

Aunque no nos guste, nuestra vida es un libro abierto, y lo leen todos los días unos pequeños ojos en nuestros hogares. Las lecciones que transmitimos verbalmente a nuestros hijos pueden ser sabias y buenas, pero las lecciones que realmente duran son *captadas*, no enseñadas. Es muy necesario entender que, aunque todo lo que salga de nuestras bocas sea *lo correcto*, se puede anular si nuestros hijos no ven que lo vivimos todos los días en nuestras vidas. Un proverbio chino dice: "No es el chillido, sino el vuelo del pato silvestre que guía a la parvada a que vuelen y lo sigan". ¿Hacia donde estamos dirigiendo a nuestra pequeña manada con nuestro ejemplo? ¿Cómo podemos mejorar nuestros libros de lecciones a nuestros hijos?

Que el cielo nos ayude

Es difícil ser un buen ejemplo. En ocasiones parece imposible. El apóstol Pablo habló sobre esta lucha que todos libramos de saber lo que tenemos que hacer, y sin embargo, hacer lo que no debemos. En Romanos 7:18-25 él admitió: "El querer el bien está en mí, pero no el hacerlo. Porque no hago el bien que quiero, sino el mal que no quiero, eso hago. Y si hago lo que no quiero, ya no lo hago yo, sino el pecado que mora en mí (…) ¡Miserable de mí! ¿quién me librará de este cuerpo de muerte? Gracias doy a Dios, por Jesucristo Señor nuestro".

Pablo sabía que apartados de Cristo, somos un caso perdido. Pero con Cristo, todo es posible. Jesús les dio esperanza a sus seguidores cuando dijo: "Yo soy la vid, vosotros los pámpanos; el que permanece en mí, y yo en él, este lleva mucho fruto; porque separados de mí nada podéis hacer", (Juan 15:5). Tratar de ser un buen ejemplo en nuestras fuerzas, a la larga, nos lleva al fracaso, solo permaneciendo en Cristo tendremos frutos y esperanza.

La analogía del vino y los pámpanos es una hermosa imagen de Cristo y sus seguidores. ¿Es responsabilidad del pámpano crear el fruto y hacerla crecer? No, el pámpano simplemente se queda pegado a la vid y recibe los nutrientes que la vid le da; al desprenderse de la vid, el pampano no da fruto. Pero mientras se quede unida a la vid, día a día, el fruto empezara a crecer naturalmente.

¿Cómo puede usted ser un buen ejemplo en su hogar? ¡Manténgase unido a la vid! Permanezca en Cristo. Continúe con Él; sígalo; quédese con Él. Este cerca de Él. Viva con Él, tal y como el casero le diría a su nuevo inquilino: "Pase a mi casa y permanezca aquí".

¿Cristo vive en usted? ¿Es tan solo un conocido, o es una parte importante en su vida? Recuerde, sin Él ¡no puede hacer nada!

Los ejemplos son fuertes y evidentes

Había una vez dos madres que eran vecinas. Las dos tenían hijos de la misma edad, y las dos estaban viendo al mismo tiempo el tiradero que había en el cuarto de juegos. La primer madre llamó a sus hijos, se puso de rodillas, y empezó a enseñarles cómo limpiar y a recoger la habitación. Sus hijos hicieron lo mismo que ella, y juntos terminaron de limpiar la habitación. La segunda madre regañó a sus hijos, exigiéndoles que se pusieran a limpiar y que hicieran *su parte*, para mantener la casa limpia. De mala gana, los niños recogieron algunos libros y los colocaron en el librero, y el resto de los juguetes los escondieron debajo del sofá.

La primera madre demostró con su ejemplo cómo hacer el trabajo; la segunda, usó su boca pero no sus manos. Como podrán imaginarse, la primera madre impactó a sus hijos porque los guió con su generoso ejemplo; la segunda madre simplemente transmitió amargura a sus hijos. Ambas madres, sin darse cuenta, les enseñaron mucho más a sus hijos que tan solo limpiar el cuarto de juegos.

Dedicar un tiempo para enseñarles a nuestros hijos cómo hacer determinadas tareas les dice mucho. Les dice: "A mi mamá le importa enseñarme cómo se hacen las cosas". Es muy sencillo decirle a un hijo que necesita limpiar las ventanas o a una hija que debe limpiar el piso de la cocina; pero aprenderán a hacerlo correctamente si les enseñamos cómo hacerlo. Ser un ejemplo no solo requiere carácter; toma tiempo. En nuestra activa sociedad, el tiempo es valioso; por lo cual es más significativo cuando les pedimos que hagan determinada tarea a nuestros hijos y decimos: "Ven cariño, déjame que te enseñe cómo se hace". Al enseñarles desde como nadar hasta cómo orar, nuestro ejemplo ilumina el camino para que nuestros hijos lleven a cabo sus propias metas.

Todos estamos familiarizados con el viejo dicho: "Dale a un hombre un pescado, y tendrá comida para un día. Enséñale a un hombre cómo pescar y comerá toda la vida". Se cuenta la historia cuando San Francisco de Asís le pidió a un monje que lo acompañara a

Ninguno tenga en poco tu juventud, sino sé ejemplo de los creyentes en palabra, conducta, amor, espíritu, fe y pureza. —1 Timoteo 4:12

una pequeña aldea para predicar el Evangelio. El monje se sintió honrado al ser invitado por tan gran maestro e inmediatamente acepto la invitación. Los dos hombres pasaron el día caminado por las calles, por las carreteras, y por los callejones de la aldea, atendiendo las necesidades de los pobres que se encontraban mientras caminaban. Ministraron a cientos de personas en ese solo día. Cuando caía la noche, los dos se regresaron a su casa, pero el joven monje se percató que Francisco no había reunido a la multitud para predicar el Evangelio. Decepcionado, le dijo: "Pensé que hoy íbamos a predicar el Evangelio". El maestro respondió: "Sí, predicamos. Predicamos mientras caminábamos. Muchos nos vieron, y nuestro comportamiento fue observado atentamente. ¡De nada sirve caminar a cualquier parte y predicar, si no predicamos por todos lados mientras caminamos!".[2]

Cuando era niña, generalmente caminaba con mi abuelo en la ciudad de Pekin, Illinois. Pekin, es un pequeño pueblo con muy poco tráfico; sin embargo, cuando cruzábamos una calle, mi abuelo se detenía y suavemente tomaba mi mano sin decir una palabra. Yo lo entendí. No podía haber sido más claro y más fuerte: "Te amo. Eres muy valiosa para mí, y no quiero que nada te suceda". Extraño esas caminatas con mi abuelo. Ahora, cuando camino con mis hijas, tomo sus manos cuando cruzamos una calle. Tal vez sea costumbre: yo lo llamo un mensaje de amor que aprendí con el ejemplo de mi abuelo.

Nadie es perfecto

El *Circo Familiar* de Bil Keane es una de mis historietas cómicas favoritas. Un segmento en particular, ilustra la influencia poderosa que nuestro ejemplo juega en la vida de nuestros hijos. El primer cuadro muestra al pequeño Jeffy paseando en su triciclo, gritando: "¡Hazte a un lado!" "¡Estúpido!" ¡Decídete!". El siguiente cuadro muestra a su madre con una expresión de preocupación, preguntándole al pequeño Jeffy qué es lo que está haciendo. El pequeño niño orgullosamente le responde: "¡Manejando como papá!"[3] ¿Qué es lo que sus hijos harían si lo imitaran a usted conduciendo, o a la salida del auto-servicio, o en la cocina, después de un largo día? Deténgase y piense un momento. Es preocupante, ¿verdad? Ahora pregúntese: ¿Qué clase de ejemplo le gustaría que sus hijos imitaran?

En mi propio hogar, estoy empezando a verme cada vez más reflejada cuando que veo a mis hijas adolescentes. Afortunadamente, veo cualidades;

pero también veo algunos defectos asomar de vez en cuando. ¡Me siento un tanto culpable cuando escucho que mi propia hija emplea las mismas expresiones que yo uso cuando me quejo con Curt!

Por supuesto, nadie es perfecto. Todas hemos hecho algo que lamentamos. Pienso en Pedro quien incluso negó conocer a Jesús; no solo una, sino tres veces. Sin duda Pedro se sintió como un fracaso total. ¿Cómo pudo Dios utilizar a Pedro para que construyera su Iglesia después de demostrar tal debilidad? Pedro aprendió –como nosotras debemos hacerlo– que Dios es un Dios que perdona. Él es: "El que rescata del hoyo tu vida, el que te corona de favores y misericordias",(Salmos 103:4). Él nos perdona, nos renueva, y a pesar de nuestros errores, nos utiliza.

Cuando Jesús resucitó, se acercó a Pedro y le preguntó tres veces: "Pedro, ¿me amas?" (Tal vez le hizo la misma pregunta tres veces por las veces que Pedro lo negó). Pedro le respondió: "Señor, tú lo sabes todo: tú sabes que te amo. Jesús le dijo: Apacienta mis ovejas", (Juan 21:17). Pedro cometió un error, aun así, ¡Dios tenía un gran plan para la vida de Pedro! Pedro sería el primer líder de la Iglesia del primer siglo, apacentando a sus seguidores quienes pronto conocerían a Cristo como su único Salvador.

Nosotras también nos podemos equivocar; pero gracias a Dios: "Si confesamos nuestros pecados, él es fiel y justo para perdonar nuestros pecados, y limpiarnos de toda maldad", (1 Juan 1:9). Dios nos perdona, ¡y aún nos puede usar! Cuando cometemos un error, Dios nos utiliza para que les enseñemos a nuestros hijos, con nuestro ejemplo, cómo ir ante Él humildemente, arrepentirnos y aceptar su maravillosa misericordia y amor.

Nuestras vidas pueden ser el mejor sermón que nuestros hijos jamás escuchen. Me encanta cómo este poema de Edgar Guest, lo describe:

Prefiero ver un sermón, que escucharlo.
Prefiero que alguien camine junto a mí y no que solo me indique el camino.
El ojo es el mejor alumno, está más dispuesto que el oído.
El buen consejo se confunde, pero el ejemplo siempre es evidente.

El ejemplo, no es lo principal en la vida, es lo único. —Albert Schweitzer

Las mejores personas son las que viven de acuerdo a sus creencias,
Pues ver el bien en acción es lo que todos necesitamos.
Muy pronto aprenderé a hacerlo si veo como se hace.
Puedo ver el movimiento de tus manos en acción, pero las palabras de
tu lengua pueden ir demasiado rápido.
Los sermones que me das son muy sabias y verdaderas
Pero prefiero aprender mi lección observándote.
Puedo mal interpretar el consejo que me das,
Pero cómo actúas y cómo vives no lo puedo mal interpretar.[4]

Nuestro ejemplo debe ser como un faro de luz guiando a nuestros hijos por el buen camino. Jesús nos dice: "Así alumbre vuestra luz delante de los hombres, para que vean vuestras buenas obras, y glorifiquen a vuestro Padre que está en los cielos", (Mateo 5:16). Al igual que nuestra luz brilla para Cristo, que nuestros hijos vean nuestras buenas acciones y alaben al Señor… con sus palabras y con su vida.

Punto de poder

Lea: 1 Corintios 4:6-7 y 10:31-11:1. ¿Cuál fue el ejemplo que Pablo dio a los que le siguieron? ¿Pueden ustedes proclamar confiadamente con él: "¡Sigan mi ejemplo, como yo sigo el ejemplo de Cristo!"?

Ore: Bendito Señor, tú eres el perfecto ejemplo de justicia. Te amo y quiero ser un ejemplo de bondad y piedad en mi hogar. Reconozco que te necesito. No puedo vivir una vida ejemplar por mí misma. Ayúdame por el poder de tu Espíritu en mí todos los días, para que te honre con mis acciones y mis palabras. Gracias por tu ayuda, por tu amor, por tu bondad y por tu perdón. En el nombre de Jesús, amén.

Haga: Escriba un párrafo que describa el ejemplo que quiera dar a su familia. Puede leer Gálatas 5:22-23 o Colosenses 3:12-14 como referencia. Ponga este párrafo junto a su libreta de oraciones y pídale a Dios que le ayude a ser un buen ejemplo.

Genere recuerdos maravillosos
Establezca tradiciones perdurables en su familia

Genere un recuerdo con sus hijos,
Dedíqueles tiempo y demuéstreles que los ama;
Los juguetes y los trastos no podrán reemplazar aquellos
Hermosos momentos que compartan.
Elaine Hardt

Antes de iniciar este capítulo, quiero que se ponga cómoda. Prepárese una taza de té. Acomódese bien en el sillón. Acomode las almohadas. Suba lo pies.

Ahora, retroceda a su infancia y recuerde alguno de sus momentos más memorables. Tómese el tiempo que quiera. ¿Cuáles son los recuerdos que ponen una sonrisa en su cara y enternecen su corazón? Para algunas mujeres, los mejores recuerdos son las vacaciones con la familia y otras aventuras con sus padres y hermanos. Para otras, los mejores recuerdos son las celebraciones de las fiestas o un cumpleaños especial. Para otras, sus momentos más preciados son el disfrutar una cena con su familia y conversar con ellos.

Las ocasiones especiales como éstas han tejido un gobelino de momentos inolvidables en nuestra vida y hemos sido enriquecidas por ello. Hoy, somos las madres, ahora nos toca a nosotras crearles a nuestros hijos momentos inolvidables. Lo que hagamos con nuestros hijos durante los próximos años, los momentos de diversión y los recuerdos que formemos, ampliarán sus horizontes, enriquecerán sus vidas, y los prepararán para que ellos, a su vez, continúen con las tradiciones familiares y las pasen a las siguientes generaciones.

Por supuesto, mientras buscamos crearles recuerdos a nuestros hijos, no debemos esforzarnos demasiado. En ocasiones nos enfocamos tanto en dejarles recuerdos para el futuro, ¡qué nos olvidamos del presente! No se puede forzar una tradición. En realidad, podemos arruinar un recuerdo potencial cuando nos esforzamos para que todo salga bien.

Consideren a esta madre —la llamaremos Sheila— quien pensó en lo que sería una gran tradición familiar. Durante cada primavera llevaba a sus hijos a un centro comercial para tomarles una fotografía montados sobre un tren que estaba ahí, durante la semana de Pascua. Cuando los niños eran pequeños, el *momento Kodak* los divertía mucho, por lo cual Sheila decidió continuar con esta tradición. Su plan era tener una colección completa de fotografías de sus hijos sobre el tren, desde que tenían un año hasta que cumplieran dieciocho.

Todo marchó bien mientras los niños estaban pequeños y fáciles de manejar; pero cuando llegaron a la preadolescencia, empezaron a protestar. ¿Qué tal si uno de sus amigos los veían sentados en el trenecito? A partir de ese momento, se inició la batalla cada primavera cuando Sheila planeaba el viaje al centro comercial. Finalmente se dio por vencida. ¡Se dio cuenta de que estaba creando un recuerdo, pero no era un recuerdo positivo como ella se había imaginado!

Los recuerdos amables nacen de experiencias agradables. Mientras exploramos las maneras para construir tradiciones con nuestra familia, siempre debemos recordar que nuestra meta debe ser dejar en la mente de nuestros hijos una maravillosa impresión. Si nuestro intento por generar un recuerdo se siente forzado, no es probable que tenga el impacto deseado.

Recuerdo a una señora que se estaba preparando para una cena en su casa. Estaba tan distraída cocinando, limpiando y con otros preparativos, que no pudo atender a sus invitados, incluyendo al invitado de honor. Tal vez usted pueda identificar a esta mujer con Martha, en el Nuevo Testamento. Confundió el motivo por el cual invitó a todos a su casa —que era el disfrutar de la compañía de sus buenos amigos. Sin embargo, su hermana María aprovechó el momento y disfrutó de las personas. Igualmente, nosotras también podemos fácilmente dejar de ver nuestro objetivo de crear un momento memorable si nos enfocamos en el objetivo equivocado. Si construimos sobre nuestras relaciones y celebramos los momentos que pasamos juntos; tendremos como resultado maravillosos recuerdos.

En este capítulo, quiero compartir con ustedes algunas maneras prácticas para celebrar la vida según se vaya presentando. No planee estas ideas, deje que su propia creatividad le permita desarrollar tradiciones familiares significativas. ¡Viva feliz!

Cumpleaños inolvidables

Una vez al año cada uno de nuestros hijos tienen un día especial: su cumpleaños. Los cumpleaños son momentos para festejarlos y hacerlos sentir no solo importantes sino extraordinarios. Podemos ayudar a nuestros hijos para que tengan un día inolvidable siendo creativos.

Por ejemplo:

El plato de honor: Compre un plato rojo, o prepare un plato especial con artículos de alguna tienda que venda artículos manuales. En el centro, escriba algo como: "¡Tú Eres Especial!" u "¡Hoy es Tu día!". Guárdelo, y solo úselo cuando sea el cumpleaños de alguien en su familia. Sirva todos los alimentos de ese día en el Plato de honor. Luego guarde el plato en el trinchador para el siguiente cumpleaños en la familia.

Comida favorita: Unos días antes del cumpleaños, pregúntele al festejado(a) qué es lo que quiere para desayunar, comer o cenar. Entonces haga el esfuerzo extra para preparar los platillos favoritos ese día especial.

Fiestas de cumpleaños: Las fiestas de cumpleaños pueden ser recuerdos maravillosos. Puede planear una fiesta todos los años o hacerlas salteadas (dependiendo de su nivel de cordura). Planear una fiesta no es tan complicado como uno puede creer. Comience por pensar en un tema, algo que vaya de acuerdo a los intereses de sus hijos. El tema puede ser algo con lo cual su hijo se entusiasma (béisbol, un camión de bomberos, ositos, etc.) Busque en las tiendas de manualidades y en libros para fiestas para tener ideas de los juegos y actividades que pondrá, de acuerdo a las edades de los niños. Permita que el festejado participe en los planes de su cumpleaños cuando vaya creciendo; se dará cuenta de que planear juntos la fiesta es todo un acontecimiento. Mis hijas aún recuerdan y conversan sobre su fiesta favorita durante todos estos años.

Cumpleaños espirituales: Así como se festejan los cumpleaños, también se pueden celebrar los cumpleaños espirituales. El hecho del nuevo nacimiento espiritual está descrito por Jesús en Juan 3:3-15. Es el día cuando decidimos creer en Jesucristo como el Hijo de Dios y Nuestro Salvador. ¡Es un día maravilloso para recordar y celebrar año con año! Regocíjense juntos como familia y saquen el Plato de Honor, e incluso dele un obsequio de todo corazón al festejado.

Fiestas celestiales

Las fiestas ofrecen enormes oportunidades para celebrar viejas tradiciones y empezar nuevas.

Cuando se acercan las fiestas, tómese el tiempo para que deliberadamente inicie por lo menos una nueva tradición. Si todos la aceptan y se divierten, anótela y prográmela para los siguientes años. Un *Diario de Tradiciones* es una buena manera para que registre sus ideas y le ayuden a recordar las mejores año con año. Posteriormente, pueden copiar el diario y pasarlo a las siguientes generaciones. Incluya en su diario la receta favorita de su familia así como todas las tradiciones que han cargado de años pasados.

Estas son algunas sugerencias para las fiestas, desde Enero hasta Diciembre (Nota de los editores: algunas de estas fiestas no se celebran en el resto del mundo, y las que sí, algunos las celebramos de una manera distinta. Al leer esta sección extraiga los principios que expresa al autora, que son: aprovechar las fiestas para bendecir a su familia de una forma creativa y crear un ambiente único y especial en toda ocasión. Puede usar estas ideas y aplicarlas a la manera que usted celebra sus fiestas en su hogar):

Año Nuevo

- Puede preparar alguna botana o su platillo favorito y ver un partido de fútbol americano juntos. Escojan diferentes equipos para que cada quien apoye a su equipo favorito. Lleve bien la puntuación y dé premios a los miembros de la familia que obtuvieron más puntos.
- Oren juntos por el Año Nuevo y por cada miembro de la familia.
- Escriban sus metas y sus resoluciones y compártalas con el resto de su familia.

- Hagan palomitas, vean una película o jueguen algún juego de mesa juntos.
- Escriban una *Lista de esperanza*. Pídale a cada miembro de su familia que escriba algo divertido que le gustaría hacer durante el año. Póngales fecha; eso les servirá para recordarles que lleven a cabo sus ideas.

Día del amor y la amistad

- Recorte en papel, rosa o rojo, unos corazones, uno por cada miembro de la familia y pídales que escriban algún pensamiento amable en cada corazón y lo entreguen a su propietario durante la cena.
- Lean juntos alguna historia de amor o cuéntele a su familia cómo se conocieron usted y su esposo. Saque el álbum de fotografías del día de su boda y describa cada una de ellas a sus hijos.
- Prepare sándwiches en forma de corazón para el almuerzo utilizando moldes de galletas para cortar el pan.
- Pídale a su familia que usen ropa roja o rosa durante todo ese día.
- Prepare junto con sus hijos el postre favorito de papá.
- Piense en cómo su familia podría demostrar el amor de Dios hacia otros en su comunidad, y juntos llévenlo a cabo.

Pascua

- Lea en la Biblia la historia de la Pascua en Lucas 24. Hable con sus hijos sobre la esperanza que tenemos en Jesús.
- Tomen la Santa Cena juntos y explíqueles el significado de cada elemento.
- Prepare huevos duros y píntelos. Explíqueles a sus hijos que los huevos simbolizan una vida nueva, y esa es la razón por la cual celebramos la Pascua, nuestra nueva vida en Cristo. También les puede explicar que el huevo tiene tres partes, que nos recuerdan la Trinidad: la Cáscara (a Dios, pues Él es nuestro refugio); la clara (a Jesús, representa la pureza); y la yema (al Espíritu Santo, nuestro alimento).
- Horneen juntos galletas y llévelas a alguien a quien sus hijos quieran hablarle de Jesús.
- Asistan a la conmemoración de la Resurrección de Jesucristo que se acostumbre en su iglesia.

• Organice una cacería de huevos, utilizando huevos de plástico que se abren por el medio. Llénelos con monedas, dulces, o con notas que cuenten un fragmento de la historia de la Pascua, etc. Motive a los niños para que salgan a buscarlos y junten todo el relato.

Cuatro de Julio

• Planee un desfile en su comunidad. Anime a todos para que decoren sus bicicletas, triciclos, y los cochecitos de los niños, etc., y marchen todos juntos por el barrio. Use un radio para poner música patria y sirva un refrigerio para cuando se termine el desfile.

• Invite a varias familias a comer salchichas [*hot-dogs*], y a ver los fuegos artificiales. Procure invitar a las mismas familias cada año.

• Lea una pequeña biografía acerca de los héroes nacionales. Lea algunas frases célebres de esta persona también.

• Haga una ceremonia a la bandera. Decore su jardín con banderas pequeñas.

Día de Acción de Gracias

• Permita que cada niño escoja una de sus recetas favoritas para la cena de Acción de Gracias y pídales que le ayuden a prepararla. Con orgullo dígale a sus invitados quien ayudó a hacer cada platillo.

• Decore la mesa junto con sus hijos. Utilice hojas y bellotas que encuentre en su jardín para decorar el centro de la mesa.

• Haga un mantel o un cartel de "Gratitud". Escriba en el anverso las palabras: "Estoy agradecida por…", y pídale a todos que escriban sus pensamientos. Léanlos al final de la cena. También puede comprar un mantel blanco y permitir que sus invitados escriban sus pensamientos de gratitud y la fecha. Saque el mantel todos los años.

• Lea la historia del primer día de Acción de Gracias o lea la proclamación que dio George Washington o Abraham Lincoln.

• Coloque cinco granos de elote en cada lugar. Cuente la historia de cómo los primeros colonos hicieron lo mismo en la primera cena de Acción de Gracias, recordando y agradeciendo a Dios por haberlos ayudado a sobrevivir aquel duro invierno, que fue el peor que jamás habían tenido, al grado de que su única porción de alimentos había sido cinco granos de elote.

Navidad

- Organice con todos los niños de su comunidad una fiesta de villancicos.
- Visite a alguna familia necesitada, lléveles regalos y ore con ellos.
- Lea algo sobre las tradiciones de Navidad de sus antepasados. Escoja alguna que quiera comenzar en su propia familia.
- Decoren la casa y el árbol de Navidad juntos. ¡Vea que todos participen!
- Toque su música favorita navideña y sirva chocolate caliente.
- Coloque una caja con tiras de papel a un lado. Dígale a su familia que cuando vean que algún miembro de la familia haga una buena obra hacia otra persona la escriban en un papel y lo metan en la caja. Seguramente, cuando llegue la Navidad, la caja estará llena. Explíqueles que la caja representa a Cristo en el pesebre y que las buenas acciones son la paja preparada para el día de Su llegada.
- Aparte un día para hornear galletas, tortas y pays, y haga que sus hijos le ayuden a batir, a limpiar las cucharas y a recoger. Después, juntos lleven los bocadillos y repártalos entre sus vecinos.
- Escoja una noche y lleve a sus hijos a ver la iluminación de las casas en su comunidad. Durante el trayecto pueden comer galletas de navideñas.
- Después del servicio de Nochebuena, invite a alguna familia a cenar tamales y *chilli*.
- Dele a sus hijos pijamas navideñas nuevas en la Nochebuena.
- Deles solo tres regalos, tal y como Jesús recibió tres regalos.
- Lea la historia de Navidad en Lucas 2 y hable acerca del regalo que Dios le dio al mundo antes de empezar a abrir los regalos en la mañana de Navidad.
- Prepare un desayuno que contenga los colores verde y rojo. En nuestro hogar, tradicionalmente desayunamos huevos con color verde y jamón, y un pastel de cereza. ¡Mi familia lo pide todos los años!

Otros dos días significativos más

Si sus hijos aún van a la escuela, hay dos días especiales que es muy divertido festejar. No están dentro de la categoría de *fiesta*, pero, son igual de significativos: el inicio de las vacaciones de verano y el primer día de clases. Estos días son muy importantes para todos los estudiantes, sea que asistan a escuelas privadas, publicas o reciban instrucción en casa. Estas son algunas sugerencias para que estos días sean memorables:

Inicio del verano

- Festeje el primer día del verano organizando una fiesta. Decore su casa con globos, dele a sus hijos su comida *chatarra favorita*, y celebre todos los logros alcanzados durante ese año escolar.
- Dibuje un cartel para planear el verano. Escriba en él: "Verano 2003" (o el año que sea). Después haga una lista de todas las actividades que usted y sus hijos puedan hacer durante los siguientes dos meses. También incluya algunas reglas, tales y como cuánto tiempo se permitirá ver la televisión, las responsabilidades de cada uno, y qué tan tarde se pueden ir a dormir.
- Decore una lata y nómbrela *Acabar con el Aburrimiento*. Cubra una lata de café con papel decorativo y ponga en ella las palabras: Acabar con el Aburrimiento. Siéntese con sus hijos y hable con ellos acerca de las actividades que pueden hacer en caso de estar aburridos. Recuérdeles que el "aburrimiento está en los ojos de quien lo contempla" y que siempre hay algo que hacer cuando son creativos y usan su imaginación. Pídales que escriban cinco ideas y las pongan dentro de la lata. Cuando digan que están aburridos durante las siguientes semanas, dígales que saquen de la lata una de sus ideas.
- Planee varias salidas juntos: al parque, a la playa, al zoológico, al museo, o a otros lugares de interés.
- Proporcióneles un libro de trabajo para mantenerlos mentalmente activos. Puede crear un sistema para motivarlos. Posiblemente quiera establecer un sistema de incentivos para motivarlos. O provea un incentivo para que lean uno o dos libros. Conocer un programa nuevo de computación, es otra buena idea
- Apele a su inclinación creativa y cómpreles un nuevo cuaderno para dibujar, un juego de pintura, o un instrumento musical para que aprendan a tocarlo durante el verano.

Así que, hermanos, estad firmes, y retened la doctrina que habéis aprendido, sea por palabra, o por carta nuestra. —2 Tesalonicenses 2:15

Primer día de clases

- Tómeles una fotografía a sus hijos en la puerta de su casa con sus libros en las manos.
- Prepáreles su refrigerio favorito. Escríbales una notita diciéndoles que está muy orgullosa de ellos.
- Ponga metas académicas que puedan lograr durante el año escolar como cierto promedio o calificaciones.
- Prepáreles un refrigerio especial para cuando salgan del colegio, o llévelos a tomar un helado.
- Establezca un área para trabajar y un itinerario para estudiar que llenen las necesidades de sus hijos. Compre bolígrafos y lápices nuevos, y papel para las diferentes actividades que puedan tener sus hijos.
- Oren juntos sobre el nuevo año escolar. Empiece un diario o un calendario de oración para el año; lleve un registro de las peticiones y las respuestas a sus oraciones.
- Durante la cena, pregúntele a cada niño lo que más le gustó sobre su nueva (o) maestra (o). Motívelos a que le cuenten cómo pasaron ese día y sobre sus amigos.

Tradiciones en los viajes

Hace algunos años nuestra familia hizo un viaje corto a Texas. Decidimos ir en carro para explorar el camino y llegamos hasta un parque donde hay un pequeño grupo de montañas llamado Enchanted Rock (una montaña grande de granito). Entramos al parque y nos dimos cuenta de que la gente estaba escalando la montaña, por lo cual nosotros decidimos bajarnos del carro a hacer lo mismo. Cuando llegamos a la cumbre, con poco esfuerzo, nos sentimos victoriosos. Podíamos ver a los lejos hacia cada dirección, quedando maravillados con la belleza natural del área.

Sacamos nuestra cámara y empezamos a tomar fotografías, y después decidimos descender tomando otra ruta. ¡Uups! Tratar de encontrar un camino seguro fue más difícil de lo que nos imaginamos. En ocasiones, mi esposo Curt, tenia que ayudar a nuestras hijas y a mí a bajar por caminos muy inclinados y resbalosos. Cuando por fin logramos llegar al final, nos regocijamos, pues habíamos logrado juntos esta difícil tarea. Aún recordamos haber escalado esa montaña, así como el reto al que nos enfrentamos y la manera en que nos ayudamos mutuamente para lograrlo. No gastamos mucho dinero para tener este recuerdo, ni tampoco lo planeamos. Pero la experiencia hizo que nos uniéramos más, y a ninguno se nos ha olvidado.

Esto es lo que los viajes familiares logran: hacen que las familias se unan y nos proporcionan la oportunidad de crear momentos inolvidables. ¿Cómo puede usted lograr estas aventuras? Considere incorporar las siguientes tradiciones en su próximo viaje:

Bolsa de actividades. Ponga dentro de una pequeña bolsa, actividades de acuerdo a la edad de sus hijos, así como botanas y refrescos. Libros, marcadores, papel y pequeños juegos son buenos artículos para poner dentro de la bolsa. Entregue a cada uno su bolsa antes de abordar el avión o de subirse al automóvil. Mis hijas esperan el principio de cada viaje porque les encanta recibir sus bolsas especiales.

El fotógrafo familiar. Designe al fotógrafo familiar durante su viaje. Los hijos mayores son a los que les encanta este trabajo. Explíqueles que estas fotos estarán en el álbum familiar. Cuando regrese de su viaje acomode sus fotos en un álbum lo más pronto posible, para que posteriormente no se le haga pesada la carga. Consiga que sus hijos la ayuden. Ponga el álbum sobre una mesa durante una o dos semanas para que toda la familia lo vea y reflexione sobre el viaje.

Video del viaje. Designe a otro familiar para que tome el video durante su viaje. Cuando terminen sus vacaciones entreviste a cada miembro de la familia y pídales que le digan los mejores cinco recuerdos de su viaje. Escoja una noche para comer palomitas y ver el video.

La bolsa misteriosa de juegos. Ponga varios juegos o rompecabezas de viaje en la funda de una almohada (un juego por cada noche que estarán de viaje). Antes de cenar permita que cada miembro de su familia escoja uno de los juegos que están dentro de la funda (sin ver). El juego o rompecabezas que salga, será el juego que jugarán mientras esperan que les sirvan la comida en el restaurante o mientras estén en la habitación del hotel. Guarde los juegos para viajes futuros.

Poema regresando a casa. Regresar a casa puede ser deprimente para todos. ¿Por qué no usar este tiempo para reflexionar sobre su viaje? Pídale a cada miembro de su familia que haga una lista de sus momentos favoritos. Después, trabajando juntos escriban un poema sobre el viaje. ¡Puede ser serio o gracioso! Cuando lleguen a casa, mecanografíe el poema y enmárquelo con una fotografía del viaje. Empiece un *Muro de Recuerdos* en algún pasillo en su casa.

Páselo a la siguiente generación

Continuar las tradiciones de generación en generación es divertido e importante. En el Antiguo Testamento, continuamente Dios instruyó a su pueblo para que pasaran sus tradiciones de una generación a la siguiente en la forma de fiestas especiales. Como por ejemplo, el festejo de la Pascua representa el éxodo de los israelitas de Egipto, cuando el ángel de la muerte pasó aquellas casas hebreas que tenían sangre de cordero en el dintel. Hasta el día de hoy, las familias judías observan esta fiesta y recuerdan la fidelidad y la redención de Dios. La Pascua, así como otras celebraciones y fiestas descritas en la Biblia, aún continúan uniendo familias para adorar a Dios, e ilustran verdades espirituales señalando al Mesías.

Nosotros también somos bendecidos por tradiciones y celebraciones que hemos pasado a nuestras familias. Nuestros hijos aprenden a celebrar la vida y a apreciar la fidelidad de Dios a través de celebraciones y tradiciones que les enseñamos durante su niñez. No es suficiente decirles cómo deben vivir su vida; nosotros debemos vivirla abundantemente todos los días, trasmitiéndoles nuestras ideas, esperanzas y sueños. Debemos enseñarles a nuestros hijos cómo celebrar la vida a través de nuestro propio ejemplo.

¡Este es un año con un potencial increíble para recordar con nuestra familia! Como madre positiva, empiece a celebrar la vida hoy, y vea con júbilo cómo sus hijos celebran con usted.

Punto de poder

Lea: Levítico 23, describe los diferentes festejos que los israelitas observan. Observe las tradiciones que Dios estableció a su pueblo y tome en cuenta los recuerdos que Él propuso establecer.

Ore: Poderoso y asombroso Dios, gracias por cuidar a mi familia con tu amor. Gracias por tu hijo, Jesús, a quien debemos celebrar todos los días. Ayúdame a ser fiel en continuar con los festejos y las celebraciones que te honran y que celebran la vida. Ayúdame a construir recuerdos positivos en la vida de mis hijos; especialmente aquellos que les ayuden a reflexionar en tu constante amor y fidelidad. Ayúdame a vivir mi vida abundantemente en ti. En el nombre de Jesús, amén.

Haga: Empiece un *Diario de tradiciones familiares*. Registre las viejas y las nuevas tradiciones de cada fiesta. Agregue recetas y otras ideas que haya coleccionado a través de los años. Un día, como regalo de bodas a sus hijos, por ejemplo, haga una copia del libro y déselas, para que ellos tengan tradiciones familiares que puedan pasar a sus hijos.

Principio 6

El pder de convicciones morales fuertes

La pobreza intergeneracional que tanto nos aqueja hoy
es predominantemente una pobreza de valores
Dan Quayle

Porque: El que quiere amar la vida y ver días buenos, refrene su lengua de mal, y sus labios no hablen engaño; apártese del mal, y haga el bien; busque la paz, y sígala. Porque los ojos del Señor están sobre los justos, y sus oídos atentos a sus oraciones; pero el rostro del Señor está contra aquellos que hacen el mal.
1 Pedro 3:10-12

17

Viva según el libro
Ancle a sus hijos en la Palabra de Dios

*Respecto a este Gran Libro, no tengo nada que decir sino
que creo que la Biblia es el mejor regalo que Dios ha dado
al hombre. Todo lo que el buen Salvador le dio al mundo fue
comunicado a través de este Libro. Sin este Libro no
distinguiríamos el bien del mal. Las cosas más deseables
para el bienestar del hombre, hoy y en el futuro,
se encuentran retratadas en Él.*
Abraham Lincoln

En octubre de 1998 el río Guadalupe, en South, Texas, creció más allá de sus riberas y se convirtió en un torrente masivo de aguas corrientes, llevándose todo objeto en su camino. Susan Foster, una de las sobrevivientes de la inundación, describe su experiencia:

Aproximadamente doce metros de agua barrieron nuestras casi tres hectáreas como un maremoto. Todo lo que queda parece zona de guerra: sin puertas ni ventanas. Incluso los troncos de cedro (treinta centímetros de diámetro y más de cuatro metros de largo) que estaban enterrados casi un metro en la tierra, en concreto, se trozaron o fueron desarraigados. Afortunadamente, el primer piso está hecho de columnas de concreto fraguadas *in situ*. De otro modo nuestra casa hubiera desaparecido como

191

muchas otras... Las lavadoras y los refrigeradores salieron apresuradamente a través de las paredes y ventanas, como el resto de los muebles... encontré una silla a más o menos un kilómetro río abajo, aunque estaba a diez metros de altura ¡en un árbol! Una bola de boliche, grabada, de un hombre fue encontrada a más de dieciséis kilómetros río abajo.[1]

Claramente podemos ver que la poderosa corriente de un río embravecido puede ser abrumadoramente destructiva. Como nos muestra el relato de Susan, solo aquellas cosas que están ancladas firmemente tienen la oportunidad de resistir una presión tan poderosa. ¡El corazón se me sale al pensar en las familias que despiertan en medio de una inundación!

Pero, mientras que una inundación como la que Susan describió aparece en los encabezados de los diarios durante varios días, otra inundación que continúa destruyendo vidas a diario nunca parece llegar a la prensa masiva. Estoy hablando acerca de la corriente moral destructiva que está corriendo deprisa río abajo. Estas aguas embravecidas, rápida y fácilmente, barren los corazones y mentes impresionables de los jóvenes. Solo los muchachos que estén anclados apropiadamente tienen la oportunidad de sobrevivir una corriente tan dominante y fuerte.

De la internet y Hollywood a las revistas en los quioscos, las imágenes inmorales y corruptas giran alrededor de nuestras familias. Ya pasaron los días en los que la pureza era valorada, la vida humana respetada, y Dios, casi unánimemente, era reverenciado. La marea ha cambiado hacia una sociedad perversa abierta a lo sexual que devalúa la vida humana a través de la violencia y el aborto, y hace de Dios y sus seguidores objeto de burla. Aunque hace años el nombre de Dios era honrado y reverenciado por los incrédulos, ahora los cristianos son objeto de bromas, y ¡Dios mismo aparece como un personaje ridículo de caricatura, en televisión, en horario triple "A"!

El apologista cristiano Josh McDowell describe de esta forma la seriedad del desastre moral: "Creo que una de las razones principales por las cuales esta generación está estableciendo nuevas marcas de deshonestidad, falta de respeto, promiscuidad sexual, violencia, suicidio y otras patologías, es porque han perdido su apuntalamiento moral; su creencia fundamental en la moral y la verdad ha sido erosionada".[2] ¡Eso es verdad! La mentalidad que más se ha introducido en la sociedad de hoy es: "Lo que sea que pienses que está bien, está bien"; no hay absolutos; haz tus propias normas de vida; si se siente bien, hazlo. Con este tipo de filosofía, un joven es como una casita hecha de barajas en el camino de un río desbordado; él, o ella, va a ser arrastrado por los pensamientos e ideas de este mundo; y, muy probablemente, encontrará destrucción en su camino.

Como madres positivas, podemos proteger a nuestros hijos de algunas influencias externas pero no podemos controlar todo lo que entra en su mente. No podemos aislarlos completamente de la manera de pensar del mundo. Si están en edad escolar, están lejos de nosotros una muy buena parte del día. Incluso si reciben la instrucción escolar en casa, en ocasiones están propensos a escuchar cosas que nos gustaría que no escucharan. Pero, aunque no podamos evitar cada pensamiento mundano, ni entrar en sus impresionables mentes, sí podemos darles el fundamento de la verdad moral sobre el cual puedan estar firmes: una roca sólida que no solo mantendrá su cabeza fuera del agua, sino que les dará la fortaleza y la valentía para resistir la corriente.

El fundamento es la Palabra de Dios. La Biblia nos ofrece verdades eternas que debemos pasar a nuestros hijos. Los estándares que son establecidos en la Escritura no son solamente un conjunto de normas y reglas, sino instrucciones para una vida gozosa y plena. Si les enseñamos fielmente las verdades de la Biblia y ayudamos a nuestros hijos a vivir estos preceptos, van a tener un ancla durante la inundación, un cimiento firme. Jesús utilizó una parábola para ilustrar este concepto en Lucas 6:47-49:

> Todo aquel que viene a mí, y oye mis palabras y las hace, os indicaré a quién es semejante. Semejante es al hombre que al edificar una casa, cavó y ahondó y puso el fundamento sobre la roca; y cuando vino una inundación, el río dio con ímpetu contra aquella casa, pero no la pudo mover, porque estaba fundada sobre la roca. Mas el que oyó y no hizo, semejante es al hombre que edificó su casa sobre tierra, sin fundamento; contra la cual el río dio con ímpetu, y luego cayó, y fue grande la ruina de aquella casa.

Posiblemente esté familiarizada con alguna canción de niños que utilice esta parábola. Si usted pudiera escuchar el sonido de mi voz, le cantaría: "El hombre necio construyó su casa en la arena. Cuando vinieron lluvias y los ríos crecieron, la casa en la arena hizo ¡PUM!". ¡Bastante claro! ¿Cómo estamos construyendo la casa de nuestra vida? ¿Estamos echando un cimiento firme, escuchando y practicando la Palabra de Dios? ¿Qué hay acerca del fundamento que estamos estableciendo para nuestros hijos? ¿Los estamos criando en la roca sólida que son las Escrituras para que estén anclados para resistir las tendencias actuales de moralidad en rápida decadencia?

Dome al bárbaro

El Dr. Albert Siegel dijo en el *Stanford Observer*: "Cuando se trata de criar niños, cada sociedad está solo a veinte años de la barbarie. Veinte años es todo lo que tenemos para completar la tarea de civilizar a los niños que nacen en nuestro medio cada año. Estos salvajes no saben nada de nuestro idioma, de nuestra cultura, nuestra religión, nuestros valores, nuestras costumbres de relaciones interpersonales (...) El bárbaro debe ser domado si la civilización ha de sobrevivir".[3] Ahora bien, posiblemente no consideramos que nuestros hijos sean salvajes o bárbaros (bueno, ¡hay ciertas ocasiones...!), pero no podemos discutir que necesitan dirección, entrenamiento y disciplina. Como madres positivas debemos tomar la iniciativa para enseñar los principios de Dios a nuestros hijos. ¡La civilización depende de eso!

¿Cómo enseñamos la Palabra de Dios efectivamente? En el capítulo 15 hablamos de la importancia de ser un buen ejemplo con nuestras acciones y palabras. El ser un buen ejemplo de devoción a la Escritura es parte de esa responsabilidad. Nuestros jóvenes observadores necesitan ver que nos derramamos sobre la Palabra de Dios, disfrutando sus bendiciones y aplicando sus verdades a nuestra vida. ¡Recuerde, los niños son maestros de la imitación! Pero ser ejemplos de un amor por la Biblia no es suficiente. Debemos tener un plan de enseñanza deliberada. Debemos apartar un tiempo y un lugar para enseñarles a nuestros hijos acerca de la Biblia. Llevarlos a la iglesia es útil, pero no debemos depender de una hora a la semana en la escuela dominical para toda su formación bíblica.

Los padres, después de todo, tienen la responsabilidad principal de pasar las verdades fundamentales a sus hijos. Dios le dice a Su pueblo en Deuteronomio 6:6-9: "Y estas palabras que yo te mando hoy, estarán sobre tu corazón; y las repetirás a tus hijos, y hablarás de ellas estando en tu casa, y andando por el camino, y al acostarte, y cuando te levantes. Y las atarás como una señal en tu mano, y estarán como frontales entre tus ojos; y las escribirás en los postes de tu casa, y en tus puertas".

¡El punto es que siempre debemos estar buscando oportunidades para enseñarles a nuestros hijos la Palabra de Dios! Podemos hablar de la Biblia:

- alrededor de la mesa del desayuno
- en el carro, de camino a la escuela o a diferentes actividades
- en el carro, de camino a casa, de regreso de la escuela o de las diferentes actividades
- durante los alimentos
- en el postre
- al acostarlos

Cualquier momento es bueno para enseñar los principios de la Palabra de Dios. Decida qué es lo mejor para su familia y luego, ¡hágalo!

¿Cómo empezar? Posiblemente toda la familia disfrute de leer juntos algunos salmos o proverbios, o posiblemente uno de los evangelios. A lo mejor usted quiere comprar en una librería cristiana uno de los muchos excelentes devocionales que van de acuerdo a las edades de sus hijos. Lo que sea que usted escoja, comience el hábito de leer y disfrutar de la Palabra de Dios, juntos, tan pronto como sea posible, preferentemente desde que los niños sean pequeños. Ponga el ejemplo temprano en la vida de sus hijos.

Mientras sus hijos vayan creciendo y madurando (digamos, a la edad de ocho o diez años), ayúdelos a desarrollar su propio tiempo devocional. Invierta en una Biblia juvenil o en alguna otra traducción fácil de leer. Déles un diario en blanco, un marcador y un plan de lecturas apropiado a su edad. Ayúdelos a establecer un tiempo diario en el que puedan leer la Biblia y orar. Pregúnteles acerca de algunas de las verdades que estén aprendiendo; utilice preguntas abiertas como: "¿Puede alguno de ustedes hablarnos de algún milagro que hayan leído en la Palabra de Dios?".

En nuestra casa, el tiempo de tomar los alimentos se ha convertido en un momento importante para hablar acerca de las cosas que han ocurrido, de asuntos sociales y verdades bíblicas. De vez en cuando me gusta sacar un libro devocional interesante, como *Sticky Situations* de Betsy Schmidt (Tyndale House) o *Courageous Christians* de Joyce Vollmer Brown (Moody), para ayudar

¿Con qué limpiará el joven su camino? con guardar tu palabra. Con todo mi corazón te he buscado; no me dejes desviarme de tus mandamientos. —Salmos 119:9-10

a la familia a hablar. Mi libro favorito (¡porque yo lo escribí!) es *Table Talk* (Broadman & Holman Publishers), que incluye preguntas para comentar, para jóvenes y viejos, con los versículos bíblicos correspondientes. Otro libro que puede propiciar buenas pláticas que encontré recientemente, es *God, Seen through the Eyes of the Greatest Minds* (Howard Publishing). Este libro contiene citas interesantes acerca de Dios dichas por científicos, filósofos, artistas, músicos y escritores reconocidos a través de la historia.

Otra buena idea es memorizar versículos bíblicos juntos, como familia. Escriba el versículo en un cartel o pizarra donde todos los miembros de la familia lo vean. Establezca un tiempo límite para memorizar el versículo y ofrezca una recompensa para todos los que lo logren. Escriba notas a sus hijos, animándolos con versículos bíblicos para ayudarlos a ver cómo aplicar la Palabra de Dios diariamente. Va a descubrir que mientras su familia trabaja junta para memorizar la Escritura y aplicarla a la vida diaria, el interés de sus hijos en el Gran Libro de Instrucciones de la Vida crecerá y se profundizará.

Un gran ejemplo estadounidense

George Washington sobresale en la historia como una de los héroes más grandes de los Estados Unidos. Su integridad y liderazgo guió a su nación durante los desafiantes años de su formación. Ciertamente, la mano de Dios estaba sobre el primer presidente de nuestra nación. Pero George Washington le da el crédito de su éxito a otra persona importante. Considere lo que tenía qué decir de su madre: "Mi madre era la mujer más bella que jamás he visto. Todo lo que soy se lo debo a mi madre. Le atribuyo todo mi éxito a la educación moral, intelectual y física que recibí de ella".[4] ¿Qué hizo que Mary Ball Washington ejerciera tal influencia en la vida de su hijo?

Viuda desde que George tenía once años de edad, Mary era una cristiana devota que sinceramente deseaba glorificar a Dios en la manera en la que educaba a sus hijos. Un historiador escribe: "Además de la instrucción de la Biblia y el Libro de Oración que eran sus compañeros a diario, era la costumbre de la señora Washington leerles algunos libros útiles a sus hijos en casa, y de esta forma ellos recibieron mucha enseñanza valiosa".[5]

Uno de los libros que ella les leía a sus hijos era *Contemplations, Moral and Divine* de Sir Mathew Hale, que contenía escritos devocionales que enseñaban principios bíblicos y daba consejos acerca de cómo vivir una vida moral y piadosa. No es de sorprender que cuando leemos los escritos del mismo Washington vemos un hombre de fe sincera y liderazgo humilde y piadoso. En su libro de oración personal, que consiste en veinticuatro oraciones escritas a mano, podemos captar un pequeño ejemplo del corazón genuino de este hombre poderoso:

LUNES EN LA MAÑANA (...) Oh, infinito y eterno Dios, intento presentarme esta mañana delante de Tu Divina Majestad, buscando que aceptes mi humilde y sentido agradecimiento (...) Dirige mis pensamientos, palabras y obra, lava mis pecados en la inmaculada sangre del Cordero, y limpia mi corazón por Tu Espíritu Santo (...) A diario confórmame más y más a la semejanza de Tu Hijo, Jesucristo; que viviendo en Tu temor y muriendo en Tu favor, pueda en Tu tiempo asignado ser incluido en la resurrección de los justos a la vida eterna. Bendice a mi familia, amigos y seres queridos y únenos a todos en alabarte y glorificarte en todas nuestras obras.[6]

¿Está usted tan inspirada como yo por el ejemplo de Mary Ball Washington, de enseñar fiel, ferviente y diligentemente la Palabra de Dios? Cuando leo la oración de su hijo, me motiva a elevar la enseñanza de las Escrituras a mis hijas a la prioridad número uno que merece.

Pase la estafeta

En mis primeros años como maestra, serví como entrenadora asistente de atletismo. Uno de mis eventos favoritos en las competencias atléticas eran los relevos de cien metros por cuatro. Esta carrera es rápida y competitiva, pero correr es solo una parte. La victoria depende de pasar apropiadamente la estafeta de un corredor al otro. Si el pase no es correcto, la estafeta se cae y ¡se pierde la carrera! En casi todas las competencias a las que asistí, vi a por lo menos un equipo tirar la estafeta y quedar en los últimos lugares. Yo me aseguraba de que nuestros corredores practicaran el pase de estafeta una y otra vez para que no cometieran un error cuando era importante.

Como madres positivas, tenemos una estafeta que pasar a la siguiente generación en la forma de fuertes convicciones morales. Es nuestra responsabilidad practicar el pase, una y otra vez, para que, cuando sea el momento, la transición sea casi imperceptible y se logre la victoria en la vida de nuestros hijos.

Creo que cuatro elementos son cruciales en la formación de esa estafeta moral. El primero se encuentra en Mateo 22:37-40: "Jesús le dijo: Amarás al Señor tu Dios con todo tu corazón, y con toda tu alma, y con toda tu mente. Este es el primero y grande mandamiento. Y el segundo es semejante: Amarás a tu prójimo como a ti mismo. De estos dos mandamientos depende toda la ley y los profetas". Memorice estos versículos con sus hijos y después enséñeles como vivirlos cada día.

Segundo, enséñele a sus hijos los diez mandamientos. Aunque estos representan los estándares morales de Dios para los israelitas en el Antiguo Testamento todavía son preceptos importantes para vivir piadosamente hoy en día. Los puede encontrar en Éxodo 20.

De ahí, siga a otros pasajes de la Escritura que enseñen cómo relacionarse con el mundo y con las personas que se encuentran a nuestro alrededor; por ejemplo: Romanos 12, Colosenses 3 y Mateo 5 al 7 (capítulo conocido como el Sermón del Monte). Por supuesto, el carácter de Dios y los principios para la vida se revelan a través de todas las Escrituras, así que no se limite a estos pasajes.

Finalmente, enseñe a sus hijos valentía por medio de estudiar la vida de los héroes bíblicos. La valentía es el rasgo clave de carácter que nuestros hijos van a necesitar para vivir una vida piadosa en un mundo inmoral. Valentía para permanecer firme solo. Valentía para levantarse a favor de lo que es justo. Valentía para hacer lo correcto mientras los demás están haciendo lo malo.

Cuando mi esposo estaba en la universidad (de hecho, una universidad cristiana), su profesor de biología abrió la primera clase con la pregunta: "¿Hay alguien aquí que no crea en la evolución?". Curt fue el único alumno que se levantó y dijo: "Yo creo en la creación o plan inteligente de diseño presentado en el libro de Génesis". Posiblemente otros alumnos estaban de acuerdo con Curt, pero ninguno tuvo la valentía de levantarse y manifestarlo.

En las escuelas de hoy, puede ser todavía más difícil que los estudiantes defiendan lo que creen. Afortunadamente, la Biblia está llena de historias de hombres y mujeres que enfrentaron probabilidades muy bajas de éxito pero que dependieron de la fuerza de Dios para vencerlas; personas como Débora, Moisés, Josué, Ester, David, Daniel, Pedro y Pablo. Ayude a sus hijos a aprender y ser inspirados por su ejemplo. Memorice Josué 1:9 con ellos: "Mira que te mando que te esfuerces y seas valiente; no temas ni desmayes, porque Jehová tu Dios estará contigo en dondequiera que vayas".

Estoy tan agradecida por la Palabra de Dios. ¿Y usted? La Biblia es un ancla fuerte y firme para la vida; el único fundamento estable en un mundo que se está hundiendo en arenas movedizas. Necesitamos un cimiento. Nuestros hijos necesitan ese fundamento. ¡El mundo, sea que lo sepa o no, necesita que tengamos ese cimiento! Hoy, comprometámonos fielmente a pasar la estafeta del conocimiento de Dios y Su Palabra a la siguiente generación. Al hacerlo le mostraremos al mundo el poder de una madre positiva.

Punto de poder

Lea: Salmos 119. Note el amor y devoción de David por la Palabra de Dios. Memorice un versículo de este salmo que sea particularmente importante para usted.

Ore: Poderoso y majestuoso Dios del universo, alabo Tu nombre. ¡Eres poderoso, fiel y justo! Ayúdame a honrarte con mi vida y en mi hogar. Ayúdame a ser fiel en enseñarles a mis hijos los principios de vida piadosa que has dado en Tu Palabra. Muéstrame cómo enseñar efectivamente. Ayúdame a alcanzar a la siguiente generación para ti y glorificarte en todo lo que hago como madre. En el nombre de Jesús, amén.

Haga: Visite una librería cristiana y compre un devocional que se ajuste a las necesidades de su familia. Entonces, en oración, planee un tiempo a diario en el cual les enseñará a sus hijos las verdades de la Palabra de Dios. Sea consistente, pero no se frustre si no puede hacerlo uno que otro día. Que todo sea conforme a la edad de sus hijos. Hágalo con energía y que sea breve, para que sus hijos deseen los tiempos de enseñanza juntos y crezcan en amor y entendimiento de la Palabra de Dios.

18

Legados en la literatura
Enseñe carácter utilizando la historia y los clásicos

*Con la pérdida de la tradición, hemos perdido el hilo que
nos guiaba con seguridad a través del vasto reino del pasado,
pero este hilo era también la cadena que vinculaba a cada
generación de manera sucesiva, a algún aspecto predeterminado
del pasado. Pudiera ser que solo ahora, el pasado se abra delante
de nosotros con frescura inesperada y nos diga cosas que nadie
aún ha tenido oídos para oír.*
Hannah Arendt

Recientemente compré un libro titulado *How to Think Like Leonardo da Vinci* por Michael J. Gelb. Siempre me ha fascinado da Vinci, y aproveché la oportunidad de explorar el proceso de pensamiento de este hombre legendario. Estoy agradecida por personas como él, que son un maravilloso ejemplo de valentía y creatividad para todos.

No necesitamos buscar mucho para encontrar héroes en la historia y la literatura quienes nos enseñan acerca de la vida, tanto a través de sus errores como de sus logros. Como madres positivas, podemos estirar la mano y alcanzar esas historias, fábulas, cuentos y biografías, para compartir con nuestros hijos y enseñarles lecciones importantes para su vida y su futuro.

Además de que les ayudamos a desarrollar un amor por la historia y la literatura, les abrimos nuevos mundos de oportunidad para aprender a crecer y ser enriquecidos. Ellos ganan tanto (y también nosotras) cuando les abrimos esta puerta de sabiduría del corazón y la mente de quienes nos precedieron.

Con buenos libros como su guía, nuestros hijos pueden explorar islas exóticas, desiertos inhóspitos, transportes atestados, junglas oscuras y rápidos embravecidos. Pueden aprender cómo vivir una vida de pasión espiritual y valentía, de los ejemplos que vean en los libros de hombres valientes, mujeres astutas, aventureros arriesgados, niños entusiastas y amigos compasivos. Pueden incluso aprender cómo no vivir, por los malos ejemplos que vean de maestros crueles, líderes insensatos, obreros perezosos y niños desobedientes.

Los buenos recursos son abundantes; solo necesitamos saber dónde encontrarlos. Así que, ¿dónde comenzamos? ¿Qué libros son mejores para niños de distintas edades? ¿Cómo motivamos a nuestros hijos a leer?

Recuerdo a la joven madre que una vez le preguntó a un ministro: "¿A qué edad debo comenzar la educación de mi hijo?". "Señora", respondió, "desde la primera sonrisa que brille en las mejillas de un bebé, comienza su oportunidad".[1]

Podemos comenzar a leerles a nuestros hijos desde el momento en que nacen; de hecho, algunos expertos dicen que debemos comenzar leyéndoles *antes* de que nazcan ¡ya que pueden escuchar la voz de la madre en el vientre! Aunque pueda ser que no entiendan lo que las palabras significan, al comenzar la práctica de leerles amorosamente a nuestros hijos aun durante la lactancia, establecemos una rutina y un interés en sus mentes impresionables. Pronto van a reconocer el ritmo y la cadencia de la poesía y las canciones de cuna. Van a querer que les repitamos las historias una y otra vez mientras disfrutan el cálido abrazo de nuestra voz y la familiaridad de los relatos. Entonces, en sus años preescolares, podemos comenzar a enfocarnos en establecer un patrón de lectura y escucha, ayudando a nuestros hijos a aprender a amar y poner atención a las historias y poemas.

Brillando desde los clásicos

La familiaridad con los clásicos de la literatura les permite a nuestros hijos expandir su entendimiento de la comunicación cotidiana. Cuando los muchachos escuchan el término: "Los perros están ladrando", van a comprender su significado solo si han leído *El Quijote*. Solo después de leer o escuchar la historia de la famosa obra de Homero, *La Odisea*, podrán comprender que: "Escuchó el canto de las sirenas", describe a un marino que quedó fascinado al escuchar cantar a estos seres mitológicos y que al caer bajo este encanto es atraído a los arrecifes de la costa donde su barco encalla, naufraga y todos mueren. O sea, es una fascinación engañosa.

Más importante todavía es que, con el conocimiento y comprensión de la literatura viene la oportunidad para nuestros hijos de aprender lecciones de los personajes de las historias. Por ejemplo, la historia de *El patito feo* presenta una lección maravillosa acerca de aceptar a las persona por quienes son y no rechazarlas basándose en su apariencia. *Un cuento de Navidad*, de Charles Dickens, muestra el poder del arrepentimiento y la importancia de interesarse en los demás. Los cuentos del rey Arturo y los caballeros de la mesa redonda enseñan valentía, coraje, caballerosidad y devoción a Dios. *La familia Robinson*, de Yohann Rudolf Wyss, demuestra la fuerza de una familia trabajando junta para vencer las bajas probabilidades de sobrevivir.

William J. Bennett, en su libro *The Educated Child*, lo dice de esta manera: "Nunca subestime el poder de la literatura para enseñar un buen carácter. Las historias y poemas pueden ayudar a los niños a saber cómo son los vicios y las virtudes. Ofrecen héroes qué imitar. Sus lecciones morales se alojan en el corazón y ahí permanecen".[2] Los libros que les leemos a nuestros hijos pueden servir como confirmación de los valores que les estamos enseñando en la Palabra de Dios.

Sin embargo, para aprovechar al máximo un buen libro, necesitamos hacer más que solo leer. Es importante concluir el tiempo de lectura con preguntas como: "¿Pedro fue obediente a sus padres? ¿Cuáles fueron las consecuencias de su desobediencia? ¿Por qué crees que actuó de la manera en que lo hizo?". Al proponer una conclusión a lo que se acaba de leer, les ayudamos a nuestros hijos a aprender a pensar con discernimiento y claridad. Con niños más chicos, podemos finalizar resumiendo por ellos el punto principal de la historia; con niños mayores, podemos pedirles que den un resumen en sus propias palabras.

Hijo mío, no se aparten estas cosas de tus ojos; guarda la ley y el consejo, y serán vida a tu alma, y gracia a tu cuello. —Proverbios 3:21-22

Linda Karges-Bone, profesora asistente de educación en la Charleston Southern University, dice que los padres pueden comenzar a introducir historias ricas en valor y contenido cuando sus hijos tienen aproximadamente siete años. Ella anima a los padres a preguntarse a sí mismos las siguientes diez preguntas para evaluar el valor de un libro para sus hijos (mi versión parafraseada):

1. ¿La obra del autor ha resistido la prueba del tiempo?
2. ¿Alguna editorial respetable publicó el libro?
3. ¿La descripción de la portada del libro indica una historia con un propósito o mensaje?
4. ¿Las palabras "integral, valores o que hace pensar" aparecen en la solapa, la camisa del libro o las notas sobre el autor?
5. ¿Ha ganado el libro un premio o reconocimiento, como el Caldecott Medal o el Newberry Award?
6. ¿Qué ilustra el arte de la cubierta?
7. ¿Está el libro escrito justo para la edad de su hijo o para un nivel un poco más alto? Es bueno desafiar a sus hijos sin seleccionar algo que se convierta en un calvario para ellos.
8. ¿Es el tema de la historia apropiado para su hijo? Los temas sensibles, como el Holocausto, tienen valor, pero pueden ser difíciles de manejar para un niño pequeño.
9. ¿Los personajes tienen mentalidad cristiana? Muchas historias apropiadas muestran personajes que se comportan de una manera correcta sin una conexión clara con Dios. Equilibre estas historias con literatura cristiana, y dedique un tiempo para conversar acerca de cada relato.
10. ¿Ya leyó usted el libro? El tiempo extra vale la pena.[3]

Hoy día tenemos muchos clásicos de literatura para niños que son ideales para leérselos a sus hijos o para permitirles que los lean cuando estén listos. Además, muchas librerías cristianas tienen una sección de libros para niños que se prestan para enseñarle principios bíblicos a nuestros hijos.

Héroes de la historia

Como la literatura, la historia es una gran maestra. "Porque en la historia tenemos el registro de la infinita variedad de la experiencia humana expuesta llanamente delante de todos", escribió el historiador romano Livi, "y en ese registro uno puede encontrar para sí mismo y su país ejemplos y advertencias: cosas apropiadas para tomar como modelo, cosas básicas y podridas de pies a cabeza qué evitar".[4] La historia es rica en ilustraciones de la humanidad, en lo mejor y en lo peor, y nuestros hijos crecen por las lecciones de ambos polos. Reconocen a los villanos que ilustran el carácter malo así como a los héroes que logran proezas nobles. Y sobre todo, encuentran ciertas verdades que permanecen a través de generaciones y culturas. Pueden ver por sí mismos que la presencia de la fe y de las convicciones morales ayudan a preservar a naciones y personas.

Desgraciadamente, la mayoría de los libros de texto hacen caso omiso o ignoran muchas verdades históricas que están enraizados en la fe bíblica, y las reemplazan con un registro revisado, "correcto y tolerante" que al mismo tiempo es inexacto y hostil a Dios. Como resultado, a menudo debemos recurrir a escritos más antiguos para poder entresacar las grandes lecciones que la historia tiene para ofrecernos. Personalmente, disfruto buscando tesoros impresos en tiendas de antigüedades. ¡Mientras mi esposo busca descuentos en los muebles, yo busco los libros viejos! He encontrado muchas gemas pasadas de moda o descontinuadas que ofrecen dramáticos giros de la historia: libros como *When They Were Children: Stories about the Childhood of Great Men and Women* de Amy Steedman, que incluye maravillosas lecciones de fe, valentía, perseverancia y formación de carácter que podemos compartir con nuestros hijos.

Incluso los viejos libros de texto y libros de lecturas escolares nos dan una mirada a una historia olvidada con facilidad. Cuando comencé a leer McGuffey's Fifth Reader (edición 1879) a mi familia, me detuve y lloré por la hermosa devoción a Dios expresada en sus páginas. Nuestros hijos necesitan saber que nuestros padres fundadores de la nación crecieron y desarrollaron el carácter basados en la enseñanza de la Palabra de Dios en sus salones de clase.

Barnes's Elementary History of the United States era un libro de lecturas utilizado en las escuelas estadounidenses hace casi un siglo. En el siguiente fragmento acerca de Abraham Lincoln, no solo se nos recuerda del amor insaciable de Lincoln por la lectura, sino que vemos que el aspiró a la grandeza después de que leyó de un héroe de la historia:

Un libro que causó una gran impresión en Lincoln fue *Weems's Life of Washington*. Él leyó la historia muchas veces. Lo llevaba con él al campo y lo leía en los descansos del trabajo. Washington era su héroe ideal, aquel gran hombre que admiraba sobre los demás. ¿Por qué él no podría modelar su vida conforme a la del padre de este país? ¿Por qué no podría él también ser un hacedor de obras nobles y benefactor de la humanidad? Posiblemente nunca sería presidente, pero podría hacerse a sí mismo digno de tan grande honor.[5]

Imagínatelo. ¡La lectura de Abraham Lincoln de la historia lo llevó a querer ser como George Washington! ¿Si leer acerca de uno de los héroes de la historia pudo inspirar tanto a un joven que vivía una vida sencilla en una cabaña de troncos, qué puede hacer por nuestros hijos?

Uno de mis libros favoritos es *The Light and the Glory* de Peter Marshall y David Manuel. Cuenta la maravillosa, historia de la vida real de la herencia piadosa de los Estados Unidos. Le animo a leérselo a sus hijos, o comprar la versión para niños para que puedan leer por sí mismos acerca del patriotismo y fe de nuestros padres fundadores. *The Book of Virtues compilado por William J. Bennett es otro maravilloso recurso de la literatura* e historia para que lo disfrute toda su familia.

Los escritos de Washington, Lincoln y Benjamín Franklin son lecturas familiares interesantes. Otra vez, prefiero encontrar viejas biografías en librerías de antigüedades porque sé que no han sido tocadas por la ola revisionista.

Motívelos

Una lección que aprendemos de la historia y la experiencia es que los hombres y las mujeres trabajan mejor cuando están motivados apropiadamente. Cuando hablamos de niños y la lectura, bien haríamos en aplicar esta verdad en nuestro hogar. ¿Cómo podemos motivar a nuestros hijos a leer algunos de los maravillosos libros que les traigamos? Intente las ideas siguientes o mezcle las condiciones con diferentes recompensas:

• Si leen durante cierto número de horas durante la semana, llévelos a comer su comida favorita en un restaurante local u ofrézcales alguna otra actividad especial. Lleve un registro de sus horas en una gráfica o en una pizarra.

- Si leen cierto número de libros o páginas durante cierto periodo, ofrézcales una recompensa monetaria.
- Deje que se ganen minutos de televisión o de jugar con la consola de videojuegos por escribir un resumen breve acerca del libro que leyeron.
- Para los niños más jóvenes, ajuste las condiciones a *escuchar* cierto número de libros para obtener su recompensa; posiblemente un viaje a su tienda favorita, meter la mano en la bolsa de dulces o invitar a un amigo a dormir.

Utilice una gráfica que pueda pegar en la despensa o en el clóset para que pueda llevar las cuentas de los logros de sus hijos. He encontrado que para los niños en edad escolar, este sistema de motivación funciona mejor en el verano, ya que hay algunas ocasiones en las que están demasiado ocupados con su tarea durante el año escolar para hacer lecturas extra. Aun así, puede utilizar el tiempo que pasa en el carro yendo y viniendo de sus actividades para escuchar los grandes clásicos de la literatura en casete.

¡Sus esfuerzos, se lo aseguro, bien valdrán la pena! En el boletín de abril de 1999 de Enfoque a la Familia, el Dr. James Dobson enlistó seis principios clave que Dios ha provisto como un sistema de valores para la humanidad. Estos son:

1. Devoción a Dios
2. Amor por otros
3. Respeto a la autoridad
4. Obediencia a los mandamientos divinos
5. Autodisciplina y dominio propio
6. Humildad de espíritu

Como madres positivas, necesitamos enseñarles a nuestros hijos el sistema de valores de Dios utilizando todos los recursos que están disponibles. El primer y más importante recurso, por supuesto, es la Palabra de Dios. Pero además de la Palabra de Dios, podemos complementar la educación de nuestros hijos y ayudarlos a formar principios piadosos en su vida al leer la buena literatura y aprender de la historia. No dude en comenzar a leerles a, y con, sus hijos. ¡Un mundo de aventura, emoción e inspiración le espera!

Punto de poder

Lea: Proverbios 4. Note el valor que pone Salomón en escuchar la instrucción y aferrarse a la sabiduría. Los relatos de la historia y la literatura nos traen sabiduría de las generaciones pasadas. Subraye todos los versículos que se refieran a escuchar y aprender.

Ore: Santo y maravilloso Señor, toda sabiduría y entendimiento viene de ti. Tú eres el Creador de todos los hombres y mujeres a través de la historia. Gracias por la oportunidad de entrar al futuro habiendo aprendido de las experiencias de los que me precedieron. Gracias por la maravillosa literatura que has provisto a través de las plumas de hombres y mujeres que has inspirado. Ayúdame a pasar a mis hijos grandes verdades; tus verdades. Ayúdame a criar héroes en la fe dentro de mi propia familia, y gracias por guiarme amorosamente en el proceso. En el nombre de Jesús, amén.

Haga: Encuentre algunos de los libros mencionados en este capítulo y comience a leérselos a sus hijos. Hable acerca de las lecciones aprendidas de los relatos.

Visite una tienda de antigüedades y busque libros viejos que cuenten las historias de grandes hombres y mujeres de fe. Una librería de libros de segunda mano también puede proveer multitud de tesoros a su familia.

Principio 7
El
pder
del
amor
y del
perdón

El amor es un acto de perdón sin fin, una mirada tierna que se convierte en un hábito.
Peter Ustinov

El amor materno es como un círculo; no tiene principio ni fin.
Sigue girando y girando, siempre expandiéndose,
tocando a todos los que entran en contacto con él.
Art Urban

Soportándoos unos a otros, y perdonándoos unos a otros si
alguno tuviere queja contra otro. De la manera que Cristo os
perdonó, así también hacedlo vosotros. Y sobre todas estas
cosas vestíos de amor, que es el vínculo perfecto.
Colosenses 3:13-14

Una casa de compasión
Cómo expresar el amor sinceramente

¿Dónde comienza el amor? Comienza en el hogar. Aprendamos
el amor en nuestra familia. En nuestra propia familia
posiblemente tengamos personas muy pobres y no los notamos.
Cuando no tenemos tiempo de sonreír, tiempo de hablar el
uno al otro. Traigamos ese amor, esa ternura a nuestro hogar
y veremos la diferencia.
Madre Teresa

A primera vista uno podría pensar que este capítulo no es necesario. Amar a su familia es algo que brota fácilmente en usted. Es natural. Usted es una madre, y amar es lo que las madres hacen, ¿verdad?

Todas estamos familiarizadas con ese cálido sentido del amor materno anclado profundamente en nuestro corazón por cada uno de nuestros hijos. Pero, ¿cómo se muestra ese amor en nuestro hogar? ¿Es evidente en como tratamos y les hablamos a los que amamos? Una cosa es proclamar el amor por nuestra familia y sentirlo dentro de nosotros; es otra cosa vivirlo en nuestra vida diaria. Hay ocasiones en las que sabemos que en lo profundo amamos a nuestros hijos; pero cuando estamos cansadas y acabamos de librar otra batalla con uno de los niños, y acabamos de limpiar otro vaso de leche derramado en la mesa, probablemente nuestras palabras y acciones no lo muestren.

Recuerdo una Navidad hace muchos años cuando contraté a una niñera para jugar con las niñas (de tres y medio y dos años de edad, entonces) mientras en el piso de arriba, en un cuarto vacío, yo envolvía regalos de Navidad. Me tomó horas envolver todos los paquetes de la manera en la que los quería. Cuando le pagué a la niñera, pensé que era dinero bien invertido.

Varios días después, me encontraba en la cocina mientras las niñas jugaban alegremente en el piso de arriba. De pronto, me di cuenta que no había escuchado una discusión ni un llanto por más de cuarenta y cinco minutos. Subí deprisa las escaleras y escuché risitas en el cuarto vacío. Ya lo adivinó: ¡mis dulces retoños habían arrancado alegremente el papel de cada regalo que había envuelto con tanto esfuerzo! Debo admitir que mi respuesta en ese momento fue menos que amorosa. En menos de un segundo mi alegría navideña se convirtió en una tormenta invernal. ¡No me hubiera gustado que nadie hubiera medido mi amor materno basándose en mis palabras y acciones en ese momento!

Para algunas madres, la *acción* no es el problema. Hacemos lo que pensamos que se espera de nosotras, día tras día. Pero si somos honestas con nosotras mismas, tendremos que admitir que estamos operando por el deber, la culpa, la presión de los demás o algo más. Y si nuestras acciones no son motivadas y acompañadas por amor, estamos derrapando.

El amor y las acciones van de la mano. Primera de Corintios 13 es considerado el *capítulo del amor* de la Biblia, y en los versículos del 1 al 3, Pablo enfatizó la importancia de que el amor sea evidente en nuestros actos:

> Si yo hablase lenguas humanas y angélicas, y no tengo amor, vengo a ser como metal que resuena, o címbalo que retiñe. Y si tuviese profecía, y entendiese todos los misterios y toda ciencia, y si tuviese toda la fe, de tal manera que trasladase los montes, y no tengo amor, nada soy. Y si repartiese todos mis bienes para dar de comer a los pobres, y si entregase mi cuerpo para ser quemado, y no tengo *amor*, de nada me sirve.

Romanos 12:9 lo dice de otro modo: "El amor sea sin fingimiento". ¿Cómo es el amor sin fingimiento en palabra y en obra? En 1 Corintios 13, Pablo ofrece una descripción. Lea los versículos del 4 al 7 y vea si su amor pasa la prueba de la sinceridad. Cada vez que vea la palabra amor sustitúyala por su nombre:

> El amor es sufrido, es benigno; el amor no tiene envidia, el amor no es jactancioso, no se envanece; no hace nada indebido, no busca lo suyo,

no se irrita, no guarda rencor; no se goza de la injusticia, mas se goza de la verdad. Todo lo sufre, todo lo cree, todo lo espera, todo lo soporta.

¿Ahora, esta convencida de que este capítulo vale la pena leerlo? Todos podemos echar mano de un poco de ayuda, esperanza y ánimo al procurar el amor sin fingimiento en nuestra familia. Considere la siguiente versión personalizada de 1 Corintios 13:1-7:

1 Corintios 13 (Versión para madres)

Si corrijo los modales en la mesa, pero no tengo amor, soy como una campana para llamar a la cena que retiñe. Si te llevo a tu visita anual al doctor y a la lectura de cuentos en la biblioteca, y si me detengo en el centro comercial para comprarte zapatos, pero no tengo amor, nada soy. Si te proveo de ropa limpia cada día y mantengo la casa en perfecto orden, pero no tengo amor, de nada me sirve.

El amor besa al peluche antes de regañar por correr en la casa. El amor anima la creatividad en lugar de preocuparse por el posible tiradero. El amor disciplina y siempre perdona. El amor no fatiga con detalles. El amor sonríe y abraza. El amor se toma el tiempo de verte a los ojos y escuchar tu lado de la historia.

Algunas veces el amor de una madre se dice que es incondicional y que abarca todo, que es el amor más cercano al amor de Dios por Sus hijos que cualquier otro amor sobre la tierra. Pero amar es difícil, incluso para las madres. El amor materno es mucho más que un sentimiento cálido que penetró hasta lo más profundo de nosotras cuando cargamos a nuestros bebés por primera vez. Requiere negarse sí misma, tener paciencia y dominio propio; y un compromiso diario para demostrar la sinceridad de nuestro amor en nuestras acciones. ¡Sin duda algunas instrucciones nos serían de utilidad!

Lo que no es el amor

Antes de que avancemos más en nuestra discusión de cómo amar verdaderamente a nuestra familia, establezcamos tres cosas que el amor *no* es:

1. El amor no es permitir que sus hijos se salgan con la suya en cualquier cosa que quieran hacer. Como aprenderemos en el siguiente capítulo, si amamos a nuestros hijos, los vamos a disciplinar. Decir que sí a todo lo que un niño quiera hacer es a veces la ruta más fácil, pero no muestra amor. Al contrario, les mostramos a nuestros hijos amor verdadero cuando establecemos límites y les damos fronteras. Requiere dominio propio y un amor fuerte decir que no cuando sabemos que es lo mejor para nuestros hijos.

2. El amor no es darle a sus hijos todo lo que quieran. En nuestra sociedad apresurada y bulliciosa, muchas madres trabajadoras se sienten culpables por no pasar suficiente tiempo con sus hijos, así que les compran cosas para compensar su falta de compromiso. Otras madres sepultan a sus hijos en regalos cada vez que pierden los estribos o hacen cosas inapropiadas, como si los regalos fueran disculpas. Algunas madres divorciadas les compran presentes a sus hijos a cambio de ser el progenitor favorito. ¡Pero el amor no se puede intercambiar por regalos materiales!

3. El amor tampoco es ser un tapete que pisen nuestros hijos. Algunas madres parecen creer que si aman de verdad, van a permitir que sus hijos tomen ventaja de sus acciones abnegadas. No. ¡Permitir que los muchachos abusen de nuestra abnegación no es un amor saludable! Hay límites importantes que establecer si es que queremos servir a nuestra familia con un amor sin fingimiento y además ayudarles a nuestros hijos a convertirse en adultos solventes y equilibrados.

Kerri era una madre soltera que se sentía culpable por su divorcio y por no pasar tanto tiempo como solía con su hijo, Joey. Así que cuando estaba en casa ella hacía todo por Joey, pensando que esta era la manera de mostrarle amor. Si estaba viendo la televisión y se le antojaba un helado, Kerri se lo traía. Si a él no le gustaba la manera en la que camisa estaba planchada, ella la planchaba de nuevo. Si no le gustaban sus regalos de Navidad, ella los regresaba y le conseguía exactamente lo que quería. Kerri pensaba que estaba amando a su hijo, pero en realidad estaba creando un monstruo egoísta que sabía justo como aprovecharse de su madre.

El poder para amar

Desgraciadamente, tú y yo no somos capaces de producir amor sincero en nuestra propia fuerza. No podemos mostrar 1 Corintios 13 tratando de tener pensamientos alegres o sentimientos cálidos y esponjosos. Necesitamos ayuda. Y afortunadamente, esa ayuda está lista y esperando. La Biblia dice:

Amados, amémonos unos a otros; porque el amor es de Dios. Todo aquel que ama, es nacido de Dios, y conoce a Dios. El que no ama, no ha conocido a Dios; porque Dios es amor. En esto se mostró el amor de Dios para con nosotros, en que Dios envió a su Hijo unigénito al mundo, para que vivamos por él. En esto consiste el amor: no en que nosotros hayamos amado a Dios, sino en que él nos amó a nosotros, y envió a su Hijo en propiciación por nuestros pecados. Amados, si Dios nos ha amado así, debemos también nosotros amarnos unos a otros. Nadie ha visto jamás a Dios. Si nos amamos unos a otros, Dios permanece en nosotros, y su amor se ha perfeccionado en nosotros. (1 Juan 4:7-12)

Este pasaje de la Escritura explica por qué es tan importante para nosotras, como madres positivas, demostrar amor sin fingimiento y compasión a nuestra familia: *porque así es como ellos comienzan a percibir rasgos del amor de Dios por ellos*. Nadie ha visto a Dios. Pero si nos amamos los unos a los otros, entonces la gente a nuestro alrededor (especialmente nuestras familias) ven una porción de cómo es el amor de Dios.

Estos versículos también explican cómo encontramos el poder para amar. El amor sin fingimiento no surge de dentro nuestro. La Biblia nos dice que el amor proviene de Dios, porque Dios es amor. La fuente del amor, la esencia del amor, no es que hayamos amado a Dios, sino que Dios nos amó primero y envió a Su Hijo, Jesús. Para comprar nuestra salvación con su muerte en la cruz. ¡Eso es amor en acción! Jesús mismo dijo: "Nadie tiene mayor amor que este, que uno ponga su vida por sus amigos" (Juan 15:13). Dios nos mostró –y nos sigue mostrando– la verdadera naturaleza del amor sincero.

Este es el tipo de amor que debemos tener por nuestros hijos. Es un amor sacrificial, un amor que ve más allá de los errores del pasado y el pecado, y ama incluso cuando esa persona no merezca recibir amor. Como madres positivas, necesitamos pedirle a Dios que nos ayude diariamente a amar a nuestra familia como Él ama: con sinceridad, compasión y misericordia. El regalo más grande que les podemos dar a nuestros hijos es un amor sin fingimiento que refleje el amor del Padre por sus hijos.

Perdone porque usted es perdonada

El perdón es una de las características principales del amor de Dios que es absolutamente crítica en nuestro hogar. El perdón nos significa pasar por alto las ofensas que se cometen, sino más bien no estar echándole en cara sus ofensas a un miembro de la familia continuamente. ¿Recuerda la historia de mis hijas desenvolviendo todos los regalos de Navidad? ¿Se puede imaginar como hubiera sido esa Navidad en nuestra casa si todo el tiempo me estuviera quejando, murmurando y recordándoles a mis hijas su gran error?

Todos conocemos el sentido de alivio cuando somos perdonados. No hace mucho, yo iba en carro a un compromiso para hablar en Dallas. Iba un poco retrasada (como siempre) y no venía vigilando el velocímetro. Así, justo en el momento en el que iba a virar para entrar en el estacionamiento, mire mi espejo retrovisor y vi a un policía en una motocicleta agitando el brazo. Estaba segura de que no solamente estaba diciéndome: "¡Hola!". Así que me detuve y bajé la ventana.

"Oficial, estoy tan apenada", dije. "No estaba poniendo atención a lo rápido que venía. Estoy de camino a esa iglesia de allí y voy retrasada". Entonces añadí: "Por cierto, ¿qué tan rápido iba yo?".

El policía sonrió y me aseguró que iba a mucho más aprisa que el límite de velocidad señalado. Entonces me pidió ver mi licencia de manejo y el recibo de mi seguro (expirado, por supuesto, ya que siempre se me olvida poner el recibo vigente en el carro). Me miró y luego miró la iglesia.

"Está bien, proceda", me dijo, "pero no lo haga otra vez".

Una descarga de alivio corrió por mis venas. "Gracias, oficial", le grité mientras él caminaba de regreso a su carro, "¡en realidad voy a intentarlo!".

Ese policía me perdonó, incluso cuando no lo merecía. Me mostró misericordia cuando lo que merecía era una boleta de infracción. Todos necesitamos misericordia, ¿no es así? Todos hemos echado a perder las cosas, hemos desobedecido y hemos vivido para nosotras mismas. ¡Estoy tan agradecida que nuestro Padre celestial nos perdona y nos muestra misericordia cuando menos lo merecemos!

El perdón es parte del amor verdadero y sin fingimiento. Salmos 103:8-14 es un relato hermoso del amor, misericordia y perdón de Dios para con Su pueblo:

> Misericordioso y clemente es Jehová; lento para la ira, y grande en misericordia. No contenderá para siempre, ni para siempre guardará el enojo. No ha hecho con nosotros conforme

Hijitos míos, no amemos de palabra ni de lengua, sino de hecho y en verdad. —1 Juan 3:18

a nuestras iniquidades, ni nos ha pagado conforme a nuestros pecados. Porque como la altura de los cielos sobre la tierra, engrandeció su misericordia sobre los que le temen. Cuanto está lejos el oriente del occidente, hizo alejar de nosotros nuestras rebeliones. Como el padre se compadece de los hijos, se compadece Jehová de los que le temen. Porque él conoce nuestra condición; se acuerda de que somos polvo.

Hay momentos cuando nuestros hijos necesitan misericordia, y hay momentos en los que nuestros hijos merecen ser castigados. Como madres amorosas y sabias, debemos ejercitar el discernimiento en cada situación. Si nuestros hijos desobedecen deliberadamente, deben ser disciplinados para que aprendan a ser obedientes. Pero si nuestros hijos cometen errores tontos, posiblemente requieran de una saludable dosis de perdón; como la que recibí del oficial de policía. Digamos que mi hija olvida sacar la basura porque ha estado despierta la mayor parte de la noche estudiando para un examen final de historia. No merece misericordia, ¡pero la necesita! Si tú y yo somos generosos con el perdón hacia nuestros hijos, les estaremos demostrando la compasión piadosa que expresa Salmos 103.

Sin embargo, si los actos de nuestros hijos requieren castigo, debemos acompañar el castigo con perdón. No podemos guardar rencor contra nuestros hijos. ¿Por qué? Porque Dios nos perdona de todos nuestros pecados, y debemos perdonar a otros también. Este principio esta establecido y reafirmado en la Escritura en numerosas ocasiones (por ejemplo, en Efesios 4:32 y Colosenses 3:13).

Sin embargo, nuestro perdón necesita ser templado con sabiduría amorosa. Incluso cuando perdonemos a nuestros hijos, posiblemente necesitemos usar precaución, retirar algún privilegio o acompañar el castigo con las consecuencias apropiadas para que puedan aprender de la experiencia. Tomemos como ejemplo a un adolescente que pasa la noche en casa de cierto amigo y es descubierto escapándose por la noche. Después del castigo y el perdón, sus padres serían sabios en emplear una precaución saludable antes de permitirle pasar la noche en casa de ese amigo otra vez.

Refleje el amor de Dios

Me encanta ver la luna llena en una noche despejada. Muchos viajeros cansados han encontrado su camino a casa por la luz de la luna; muchos perdidos errantes han encontrado su senda iluminados por su brillo. Pero mientras una luna llena da gran luz, no produce la luz por sí misma. No, la superficie polvorienta y humilde de la luna sencillamente refleja la luz del sol. ¡La luz del sol es tan poderosa que incluso su reflejo ofrece luz a todos los que sencillamente levanten su mirada!

El amor de una madre es como la luz de la luna. El amor que brota de ella en realidad es un reflejo del amor increíble de nuestro Padre celestial. ¿Te regocijas y tienes solaz en su amor? Pase tiempo cada día leyendo su carta de amor por usted: la Biblia. Mientras usted medita en el increíble y eterno amor de Dios por usted, comenzará a brillar con Su amor en su casa.

Dios es amor; usted y yo somos sencillamente reflectores humildes de la verdadera fuente del amor. Y así como la luna sirve como un instrumento de la poderosa luz del sol, así nosotros somos instrumentos del amor de Dios para nuestras familias. ¡Qué privilegio! ¡Qué nuestros amados vean el brillo continuo del Padre a través de nosotros cada día!

Punto de poder

Lea: Romanos 5:1-11. Reflexione en el asombroso amor de Dios que es derramado en nuestro corazón. Memorice Romanos 5:8 como un recordatorio constante de la demostración de amor de Dios a nosotros.

Ore: Gran y Santo Dios. Dios de amor y misericordia, te alabo por ser la verdadera y única fuente del amor. Gracias por amarme primero y enviar a tu Hijo a comprar mi salvación. ¡Tú me muestras lo que es el amor sin fingimiento! Ayúdame a reflejar ese amor en mi hogar, y ayuda a mis hijos a aprender de tu amor mientras lo ven reflejado en mi vida. ¡Te amo! Te lo pido en el nombre de Jesús. Amén.

Haga: Pase un tiempo a solas en quietud reflexionando en el abundante amor de Dios para usted. Ponga música suave de alabanza en el fondo mientras lee las Escrituras que le recuerden el amor de Dios. (Puede comenzar con los pasajes utilizados en este capítulo.) Escriba una oración de agradecimiento por el amor, misericordia y compasión recibidos.

20

Entrenamiento positivo
Discipline a sus hijos con amor

*No menosprecies, hijo mío, el castigo de Jehová, ni te fatigues
de su corrección; porque Jehová al que ama castiga, como
el padre al hijo a quien quiere.*
Proverbios 3:11-12

Mi primer año como maestra fue muy instructivo: para mí tanto como para mis alumnos. Yo era maestra de matemáticas de primer grado de educación media en una escuela pública con experiencia mínima de docencia en mi haber. Mi desafío mayor: cómo mantener la disciplina mientras le enseñaba conocimientos básicos de álgebra a alumnos que no les interesaba la materia.

En general, los maestros nuevos caen en dos categorías en lo que a disciplina se refiere. Los Sargentos Taladro comienzan el año utilizando medidas demasiado estrictas con el fin de mantener un control férreo e impersonal sobre los estudiantes. En el extremo opuesto del espectro, los Postulantes a la Popularidad comienzan con un mínimo de disciplina, intentando serles simpáticos a los alumnos y esperando que resulten relaciones respetuosas. Los maestros experimentados, por supuesto, han aprendido a encontrar un sabio y práctico equilibrio entre estos dos extremos.

Encontrar el enfoque adecuado de la disciplina puede ser igual de desafiante como madres positivas. Dependiendo de nuestra personalidad, tendemos a poner en práctica filosofías sutilmente distintas en el entrenamiento de nuestros hijos. Incluso cónyuges felizmente casados pueden diferir en la mejor manera de corrección a usar con sus hijos. Pero a pesar de la variedad de puntos de vista que existen, todavía podemos identificar varios principios clave para disciplinar a nuestros hijos con amor –yo lo llamo *entrenamiento positivo*– que pueden ser aplicados en cada hogar.

La disciplina debe ser una experiencia positiva. ¡Por supuesto, parece no ser positiva para el receptor de momento! Pero en el largo plazo, si la disciplina se maneja con amor, puede enseñar y entrenar efectivamente a nuestros hijos para vivir una vida efectiva, con dominio propio y plena. ¡Eso es positivo! Hebreos 12:11 dice: "Es verdad que ninguna disciplina al presente parece ser causa de gozo, sino de tristeza; pero después da fruto apacible de justicia a los que en ella han sido ejercitados Nuestra meta en el entrenamiento positivo no es hacer de la disciplina una experiencia placentera para nuestros hijos, sino enseñarlos y entrenarlos a vivir una vida que honre a Dios de una manera positiva.

La disciplina

¿No sería increíble tener un diagrama de flujo que nos guiara a través de los asuntos de la paternidad y la disciplina? Si nuestro hijo comete A, entonces lo castigamos con B. Si su hijo dice esto, entonces contésteles esto otro. Pero no hay métodos sencillos y rápidos. La disciplina piadosa requiere sabiduría, discernimiento y un amor firme en cada situación.

Afortunadamente la Biblia tiene mucho qué decir acerca de nuestra responsabilidad como padres de disciplinar a nuestros hijos, y Dios (nuestro Padre celestial) nos ofrece un ejemplo perfecto a seguir. La Biblia establece una clara comparación entre la disciplina de Dios y la disciplina que necesitamos establecer en nuestros propios hijos:

> Hijo mío, no menosprecies la disciplina del Señor, ni desmayes cuando eres reprendido por él; porque el Señor al que ama, disciplina, y azota a todo el que recibe por hijo.
>
> Si soportáis la disciplina, Dios os trata como a hijos; porque ¿qué hijo es aquel a quien el padre no disciplina? Pero si se os deja sin disciplina, de la cual todos han sido participantes, entonces sois bastardos, y no hijos. Por otra parte, tuvimos a nuestros padres terrenales que nos disciplinaban, y los venerábamos. ¿Por qué no obedeceremos mucho mejor al Padre de los espíritus, y viviremos? Y aquéllos, ciertamente

por pocos días nos disciplinaban como a ellos les parecía, pero este para lo que nos es provechoso, para que participemos de su santidad. Hebreos 12:5-10

Dios, nuestro maravilloso Padre celestial, nos ama y por lo tanto nos disciplina. Nos pastorea y nos disciplina para nuestro propio bien. Él nos disciplina con una mano amorosa. Estoy tan agradecida que Dios no nos trate a todos de la misma forma, ¿y usted? Él nos conoce individualmente. Él comprende los aspectos únicos de nuestra naturaleza pecadora y nos disciplina con amor, utilizando métodos diseñados especialmente para nosotras.

Nosotras, también, podemos entrenar a nuestros hijos con amor, y no con enojo o frustración. El entrenamiento positivo y la disciplina están basados en el hecho de que disciplinamos a aquellos que amamos. Nuestros hijos pueden descansar en la seguridad de nuestro amor cuando les mostramos que nos preocupamos lo suficiente para tomarnos el tiempo de dirigirlos y corregirlos.

Llegando al corazón del asunto

Una muy buena parte de disciplinar a nuestros hijos con amor involucra resistir la tentación de enfocarnos exclusivamente en corregir el comportamiento negativo. En lugar de eso, debemos estar conscientes de que la conducta de nuestros hijos es un producto de lo que hay en su corazón. Jesús dijo: "Porque de dentro, del corazón de los hombres, salen los malos pensamientos, los adulterios, las fornicaciones, los homicidios, los hurtos, las avaricias, las maldades, el engaño, la lascivia, la envidia, la maledicencia, la soberbia, la insensatez", (Marcos 7:21-22). También dijo: "El hombre bueno, del buen tesoro de su corazón saca lo bueno; y el hombre malo, del mal tesoro de su corazón saca lo malo; porque de la abundancia del corazón habla la boca", (Lucas 6:45).

Tratar solo con la conducta es como tratar de poner un vendaje en el brazo para calmarle el dolor del brazo a un hombre que está teniendo un ataque al corazón. El dolor en el brazo es el resultado de un problema del corazón, y un vendaje no va a resolver el problema. Mientras cariñosamente disciplinamos a nuestros hijos, necesitamos atender su problema cardiaco primero.

En su libro *Shepherding a Child's heart*, el Dr. Tedd Tripp anima a los padres a aprender a rastrear a través de la conducta el niño el asunto del corazón: exponer las batallas del corazón involucradas en cierta conducta y ayudar al niño a descubrir que ha sido creado para una relación con Dios.[1] Sin embargo, hacer eso requiere esfuerzo y un compromiso para comunicarse con sus hijos. A menudo, tratar con una conducta o un asunto superficial parece la ruta más rápida. Es especialmente tentador cuando estamos cansadas, enojadas, ocupadas o las tres juntas. Pero la buena comunicación, el tipo de comunicación que invierte tanto el esfuerzo como el tiempo para descubrir lo que está sucediendo en realidad dentro del corazón de nuestros hijos, va de la mano con la disciplina positiva.

Tomemos como ejemplo la situación de una hija de doce años que está llorando y rogando que no quiere ir a la iglesia. La respuesta fácil y rápida sería: "Deja de llorar y métete en el carro. Vas a ir a la iglesia lo quieras o no. Y apresúrate porque nos estás retrasando".

Pero la buena comunicación que llega al corazón puede sonar algo más parecido a esto:

—¿Por qué estás llorando?

—Porque estoy teniendo un mal día con mi cabello y no quiero ir a la iglesia.

—Yo creo que tu cabello luce muy bien. ¿Es muy importante que tu cabello no esté perfectamente bien peinado?

—¡Sí!, porque las niñas del otro salón en la escuela dominical se están burlando de nosotras. Y no quiero que se rían de mí porque mi cabello se vea raro.

—Entonces, no es que no quieras ir a la iglesia; simplemente no quieres enfrentar a esas niñas con tu cabello no tan bien peinado. Vamos a la iglesia, porque sea que tu cabello se vea bien o no, todavía necesitamos ir, ¿no es así? Ahora, vamos a conversar acerca de cómo puedes enfrentarte a estas niñas...

¿Puede ver como esta madre está comenzando a exponer el asunto del corazón aquí? Ella está siguiendo un principio bíblico importante: "Por esto, mis amados hermanos, todo hombre sea pronto para oír, tardo para hablar, tardo para airarse; porque la ira del hombre no obra la justicia de Dios" (Santiago 1:19-20). Como ella ha hecho un esfuerzo extra para descubrir lo que está motivando el berrinche matutino de su hija, está madre puede ahora proceder a animar a su hija a sentirse segura a pesar de lo que los demás piensen o digan. Ella puede hablarle acerca de la razón por la que vamos a la iglesia. Todavía va a hacer que su hija vaya a la iglesia, pero sin duda la niña va a ir con un corazón mucho más ligero que en el primer caso. Tanto la madre como la hija habrán aprendido algo porque se tomaron el tiempo para comunicarse verdaderamente.

Si nuestros hijos todavía son lactantes, por supuesto, no vamos a poder llegar al corazón de cierta conducta a través de una conversación significativa. Aun así, podemos tomar un momento para examinar una situación y considerar los posibles asuntos que estén bajo la superficie antes de apresurarnos a tratar solo con la conducta negativa. Incluso a esta temprana edad, la comunicación debe ir de la mano con la disciplina que apliquemos. Los niños más chicos pueden ser enseñados a entender la importancia de escoger los caminos de Dios en lugar de sus propios caminos a través de un amoroso entrenamiento positivo.

Discipline en pos de las tres Ds

La palabra utilizada en la Biblia para disciplina se refiere a corregir, entrenar o instruir a nuestros hijos. No nos debemos confundir con la palabra utilizada para castigar. Mientras instruimos y corregimos a nuestros hijos, posiblemente necesitemos hacer uso del castigo cuando se trate de tres áreas importantes de la conducta negativa. Son fáciles de recordar como las tres Ds: **d**esobediencia, falta **d**e respeto y **d**eshonestidad. Los niños deben aprender desde una temprana edad que van a suceder consecuencias negativas después de que ellos incurran en cualquiera de las tres Ds.

La Biblia confirma la efectividad del castigo en tales casos. Proverbios 22:15 dice: "La necedad está ligada en el corazón del muchacho; mas la vara de la corrección la alejará de él". Algunas personas, citando este versículo, piensan en utilizar una vara real (o una cuchara o pala de madera) para castigar, mientras que otras creen que la vara de la corrección se refiere al castigo en general. De cualquiera de las dos maneras, una cosa es clara: el castigo debe doler para ser efectivo en detener el comportamiento negativo. ¿Recuerda el pasaje de Hebreos 12 que citamos anteriormente? La disciplina no es placentera; es dolorosa. Pero al final, da fruto apacible de justicia a los que en ella han sido ejercitados (v.11).

Los padres deben comunicar la idea de que: "Te amo todo el tiempo, pero a veces, no me gusta tu comportamiento". —Amy Vanderbilt

223

Susan cuando tenía 6 años tuvo una actitud de falta de respeto con su madre, desobedeciéndola y siendo respondona constantemente. La madre de Susan intentó frenar la situación , utilizando lo que ella creía que era disciplina amorosa con cada infracción. Si Susan le falta al respeto, su mamá le respondía: "¡A tu cuarto por otro castigo de diez minutos!". Pero la conducta de Susan no mejoraba; de hecho, empeoraba. ¿Por qué? Porque a Susan le encantaba ir a su cuarto y jugar con sus muñecas y juguetes. Su castigo no solo no le dolía, sino que ¡lo disfrutaba!

Debemos considerar cuidadosamente la forma de castigo que vamos a usar con nuestros hijos. Si una corrección en particular no parece molestar al que la recibe, necesitamos recurrir a algo más. Necesitamos preguntarnos: "¿Qué es lo que motiva a este niño y que le dolería lo suficiente como para provocar en él un cambio positivo?".

Cada niño dentro de la misma familia puede necesitar diferentes formas de castigo. En mi casa, una de mis hijas es motivada por el dinero. He aprendido que un castigo efectivo es reducirle la mesada. ¡A ella eso le duele! Sin embargo, a mi otra hija no le importa si le quito dinero. Para ella, el verdadero dolor es perderse uno de sus programas favoritos de televisión. Conocer sus diferencias de intereses y motivación me ayuda a administrar un castigo efectivo.

Sin embargo, cualquiera que sea la forma de castigo que utilice, puede aumentar su efectividad al seguir los tres pasos siguientes.

1. Comuníquese con sus hijos. Asegúrese que entienden la razón por la que son castigados. Hágalos que repitan: "Estoy siendo castigado porque _____". Esto no solo les ayuda a entender el propósito del castigo, también les permite la oportunidad de confesar su culpa. Haga un esfuerzo por examinar el asunto del corazón detrás de la conducta negativa y busque algunas Escrituras que puedan aplicarse a la situación.

2. Castigue inmediatamente sin enojo. El castigo para la conducta debe ser impuesto inmediatamente después de la ofensa tanto como sea posible. Establezca un límite, digamos: "un castigo de diez minutos" o "nada de llamadas telefónicas el fin de semana". Luego llévelo a cabo y sea consistente. Efesios 6:4 nos recuerda: "Y vosotros, padres, no provoquéis a ira a vuestros hijos, sino criadlos en disciplina y amonestación del Señor". Muchos padres cometen el error de imponer un castigo extenso o sin fecha límite, el cual es fácil de olvidar o de llevar a cabo. Un castigo largo pierde su efectividad. Que el castigo sea breve, inmediato y efectivo.

3. *Renueve la relación*. Una vez que el castigo ha sido administrado, es importante asegurarse de que sus hijos sepan que son amados y perdonados. Esto no le resta al castigo, sino que más bien les recuerda que aunque usted los ama, usted no aprueba su conducta. Necesitan saber que su amor no está basado en la conducta de ellos. Oren juntos, pidiéndole a Dios que le ayude a vencer la tentación de repetir la misma conducta equivocada.

Motivación positiva

De acuerdo con algunas corrientes de pensamiento, los padres nunca deberían utilizar disciplina negativa; debemos utilizar solo corrección positiva para entrenar a nuestros hijos. Pero como ya hemos visto, esa no es la filosofía de Dios. Además de los pasajes que ya hemos mencionado, el libro de Proverbios habla a menudo de la *vara de la corrección* (por ejemplo, en Proverbios 10:13; 22:15; y 23:13-14).

Aun así, hay momentos en los que se puede utilizar un refuerzo positivo para motivar al niño en cierta dirección. Podemos, por ejemplo, ofrecerles una recompensa por buenas calificaciones o mantener su cuarto ordenado toda la semana. Sin embargo, si sobre utilizamos el uso del refuerzo positivo nuestros hijos pueden programarse para esperar una recompensa de todo lo que hagan. Este enfoque motiva las tendencias y la mentalidad egoísta que dice: "Solo lo voy a hacer si me conviene". Necesitamos enseñarle a nuestros hijos desde una edad temprana que muchos actos de servicio en la vida deben hacerse solo porque debemos ser dadores y no arrebatadores.

Yo sé. Usted no quiere ser conocida como una madre malvada. Yo tampoco. Nuestros hijos no siempre van a estar de acuerdo con la disciplina que utilicemos; pero créame, ¡lo van a valorar con el tiempo! Como evidencia, lea el siguiente ensayo publicado el 28 de octubre de 1999 en CNSNews.com. El autor es desconocido:

¡Tuvimos la madre más malvada del mundo!

Mientras otros niños comían dulces para el desayuno, nosotros teníamos que comer cereal, huevos y pan tostado. Cuando otros disfrutaban una Coca-Cola y galletas de almuerzo, nosotros teníamos que comer sándwiches. Y pueden imaginarse que lo que nuestra madre nos preparaba para cenar también era diferente de lo que los demás niños comían.

Mi madre insistía en saber en donde estábamos todo el tiempo. Parecería que estábamos presos. Ella tenía que saber quiénes eran nuestros amigos y lo que estábamos haciendo con ellos. Insistía en que si decíamos que íbamos a salir una hora, que regresáramos en una hora o menos.

Nos avergüenza admitirlo, pero tenía las agallas de romper las leyes laborales infantiles al hacernos trabajar. Teníamos que lavar los platos, hacer las camas, aprender a cocinar, aspirar el piso, lavar la ropa y todo tipo de trabajos crueles. Creo que ella se pasaba la noche despierta pensando en más cosas que ponernos a hacer.

Siempre insistía en que dijéramos la verdad, la verdad y solo la verdad. Por el tiempo en que éramos adolescentes podía leer nuestra mente.

¡En ese entonces la vida era realmente dura! Mi madre no permitiría que nuestros amigos solo tocaran la bocina del carro cuando venían por nosotros. Tenían que venir hasta la puerta para que ella los pudiera conocer. Mientras que todos los demás se ponían de novios a los 12 o 13, nosotros teníamos que esperar hasta los 16.

Por culpa de mi madre me perdí de un montón de otras cosas que los demás niños experimentaban. Ninguno de nosotros fue jamás acusado de robo en una tienda, o de daños en propiedad ajena, ni siquiera fuimos arrestados por algún crimen. Eso fue culpa de ella.

Ahora que hemos dejado la casa, todos somos adultos honestos, educados y temerosos de Dios. Estamos haciendo lo mejor que podemos para ser padres malvados iguales a mi madre. Yo creo que lo que está mal en el mundo hoy es que, sencillamente, ya no tenemos suficientes madres malvadas.

¿Qué hay acerca de usted? ¿Es usted una madre malvada? Si estamos siguiendo la definición anterior, ¡espero que así sea! Una madre positiva disciplina a sus hijos amorosamente. Ella examina los asuntos del corazón y entrena a sus hijos para vivir una vida de obediencia que glorifique a Dios. Ella utiliza el castigo con sabiduría y discernimiento. Usa el refuerzo positivo cuidadosamente. Los resultados no están garantizados, pero el potencial de bendición y plenitud es enorme. Como dice Proverbios 6:23: "Porque el mandamiento es lámpara, y la enseñanza es luz, y camino de vida las represiones que te instruyen".

Punto de poder

Lea: Génesis 3, la historia de Adán y Eva cuando desobedecieron a Dios. Note como Dios manejó la situación a través de la comunicación, castigo y perdón.

Ore: ¡Qué maravilloso eres, Dios Todopoderoso! Eres el Padre perfecto. Ayúdame a aprender a disciplinar a través de tu ejemplo. Ayúdame a ser sabia y tener discernimiento mientras entreno a mis hijos, y que sus corazones sean atraídos a ti en el proceso. Dame la valentía y el amor para disciplinar, incluso cuando no sea popular hacerlo. Que mis hijos crezcan para honrarte con su vida. En el nombre de Jesús, amén.

Haga: Aparte tiempo con cada uno de sus hijos para hablar del amor de Dios y de sus normas de vida. Ayúdelos a entender que si desobedecen o le faltan al respeto o son deshonestos, se están saliendo del plan de Dios y que esos actos tendrán consecuencias. Lean Salmos 25 juntos.

Conclusión

El camino hacia arriba
Continúe creciendo en la escuela de la vida

Porque Jehová da la sabiduría, y de su boca viene el conocimiento
y la inteligencia. Él provee de sana sabiduría a los rectos;
es escudo a los que caminan rectamente. Es el que guarda las
veredas del juicio, y preserva el camino de sus santos.
Proverbios 2:6-8

"No es justo. *Tú* no tienes que ir a la escuela". Escucho esas palabras de mis hijas muy a menudo en esta época. Recuerdo habérselas dicho yo a mi madre también, especialmente durante esos días desafiantes en la escuela media cuando parecía que la escuela nunca iba a terminar. Pero lo cierto es, que todavía estoy en un salón de clases. Usted también. No se parece a los salones que recordamos, con escritorios, sillas y pizarras. Pero la vida es su propio salón de clases, y estamos en un curso de educación contínua llamado Maternidad I.

Cada día recibimos nuevo conocimiento, edificando sobre las lecciones que hemos aprendido tanto de nuestros errores como de nuestras victorias. La experiencia es uno de los maestros, pero hay otros. Nuestros amigos, familiares y otras madres que nos guían son excelentes profesores adjuntos, y aprendemos de su sabiduría y ejemplo. Los libros sobre paternidad –del tema que sea, puede ser desde disciplina efectiva, hasta como entrenar a un niño para que vaya al baño– también son útiles.

¿Alguna vez se terminan las clases? No. Posiblemente cambien las materias, pero nunca podremos llegar al punto en el que digamos: "Ya lo sé todo". Podemos ir cambiando de curso, como Nido Vacío IV y La Ciencia de Ser Abuela II, pero todavía estamos asimilando nueva información y experiencias. Cuando nos enfrentamos a retos nuevos, necesitamos decirnos a nosotras mismas lo mismo que les decíamos a nuestros hijos cuando enfrentaban tiempos difíciles en sus estudios: "¡No te rindas! ¡No te desanimes por cometer un error! ¡Crece, aprende de él y conviértete en alguien mejor por su causa!".

En la introducción usted leyó un versículo que es mi versículo lema como madre positiva: "La mujer sabia edifica su casa; mas la necia con sus manos la derriba" (Proverbios 14:1). Como este versículo indica, usted y yo somos constructoras. Le damos forma al mundo de nuestros hijos. Establecemos la actitud y el ambiente en nuestro hogar. Sí, cometemos errores en el camino, pero podemos usar nuestros fracasos como oportunidades para aprender y crecer y convertirnos en mejores madres y más positivas.

¿Cómo edifica su casa una madre positiva? ¡Un ladrillo a la vez! Ella utiliza ladrillos de apoyo y ánimo, de disciplina positiva, de perdón amoroso. Usa ladrillos formados por su ejemplo positivo en palabra y conducta. A estos, les añade los ladrillos de fuertes convicciones morales basadas en la Palabra de Dios. Nunca olvida la importancia de los ladrillos de la oración diaria. Y, por supuesto, establece el ejemplo del Señor Jesucristo como la piedra angular de todo el edificio.

Sin embargo, la mujer sabia que edifica su casa no es la única mujer mencionada en Proverbios 14:1. Salomón el escritor de Proverbios, también describe a la mujer necia: "La necia con sus propias manos la derriba [su casa]". ¿Cómo es que la mujer necia derriba su propia casa? Quejarse y lamentarse son dos influencias destructivas que vienen a la mente como mazos. El enojo y la destrucción son otros dos mazos que tienen el potencial de acabar con un matrimonio y un hogar. También están las malas influencias que una mujer necia permite entrar a su casa a través de los medios de comunicación o los amigos, destruyendo los cimientos de los estándares morales de Dios. La mujer necia no utiliza el discernimiento para limitar la exposición de sus hijos a esas influencias destructivas.

El ejemplo de una madre necia es impetuoso y dañino, llevando a la pérdida de la fe y el deterioro moral entre los miembros de la familia. Está demasiado ocupada para orar. De hecho, está demasiado ocupada para muchas cosas. Una mujer necia tiende a sobrecargar su horario con actividades e intereses que hacen que esté cansada, agobiada e irritable. Continuamente les grita a sus hijos sus demandas en lugar de animarlos suavemente y entrenarlos en el camino que deben seguir.

Una mujer necia ha olvidado su fuente de poder. Depende de su propia fuerza en lugar de descansar en el amor residente de Dios y en Su auxilio.

Sin remordimientos

Todas, como madres, tenemos remordimientos. Sabemos que lo pudimos haber hecho de otro modo o que lo pudimos haber dicho de un modo más ecuánime. Pero reconociendo que todos cometemos errores, debemos perdonarnos a nosotras mismas y seguir adelante. Dios nos ha perdonado a través de Cristo; ¿cómo podemos hacer menos que eso? "El remordimiento es un apabullante desperdicio de energía; no puedes edificar sobre él; solo sirve para refocilarse en él", dice Katherine Mansfield.1 En lugar de revolcarnos en el remordimiento, debemos aprender de nuestros errores, y seguir avanzando.

Por supuesto, no utilizamos el hecho de ser perdonados como una excusa para seguir cometiendo errores y hacer lo que no conviene. El verdadero arrepentimiento significa que damos la espalda a nuestro pecado y nos enfilamos en la dirección opuesta en un giro de 180°. Pero una vez que hemos girado debemos comenzar a caminar. El apóstol Pablo era un hombre que tenía muchas razones para sentir remordimiento. Antes de convertirse a Cristo, perseguía a los cristianos e incluso ayudó a matar a algunos. Pablo podría haber pasado el resto de su vida revolcándose en el pesar de lo que había hecho, aplastado bajo el abrumador peso de la culpa y el remordimiento. En lugar de eso, se dolió de lo que había hecho, pero después siguió adelante. Él tenía la confianza de que Dios tenía un plan para su vida, y se dispuso para cumplir con ese propósito.

En Filipenses 3:12-14 encontramos la famosa declaración de Pablo acerca de no ver hacia atrás, sino de seguir adelante. Declaró que no era perfecto; sino solamente fiel en haber seguido la dirección de Dios para su vida. ¿Puede identificarse con Pablo en su llamado personal como madre?

No que lo haya alcanzado ya, ni que ya sea perfecto; sino que prosigo, por ver si logro asir aquello para lo cual fui también asido por

Cristo Jesús. Hermanos, yo mismo no pretendo haberlo ya alcanzado; pero una cosa hago: olvidando ciertamente lo que queda atrás, y extendiéndome a lo que está delante, prosigo a la meta, al premio del supremo llamamiento de Dios en Cristo Jesús.

Dios nos ha dado un alto llamado como madres que puede ser resumido de la siguiente manera: *Nuestro llamado es honrar a Cristo criando nuestra familia y edificando nuestro hogar.* Este breve enunciado abarca los muchos papeles que tenemos en la vida: esposa, madre, nodriza, maestra, prefecta y muchos más. Notemos que nuestra responsabilidad es honrar a Cristo, no crear hijos perfectos. Los resultados de nuestros esfuerzos no dependen de nosotras, dependen de Dios. Mientras permanezcamos conectadas a Él como nuestra fuente de poder y empleemos los principios que establece en Su Palabra, la Biblia, nos convertiremos en las madres positivas que queremos ser.

Mientras llegamos al final de este libro es mi oración que estos siete principios que he compartido con usted, le den el ánimo y la dirección que necesita para seguir en su viaje como madre positiva. Considere este libro como un tentempié, una malteada o una barra nutritiva. No es su plato fuerte, o su fuente primordial de nutrición. Más bien es un complemento alimenticio (uno saludable, espero) para su dosis diaria de la nutritiva Palabra de Dios.

Posiblemente usted esté en los primeros años de maternidad y requiera de una *inyección de vitaminas* para ayudarle con estas primeras etapas. Posiblemente ya esté a la mitad de los años maternos, o incluso está llegando al final, y usted necesita un empujón extra para poder llegar a la meta. Cualesquiera que sean sus circunstancias, puede seguir adelante y hacia arriba aplicando estos principios llenos de poder de una madre positiva:

1. Aproveche toda oportunidad para dar ánimo.
2. Manténgase en oración.
3. Deje de quejarse y mantenga una actitud positiva.
4. Fortalezca su relación con su familia, amigos y mentores.
5. Sea un buen ejemplo.
6. Busque los estándares de Dios en la vida.
7. Envíe un mensaje de amor y perdón.

¡Que el Señor la bendiga y le dé sabiduría y fuerza mientras edifica su casa! ¡Y que sus hijos, sus familiares y amigos, y todos a su alrededor puedan ver en su vida el poder de una madre positiva!

Punto de poder

Lea: Filipenses 2-4. ¿Qué exhortación positiva le da Pablo? ¿Qué advertencias menciona? ¿Cómo le puede ayudar este pasaje a ser una mejor madre?

Ore: Maravilloso Padre Celestial, Tú eres rey del cielo, el Alfa y la Omega, el Creador del universo. ¡Qué maravilloso es saber que estás dispuesto a ayudarme en mi hogar! Ayúdame a ser una madre positiva. Perdóname por mis errores y pecados del pasado. Gracias por Tu perdón a través de Jesús. Ayúdame a seguir empujando en una dirección positiva, bendiciendo y edificando mi hogar y mi familia. Gracias por ser mi fuente de poder y nunca desampararme. Gracias por ayudarme en este viaje increíble de la maternidad. Te lo pido en el nombre de Jesús, amén.

Haga: Vuelva sobre las páginas de este libro, resalte con un marcador los puntos que necesita recordar. Pídale a Dios que le ayude específicamente a aplicar estos principios a su vida. Comprométase a leer el instructivo más importante (la Biblia) cada día.

Notas

Capítulo 1:   Influencia fuera de toda proporción

1. Susan Lapinski, *God Can Handle It for Mothers* (Nashville, Tenn.: Brighton Books, 1998), 23.

2. Infomación otrogada por Ric Edelman, autor del bestseller *The Trnth about Money* and *The New Rules of Money*. Edelman también es anfitrión de un programa de radio en Washington, D.C.. Su empresa, Edelman Financial Services, Inc., se localiza en Fairfax, Virginia. Para obtener información adicional, vea la página de internet www.ricedelman.com.

3. Thomas Huang y Karen M. Thomas, "Do Parents Rule?" *Dallas Morning News*, 7 de septiembre de 1998, 1 C.

4. Como apareció en *Gods Little bevotional Book for Moms* (Tulsa, Okla.: Honor Books, 1995), 113. Publicado por primera vez en *The Bible Friend*. El autor del poema es desconocido.

5. Mabel Bartlett y Sophia Baker, *Mothers-Makers of Men* (New York: Exposition Press, 1952), 92.

Capítulo 2:   El secreto de su éxito

1. Edyth Draper, *Drapers Book of Quotations for the Christian World* (Wheaton, Ill.: Tyndale House, 1992), acepción #3884.

2. *The Laurel Instant Quotation Dictionary* (Mundelein, Ill.: Career Publishing, 1972), 246.

3. Carlene Ward, *God Can Handle It for Mother* (Nashville, Tenn.: Brighton Books, 1998), 114.

Capítulo 3:   Manzanas de oro

1. Abigail Van Bufen, "Dear Abby," *Dallas Morning News* (10 de enero de 1999), 6 F.

2. Glen Van Ekeren, *Speakers Sourcebook II* (Englewood Cliffs, N. J.: Prentice Hall, 1994), 124.

3. Ibid., 123.

4. Evelyn L. Beilenson, comp., *First Aid for a Mother's Soul* (White Plains, N. Y.: Peter Pauper Press, Inc.1998), 52.

Capítulo 4:   Grandes expectativas

1. Summer Sanders, *Champions Are Raised; Not Born* (New York: Random House, Inc., 1999), 5.

2. *Bless Your heart, Series II* (Eden Prairie, Minn.: Hearcland Samplers, Inc., 1990), 3.2.

3. Sanders, *Champions Are Raised, Not Born*, 22.

4. Van Ekeren, *Speakers Sourcebook II*, 174.

5. Donald Clifton, "Predictive Validity Study of the Basketball Player In- Depth Interview" (The Gallup Organization, 1988).

Capítulo 5:   La belleza de una sonrisa

1. Dale Carnegie, *Cómo ganar amigos e influenciar en las personas* (New York: Pocket Books, 1981), 69-70 de la versión en inglés.

2. Michael Collopy, *Works of Love Are Works of Peace* (Fort Collins, Colo.: Ignatius Press, 1996), 123, 125.

Capítulo 6:   Una madre positiva es una madre que ora

1. *Gods Little Devotional Book for Moms*, 77.

2. Collopy, *Works ofLove Are Works of Peace*, 103.

3. John Blanchard, comp., *More Gathered Gold* (Hertfordshire, England: Evangelical Press, 1986), 233.

4. Ibid., 234.

Capítulo 7:   Descanse de sus preocupaciones

1. Van Ekeren, *The Speakers Sourcebook II*, 399.

2. Ibid.

3. Corrie ten Boom with John and Elizabeth Sherrill, *The Hiding Place* (New York: Bantam Books, 1974), 29.

4. O. Hallesby, traducido por Clarence J. Carlsen, "What Is Prayer?" *Intercessor*, Coral Ridge Ministries (Noviembre 1990, Volume 1, Number 3), 1.

Capítulo 8:   Mujeres de oración

1. Lindsey O'Connor, *Moms Who Changed the World* (Eugene, Ore.: Harvest House Publishers, 1999), 49-61.

2. Gods Little Devotional Book for Moms, 231.

3. Blanchard, *More Gathered Gold*; 232.

4. Ralph S. Cushman, *Spiritual Hilltops: A Pocket Prayer Book* (Nashville, Tenn.: Upper Room Press, 1941), 49.

5. Blanchard, *More Gathered Gold*, 232.

Capítulo 9:   *Fiestas de autocompasión para damas*

1. Van Ekeren, *Speakers Sourceb*

Capítulo 10:   *Actitud de gratitud*

1. Charles R. Swindoll, *Strength* (1982), 206.

2. Usado con permiso del autor

3. Eleanor H. Porter, *Pollyana* (Boston, Mass.: Colonial Press, 1920); 43-45.

4. Colleen O'Connor, *"Smile, Smile, Smile,"* Dallas Morning News, 25 de marzo de 2000, 1 G.

Capítulo 11:   *Los desafíos de la vida*

1. Van Ekeren, *Speakers Sourcebook*, 26.

2. Kenneth W. Osbeck, *101 Hymn Stories* (Grand Rapids, Mich,: Kregel Publications, 1982), 145.

3. Ibid., 26.

4. Jack Canfield, Mark Victor Shimoff, *Chick'n Soup for the Mother's Soul* (Deerfield Beach, Fla.: Health Communications, Inc., 1997), 113-114

Capítulo 12:   *En armonía con su esposo*

1. Gary D. Chapman, *Los Cinco Lenguajes del Amor* (Northfield Publishers 1996)

2. Jaríles C. Dobson, *El Amor Debe Ser Firme* (Nashville, Tenn.: Word, 1996).

Capítulo 13:   *Conserve amistades*

1. Alan Loy McGinnis, *The Friendship Factor* (Minneapolis, Minn.: Augsburg Publishing House, 1979), 25.

2. The Laurel Instant Quotation Dictionary, 139.

NOTAS

Capítulo 15:   Libro de lecciones vivientes

1. *La Historia sin Fin* (Warner Brothers Family Entertainment, 1984).

2. Van Ekeren, *Speakers Sourcebook II*, 135.

3. Bil Keane, "The Family Circus", *Dallas Morning News*, domingo 16 de enero de 2000.

4. Croft M. Pentz, ed., *The Speaker's Treasurey of 400 Quotable Poems*, (Grand Rapids, Mich.: Zondervan Publishing House, 1963), 159.

Capítulo 17:   Viva según el Libro

1. Correspondencia con el autor.

2. Josh McDowell, *Right from Wrong* (Dallas, Tex.: Word Publishing, 1994), 12.

3. *Gods Little Devotional Book for Moms*, 39.

4. William J. Johnstone, *George Washington the Christian* (Milford, Mich.: Mott Media, 1985), 19.

5. Ibid.

6. W. Herbert Burk, F.D., *Washington's Prayers* (Norristown, Penn.: Publicado a beneficio de la capilla del Washington Memorial, 1907), 87-95.

Capítulo 18:   Legados en la literatura

1. *Gods Little Devotional Book for Moms*, 38.

2. William J. Bennet, Chester Finn, y John Cribb, *The Educated Child* (New York: The Free Press, 1999), 534.

3. Linda Karges-Bone, Ed. D., "A New Look at Old Books," *Christian Parenting* Today, Julio-Agosto 1996, 24

4. Ibid., 192.

5. Ibid., 193.

Capítulo 20:   Entrenamiento positivo

1. Dr. Ted Tripp, *Shepherding a Child's Heart* (Wapwallopen, Penn.: Shepherd Press, 1995).

Conclusión: En camino hacia arriba

1. *The Laurel Instant Quotation Dictionary*, 253.

Libros para

transformar o restaurar

vidas...

Basado en el libro #1 en ventas del *New York Times*

JOEL OSTEEN

Lecturas diarias tomadas de

Su mejor vida ahora

90 DEVOCIONES
para vivir a su máximo potencial

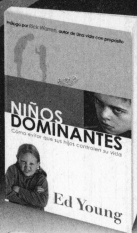

Prólogo por *Rick Warren, autor de Una vida con propósito*

NIÑOS DOMINANTES

Cómo evitar que sus hijos controlen su vida

Ed Young

LA MUJER, EL SELLO DE LA CREACIÓN

Cómo tener éxito en el rol de esposa

Rey F. Matos

PRÓLOGO POR JACOBO RAMOS

"He aquí, yo hago nuevas TODAS LAS COSAS."

La restauración de las cosas rotas

Qué sucede cuando visualizamos el nuevo mundo que Jesús establece

Steven Curtis Chapman
Scotty Smith

PRÓLOGO POR DAN ALLENDER

El relato de un hombre sobre lo que vio, oyó, y sintió en ese lugar de tormento

23 Minutos en el INFIERNO

BILL WIESE

Cómo interpretar sueños, visiones, señales y prodigios

CUANDO DIOS HABLA

CHUCK D. PIERCE
Rebecca Wagner Sytsema

CASA CREACIÓN

A STRANG COMPANY

1.800.987.8432 ◆ 407.333.7117 ◆ www.CasaCreacion.com

VidaCristiana

La revista para latinos cristianos

Tenemos la misión de ayudar a nuestros lectores a ser lo que Dios desea. Eso lo logramos a través de secciones como:

❖ Entrevistas a líderes

❖ Noticias de lo que Dios está haciendo alrededor del mundo

❖ Columnas escritas por líderes como: Marcos Witt, Tommy Moya, Joyce Meyer, Dr. James Dobson, y muchos más

❖ Secciones para hombres, mujeres, jóvenes y niños

❖ Testimonios y un amplio devocionario

"Vida Cristiana es un verdadero instrumento de unidad en el Cuerpo de Cristo. Es una revista que yo recomiendo personalmente. Los animo a suscribirse hoy." **–Marcos Witt**

¡GRATIS!

¡Suscríbase a **Vida Cristiana** *hoy y recibirá un regalo GRATIS con su suscripción pagada!*

☐ **¡Sí! Quiero SUSCRIBIRME a** *Vida Cristiana* **por un año por sólo $12.00**
☐ **¡Sí! Quiero SUSCRIBIRME a** *Vida Cristiana* **por dos años por sólo $20.00**

NOMBRE *(letra de molde, por favor)*

DIRECCIÓN

CIUDAD/ESTADO/CÓDIGO POSTAL/PAÍS

TELÉFONO   FAX   DIRECCIÓN ELECTRÓNICA (E-MAIL)

☐ Pago incluido (recibirá un regalo gratis) ☐ Cárgelo a mi tarjeta de crédito #

☐ Envíenme factura (solamente en E.E.U.U)   Fecha de vencimiento:

Fuera de los Estados Unidos, por favor añada $7.50 (m.EE.UU.) de cargo a las suscripciones de un año y $15 a las de 2 años.

www.vidacristiana.com

Vida Cristiana 600 Rinehart Road, Lake Mary, Florida 32746
Para servicio inmediato llame al 1-800-987-VIDA • (407) 333-7117

A6ABKS   5947B

Historias que ayudan a moldear una generación de niños que sabe quién es Dios

CASA KIDS

A STRANG COMPANY

www.CasaKids.com

1.800.987.8432 ◆ 407.333.7117